刘思哲——著

理财赢家
指数基金定投
精进指南

中国铁道出版社有限公司
CHINA RAILWAY PUBLISHING HOUSE CO., LTD.

内 容 简 介

随着我国经济的不断发展，短短二三十年间，指数基金也得到了飞速发展。对普通投资者来说，它既比股票门槛低，又比一般的银行存款活期利率要高，只要坚持定投就可以抵御通货膨胀。

本书作者为蚂蚁财富、知乎、微信公众号、雪球等平台的活跃用户，累计粉丝数量10万以上，有多年的操盘经验。本书作为一本指数基金的投资指导书，前半部分介绍了指数基金的发展历史、种类以及投资技巧，后半部分介绍了ETF基金、分级基金、股票型基金、债券型基金和货币型基金等的优势及投资技巧，语言通俗易懂，内容由浅入深。

在创作本书时，作者采用深层次、多角度的叙述技巧。本书内容丰富，实用性强，适合广大基民、刚入门的投资者等使用，也可用作培训机构的指导教材。

图书在版编目（CIP）数据

理财赢家:指数基金定投精进指南/刘思哲著. —北京：
中国铁道出版社有限公司，2020.6
ISBN 978-7-113-26646-2

Ⅰ.①理… Ⅱ.①刘… Ⅲ.①基金-投资-指南
Ⅳ.①F830.59-62

中国版本图书馆CIP数据核字（2020）第025120号

书　　名：	理财赢家：指数基金定投精进指南
作　　者：	刘思哲

责任编辑：张亚慧		读者热线电话：（010）63560056	
责任印制：赵星辰		封面设计：宿　萌	

出版发行：中国铁道出版社有限公司（100054，北京市西城区右安门西街8号）
印　　刷：北京铭成印刷有限公司
版　　次：2020年6月第1版　2020年6月第1次印刷
开　　本：700 mm×1 000 mm　1/16　印张：16.5　字数：268千
书　　号：ISBN 978-7-113-26646-2
定　　价：59.00元

基金定投，是过去几年才兴起的名词，记得在 2013 年我最开始进行基金定投的时候，还鲜有熟悉定投的人，但现在其已经成为家喻户晓的投资方式。

为何基金定投如此受欢迎呢？因为它具有简单易操作、风险低的特点，非常适合投资新人上手。

过去几年，市场上一直流行"七亏二平一赚"的理论，因为散户都喜欢追涨杀跌，在 2014 年大牛市的时候才开始入场投资，结果股市没持续多久就下跌，那几年基民可谓亏损惨重。

但是 2015 年，我身边在做基金定投的朋友几乎没有一个被套牢或者为投资担忧的，市场下跌，他们反而更从容了，因为可以用同样的钱买到更多的基金份额。最终事实也证明他们的理念非常正确，至今他们手头上的基金盈利都非常可观。

美国的 401K 养老金目前已经在全美普及，它也是类似于基金定投的模式，即每月扣除一定比例的工资投入共同基金中，随着美国股市过去几十年的不断上涨，美国 401K 养老金也获得了非常不错的收益。可见基金定投是非常适合普通散户参与，长期能稳定盈利的一种理财方式。

基金定投除了可以用于日常理财，还可以用来为投资者制订退休养老计划、儿童教育金计划、父母赡养计划等。总的来说，基金定投千变万化，学好基金定投，可帮助投资者成为真正的理财高手。

具体投资技巧，我有如下几个建议：

（1）对于短期现金管理，可投资货币型基金，货基虽然年化只有 2% ~ 3%，但贵在非常灵活，T+1 到账，要买就买规模为 50 亿 ~ 500 亿元之间的或历史业绩较好的。

（2）对于稳健投资可买债券型基金，债券基金分为长债型基金和短债型基金，还有一个非主流是可转债基金，关于长期预期收益率，可转债基金＞长债基金＞短债基金，关于风险也是可转债基金＞长债基金＞短债基金，降息预期布局债券基金，加息预期卖出债券基金。

（3）对于跑赢通胀可买股票型基金，股票型基金分为主动管理型股票基金和被动指数型股票基金，主动管理型股票基金视基金经理的业绩和风格而定。被动指数型股票基金主要看市场估值，估值低位加码买入，估值高位谨慎投资或者卖出。

（4）基金定投随时都可以开始，最适合工薪族理财，定投要选费率低的被动指数型基金，做好优质指数基金定投组合，采用加强的智能定投（蚂蚁财富、微信智能定投等），制订自己的止盈计划，坚定地执行下去。

任何理财活动都有风险，投资应谨慎，但也祝大家都定投成功！

编　者

2020 年 1 月

C 目录
ontents

第 1 章

开启投资：快速了解
指数基金知识

本章主要介绍指数基金基本概念和知识。一般
来说，指数基金中宽基指数是最稳健的指数，它不
仅编制比较好，影响力比较大，而且被开发成指数
基金的概率比较高，盈利也更加持续和稳定。此外，
本章末还会具体分析行业指数的概念和特点。

1.1 了解指数基金，要先看懂指数

基金发展到了今天，可谓百花齐放，各种类型的基金层出不穷，纷纷面向广大的经济市场。然而，面对各种各样的基金，各大投资者和"基民"们似乎犯了选择困难症，在多种基金甚至投资方式之间摇摆不定，难以抉择。那么，要想明白你该选择哪一种基金，你首先得了解基金背后的历史以及它的来龙去脉。

基金的英文单词名叫 fund，从广义上说，它的设立带有很强的目的性，最为大家熟知的当属公积金，诸如住房公积金、公司公积金等，对此相信大家已经耳熟能详。保险基金也是人们津津乐道的一种常见基金，它作为一种社会后备基金而存在，并且传播度很广。此外，它还主要包括信托投资基金、退休基金和各种基金会的基金。

从狭义上来解释，基金单纯指具有特定目的与用途的基金，现在通行概念讲的基金其实就是指证券投资基金。

更通俗地解释，为"基民"所熟知的股票和债券都属于直接投资，你获取了某个公司或企业的股票，就意味着直接获得了这个公司或企业的部分股权。同样的，债券是指外借资金给其他企业或国家，它代表一种债券关系，如图1-1所示为2008年中国建设银行代理发行的凭证式国债的收款凭证。而基金不一样，它是一种间接投资，是一种委托关系，受到委托的基金管理公司或者专门机构会协助你进行投资，并让你选择自己想要投资的计划。

值得一提的是，我国的基金概念与国外是有很大区别的。在国内那些不进行证券投资的基金，如福利基金、扶贫基金、社保基金等，也可以被称为基金。而要说到可以进行证券投资的基金则只有投资证券，没有国外基金那么多样化。

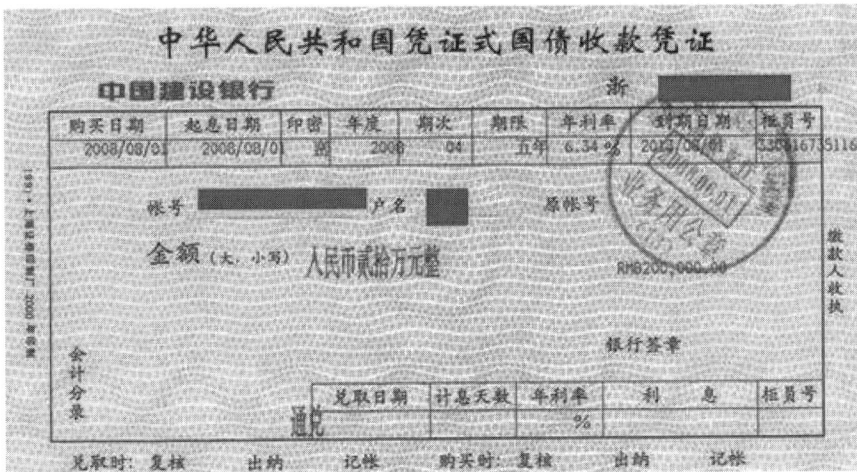

• 图 1-1　2008 年中国建设银行代理发行的凭证式国债的收款凭证

在美国，基金就是指共同基金（mutual fund），除了证券投资，也投资黄金（或者其他贵重金属）、期货、选择权和房地产等。

在英国，基金（包括其对全球各地发行的海外共同基金）则称为单位信托基金（unit trust fund），与美国的共同基金一样，其投资标的也非常多样化，不仅限于证券。

从基金的概念中我们可以清楚地知道，投资基金是一种利益共享、实现保值增值、风险共担的集合投资制度，它有着三大基本原则，即共同投资、共享收益和共担风险。

因此，投资基金运用现代信托关系的机制，通过基金的方式将众多投资者分散的资金集中起来以实现预期投资目的。投资者可以从两方面进行了解，如图 1-2 所示。

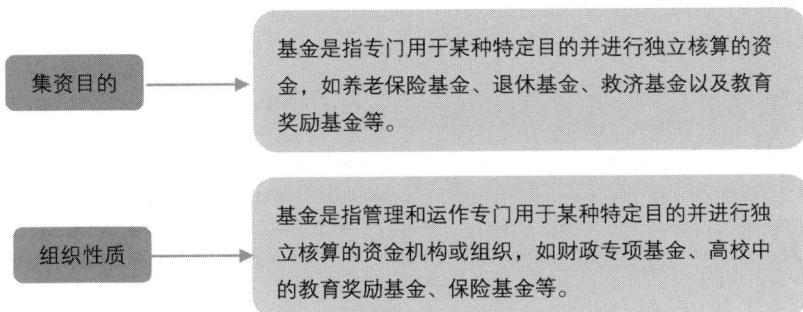

• 图 1-2　基金的目的和组织性质

基金的单位一般是"基金单位"，它是指基金投资者认购基金的固定金额单位，也是投资者认购基金最低的投资金额。在基金初次发行时，将其基金总额划分为若干等额的整数份，每一份就是一个基金单位。初次发行结束后，基金单位均以其净资产值计价。基金资产净值（Net Asset Value，NAV）是指基金资产总值减去按照国家有关规定可以在基金资产中扣除的费用后的价值，是衡量一个基金经营好坏的重要指标。

1.1.1 什么是指数基金

在讲指数基金这个概念之前，我们先来了解什么是指数。在数学概念中，指数是幂运算 $a^n(a \neq 0)$ 中的一个参数，即 "a^n" 中的 "n" 这个参数。事实上我们要讲的指数基金中的"指数"是一个经济学术语，与我们日常接触的数学意义上的指数没有关系。

在经济学概念中，从广义上可以这么理解指数，任何两个数值的相对数都可以称为指数。从狭义上来说，它是指用于测定多个项目在不同场合下综合变动的一种特殊相对数。在生活中最常见的指数是各种排行榜，这种排行榜反映了某一类事物的联系和发展趋势，如图 1-3 所示为百度指数中的娱乐人物行业排行榜，反映的是娱乐人物在百度搜索中搜索量的高低关系。

• 图 1-3　百度指数之娱乐人物行业排行榜

1. 指数基金的概念

前文提到过，指数是用于测定多个项目在不同场合下综合变动的一种特殊相对数，据此我们就能很好地理解指数基金这个概念了。

指数基金追踪特定的指数为标的指数，并以该指数的成分股为投资对象，通过购买该指数的全部或部分成分股构建投资组合，以追踪标的指数表现。

在指数基金概念中，我们可以简单地将指数基金理解为一种股票基金，但它和一般的股票基金不同的是，它不依赖于基金经理个人的投资理财能力，它依赖的是某个指数，而这个指数就是某个特定的选股规则。目前常见的指数有上证 50 指数、沪深 300 指数、中证 500 指数、红利指数、恒生指数、H 股指数、创业板指数、基本面 50 指数等，如图 1-4 所示。

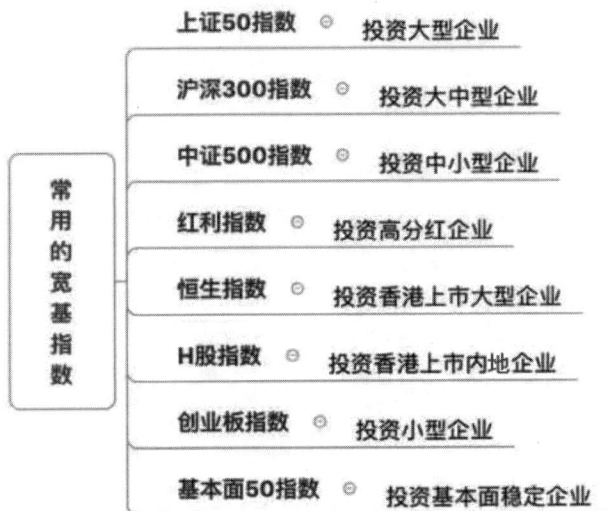

```
                  上证50指数 ⊙  投资大型企业

                  沪深300指数 ⊙  投资大中型企业

                  中证500指数 ⊙  投资中小型企业
常
用
的     红利指数 ⊙  投资高分红企业
宽
基     恒生指数 ⊙  投资香港上市大型企业
指
数     H股指数 ⊙  投资香港上市内地企业

                  创业板指数 ⊙  投资小型企业

                  基本面50指数 ⊙  投资基本面稳定企业
```

• 图 1-4 常见指数汇总表

2. 指数基金的购买渠道

指数基金的购买渠道和基金的购买渠道是一样的，它主要分为两种购买渠道，一种是场内购买，另一种是场外购买，如图 1-5 所示。

| 场内购买 | → | 通过股票账户在二级市场购买指数基金。这种基金一般是场内基金，常见的场内基金有：ETF基金（交易所交易基金）、上市型开放式基金等。这些基金仅限于在交易所购买，不能通过场外渠道购买。 |

| 场外购买 | → | 通过自己的开户银行、股票账户的场外基金申购或者基金公司等网站购买指数基金，这种基金一般指场外基金。 |

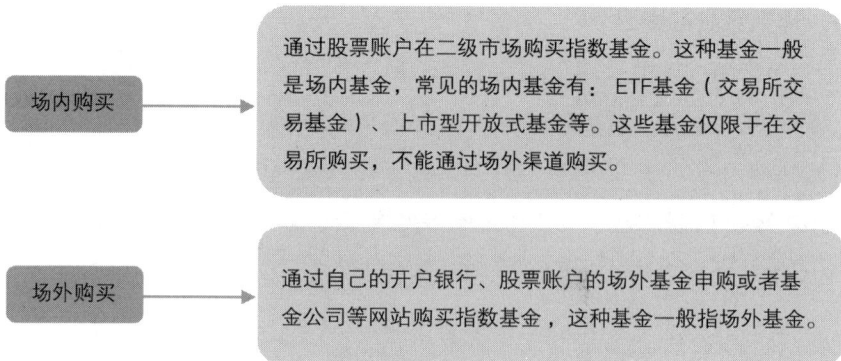

• 图 1-5　场内购买与场外购买

指数基金的具体购买渠道主要有如下 4 种，与基金的具体购买渠道相同：

（1）去官网购买

指数基金由基金公司开发上市发行，我们可以选择去相应的基金公司官网查询购买，如图 1-6 所示为嘉实基金管理有限公司官网可以购买的指数基金。

• 图 1-6　嘉实基金管理有限公司官网可以购买的指数基金

这种购买渠道最大的优点是没有中间商赚差价，因此费率较低，但是其缺点也很明显，相较于二级市场，通过基金公司购买指数基金，其所选产品种类少，而且只能买该公司旗下管理的指数基金。这就好比我们买衣服去某品牌专卖店，只能买到专卖店自有品牌的衣服。当然，我们在挑选指数基金时，应当注意其成立时间、规模等。

（2）去银行购买

银行业务办理通常会有专门卖理财产品的柜台，我们去银行购买指数基金，虽然指数基金赎回时间长，便利性和安全性高，但是交易费用却是这 3 种渠道中最贵的，而且银行的基金经理一般推荐的基金是回扣和提成高的基金，他们本身并不精通。

（3）去证券公司购买

相对于去银行购买指数基金来说，去证券公司购买指数基金比银行便宜，而且购买方法很简单，如图 1-7 所示。你只需下载证券公司对应的官方 App，注册开户，选择对应的指数搜索基金代码下单即可。

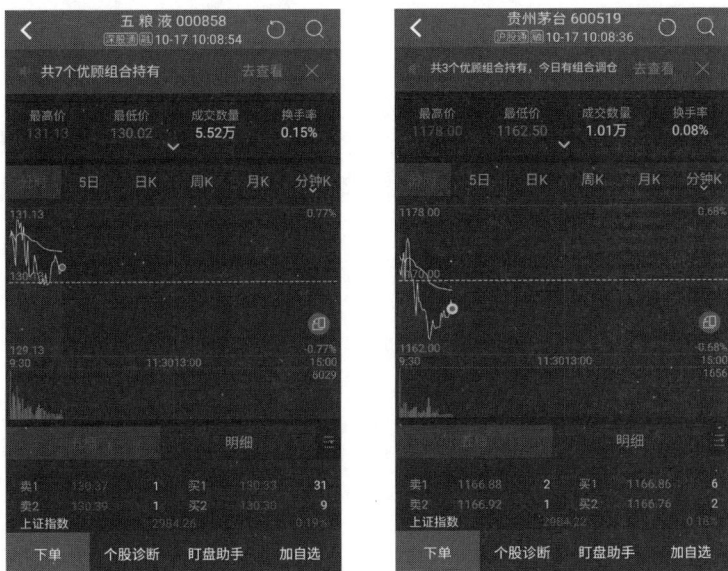

• 图 1-7　利用银河证券 App 购买指数基金

除了手续费便宜，利用证券公司 App 购买指数基金还有一个好处，即我们可以搜索并购买 ETF 基金等场内基金，如图 1-8 所示。

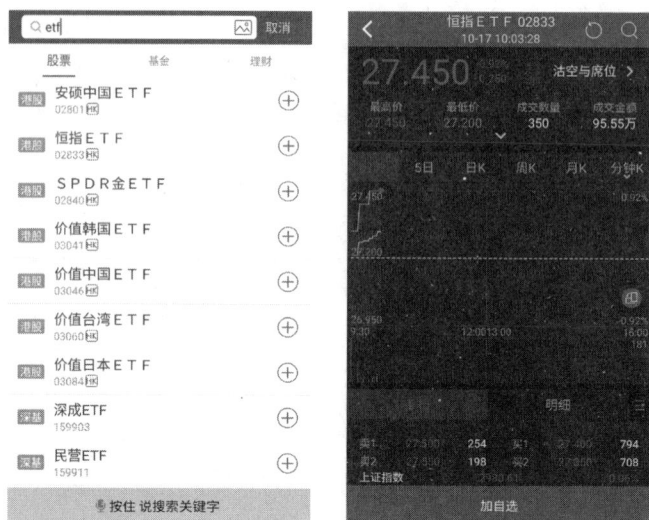

• 图 1-8　利用银河证券 App 购买 ETF 基金

（4）去正规的第三方平台购买

第三方指数基金购买平台有很多，常见的有支付宝的蚂蚁财富、微信的腾讯理财通、天天基金网、好买基金等。这些平台经常有各种指数基金入驻，而且从这些平台买入时买入费率经常会有折扣。如图 1-9 所示，通过微信的腾讯理财通买入易方达上证 50 指数 A，申购费率原本为 1.5%，折扣后为 0.15%。支付宝蚂蚁财富也是如此，从它那里买入天弘中证医药 100 指数 A，买入费率原本为 1.00%，折扣后为 0.10%。

• 图 1-9　微信理财通（左）与支付宝蚂蚁财富（右）

从第三方平台买入除了操作简单、容易上手、安全性高，我们还可以在这些平台上制订自己的定投计划，如图 1-10 所示。

• 图 1-10　微信理财通定投（左）、支付宝蚂蚁财富定投（右）

1.1.2　指数基金的运作

前文已经提过基金的运作与发行，其只是笼统地介绍基金的基本运作流程，下面所说的指数基金的运作更详尽、细致。

指数基金的运作是通过购买指数的成分股票或其他证券来跟踪指数的一个过程，其中主要前期步骤包括建仓、再投资等。具体的运作过程如图 1-11 所示。

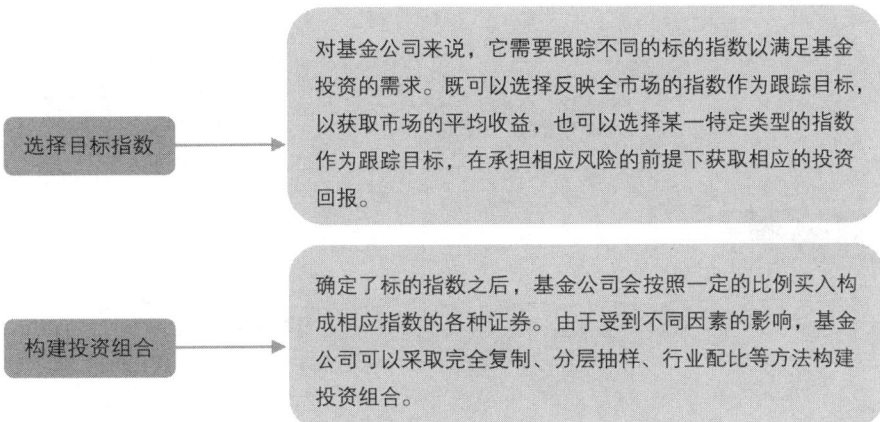

选择目标指数 → 对基金公司来说，它需要跟踪不同的标的指数以满足基金投资的需求。既可以选择反映全市场的指数作为跟踪目标，以获取市场的平均收益，也可以选择某一特定类型的指数作为跟踪目标，在承担相应风险的前提下获取相应的投资回报。

构建投资组合 → 确定了标的指数之后，基金公司会按照一定的比例买入构成相应指数的各种证券。由于受到不同因素的影响，基金公司可以采取完全复制、分层抽样、行业配比等方法构建投资组合。

• 图 1-11　指数基金的运作前期步骤

完全复制是一种完全按照构成指数的各种证券以及相应的比例来构建投资组合的方法，而分层抽样和行业配比都是利用统计原理选择构成指数的证券中最具代表性的一部分证券而不是全部证券来构建基金的投资组合。

指数基金运作的后期步骤主要是成分股的调整，其中主要包括组合权重调整和误差监控调整，如图 1-12 所示。

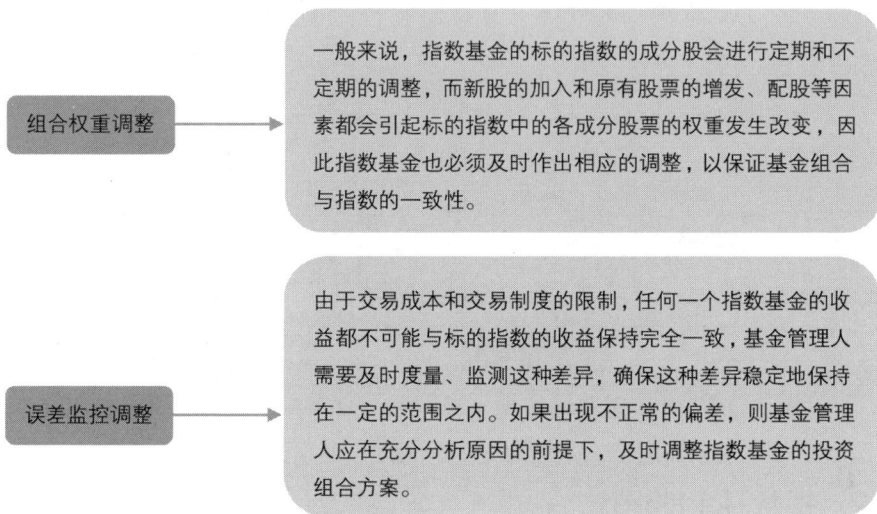

组合权重调整	→	一般来说，指数基金的标的指数的成分股会进行定期和不定期的调整，而新股的加入和原有股票的增发、配股等因素都会引起标的指数中的各成分股票的权重发生改变，因此指数基金也必须及时作出相应的调整，以保证基金组合与指数的一致性。
误差监控调整	→	由于交易成本和交易制度的限制，任何一个指数基金的收益都不可能与标的指数的收益保持完全一致，基金管理人需要及时度量、监测这种差异，确保这种差异稳定地保持在一定的范围之内。如果出现不正常的偏差，则基金管理人应在充分分析原因的前提下，及时调整指数基金的投资组合方案。

• 图 1-12　指数基金运作的后期步骤

1.1.3　指数基金的费用

基金投资过程中的费用主要有基金交易费用和基金运营费用两种，具体分析如图 1-13 所示。

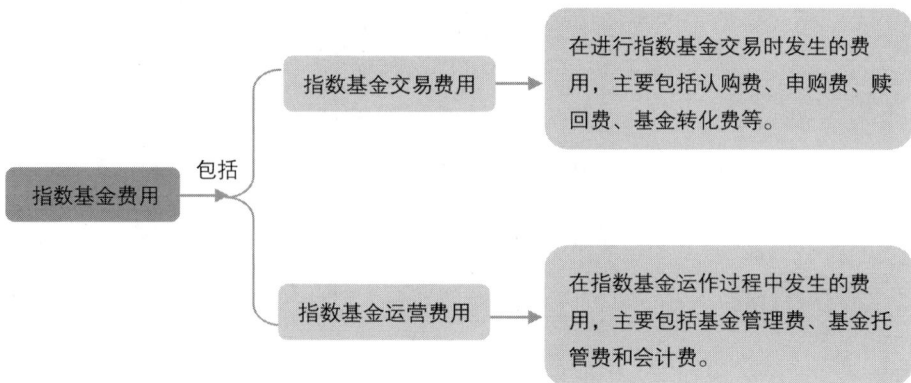

指数基金费用	包括	指数基金交易费用	→	在进行指数基金交易时发生的费用，主要包括认购费、申购费、赎回费、基金转化费等。
		指数基金运营费用	→	在指数基金运作过程中发生的费用，主要包括基金管理费、基金托管费和会计费。

• 图 1-13　指数基金费用来源

在指数基金运营费用中，基金管理费和基金托管费有些难以理解，下面对此进行讲解。

（1）基金管理费：基金管理费是基金公司的主要来源。在我国，主动型基金收取 1.5% 的管理费用，相当于你现在持有 20000 元的主动型基金，那么你每年需要向该基金的开发公司缴纳其中的 1.5% 作为管理费，也就是 300 元。当然，那些规模大的指数基金收取费用更低，投资者应该缴纳的管理率甚至在 0.6% 以下。

（2）基金托管费：因为庞大的基金资产并不是直接存放于基金公司，而是转给第三方托管，托管费就是交付给第三方的费用。一般来说，我国的指数基金托管费用在 0.1%~0.14% 之间。

1.1.4　A 股、美股历史业绩 PK

最近我与几个股民聊天，他们谈 A 股上证指数十余年不涨，12 年前是 3000 点，现在还是 3000 点，反观美股涨得多好。

我发现他们有一个认知错误，就是 A 股投资者总喜欢将国内的上证指数与美国的标普 500、纳斯达克 100 相比较。

其中面临的问题是，上证指数只包含上证股票，却不包含深证股票，连国内最具成长性的一个板块都被切了，有何代表性可言？就好比我们下军棋，选择连长和对手的师长去比，自然是以卵击石。

在笔者看来，其中真正能代表 A 股走势的指数有如下 3 个：wind 全 A 指数、中证全指和中证 800。

wind 全 A 和中证全指都是筛选沪深两地市场股票的集合，唯一区别在于中证全指剔除了 ST（境内上市公司被进行特别处理的股票，也是退市风险警示）、*ST（连续 3 年亏损、有退市风险的股票）和上市不足 3 个月的股票，而 wind 全 A 则都包含在内，中证 800 则主要是沪深市值前 800 的股票，代表中小盘以上 A 股核心成员的走势。

2007 年 3 月至 2019 年 7 月各指数涨幅如表 1-1 所示，12 年前上证 3000 点到现在虽然还是 3000 点，但我们 A 股早已经涨了很多了。

表 1-1　2007 年 3 月至 2019 年 7 月各指数涨幅（数据来源：wind）

指数名	涨幅
上证综指	2.47%
万得全 A	114.62%
中证全指涨幅	130.32%
中证 800	60.01%

　　那么过去十几年来，到底是 A 股涨得好，还是美股涨得好？我们来实测 PK 一下。

　　由于 A 股历史较短，很多主流宽基指数都是从 2006 年才开始统计的，所以我们以 2006 年 1 月 1 日为基准进行 PK。

　　首先对比第一组指数，中国大盘股 VS 美股大盘股。对于美股肯定选择最具代表性的标普 500 指数，对于国内大盘股我们首选沪深 300，它们之间孰胜孰负呢？标普 500 指数与沪深 300 历史走势如图 1-14 所示。

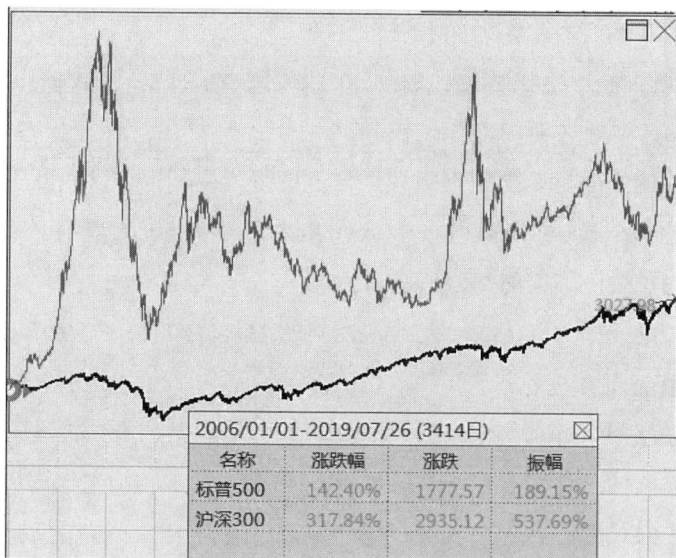

2006/01/01-2019/07/26 (3414日)			
名称	涨跌幅	涨跌	振幅
标普500	142.40%	1777.57	189.15%
沪深300	317.84%	2935.12	537.69%

● 图 1-14　标普 500 指数与沪深 300 历史走势（数据来源：wind）

　　从 2006 年起，沪深 300 涨幅 318%，同期标普 500 涨幅 142%，但是标普 500 唯一的优势就是稳如泰山，几乎绝大多数时间点买入都可以盈利，而国内的沪深 300 脾气就有点儿暴躁，相对来说没有那么稳定，如果你在高位买入，那么甚至能被套牢十年，如图 1-15 所示。

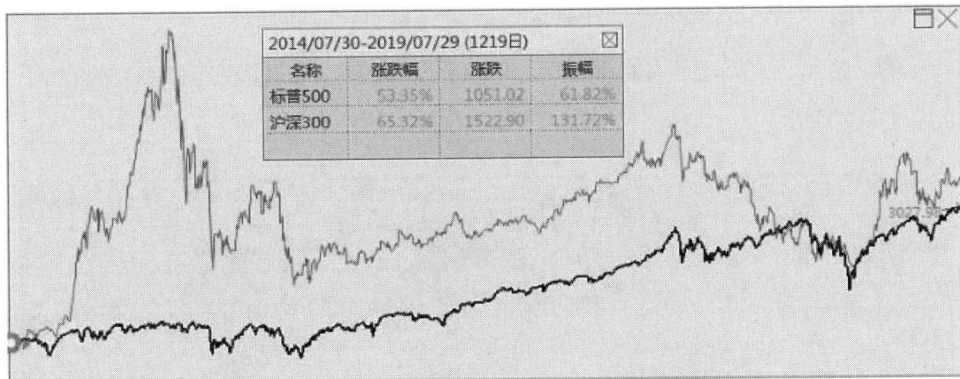

2014/07/30-2019/07/29 (1219日)			
名称	涨跌幅	涨跌	振幅
标普500	53.35%	1051.02	61.82%
沪深300	65.32%	1522.90	131.72%

• 图 1-15　标普 500 指数与沪深 300 近 5 年走势（数据来源：wind）

再对比近 5 年的数据，2014 年 7 月 30 日至 2019 年 7 月 29 日，沪深 300 指数涨幅 65%，标普 500 指数涨幅 53%，沪深 300 指数依然优于标普 500，但指数波动相对来说大一些。

综上所述，如果对比中长期涨幅，则沪深 300 胜出；如果考虑风险系数，则标普 500 胜出。

接下来对比第二组指数，中国小盘股 VS 美国小盘股，如图 1-16 所示。

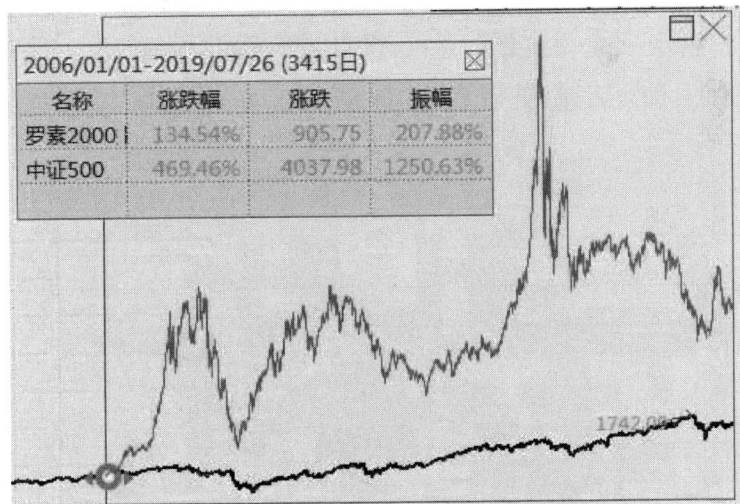

2006/01/01-2019/07/26 (3415日)			
名称	涨跌幅	涨跌	振幅
罗素2000	134.54%	905.75	207.88%
中证500	469.46%	4037.98	1250.63%

• 图 1-16　罗素 2000 与中证 500 历史走势（数据来源：wind）

罗素 2000 取自美股市值前 3000 名中后 2000 名的股票，平均市值在 20 亿美元左右，和中证 500 接近，因此将这两个指数进行对比还是很公平的。对比结果依然是中证 500 的业绩毫无悬念地打败了罗素 2000。

不过中证 500 的走势同样非常不稳定，尤其是近几年来下跌严重，可以说是完全在吃老本，比如近 5 年中证 500 涨幅近 17%，低于同期罗素 2000 的 37%，如图 1-17 所示。

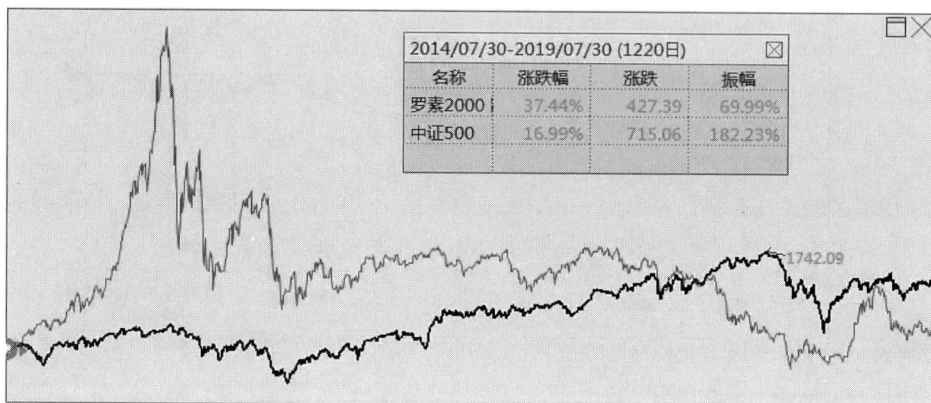

2014/07/30-2019/07/30 (1220日)			
名称	涨跌幅	涨跌	振幅
罗素2000	37.44%	427.39	69.99%
中证500	16.99%	715.06	182.23%

• 图 1-17　罗素 2000 与中证 500 近 5 年走势（数据来源：wind）

总的来说，如果投资者考虑长期的涨幅，则依然是中证 500 胜出，但如果考虑波动风险，则罗素 2000 胜出。

我们来继续对比第三组指数，中国科技股 VS 美国科技股。这次代表美国科技股的纳斯达克 100 历史业绩非常好，可谓来势汹汹，而国内代表中国的互联网科技股指数非中概互联 50 莫属，如图 1-18 所示为中概互联 50 的历史走势。

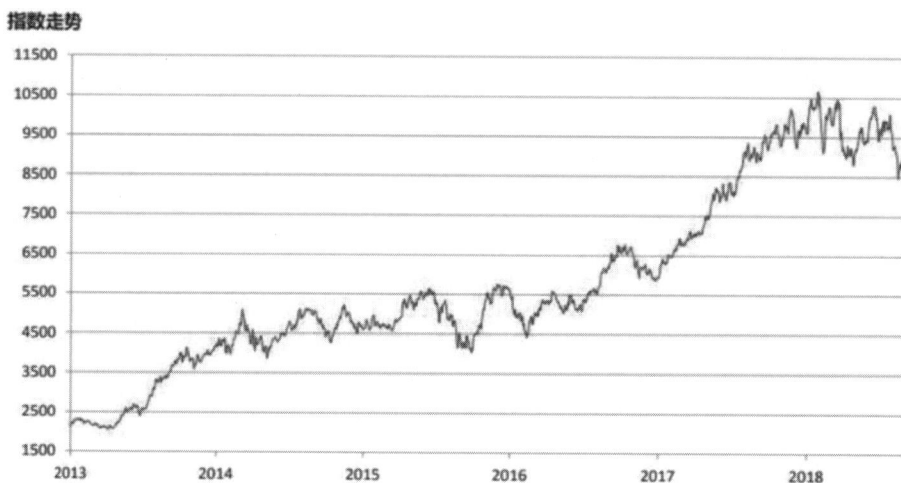

• 图 1-18　中概互联 50 历史走势（数据来源：wind）

纳斯达克 100 虽然 12 年涨了 3 倍，但是中概互联 50 指数更"逆天"，累计涨幅 785%。不过从 2017~2019 年来看，中概互联 50 就有点差了，涨幅只有 42%，低于纳斯达克 100 的 102%，如图 1-19 所示。

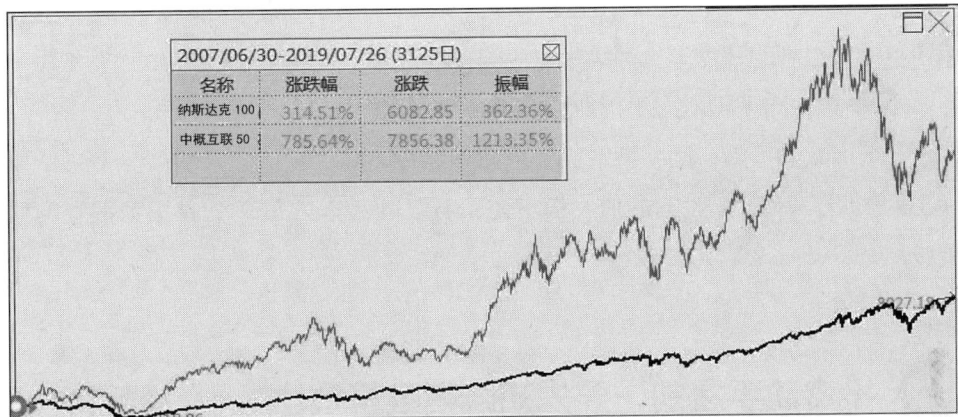

2007/06/30-2019/07/26 (3125日)			
名称	涨跌幅	涨跌	振幅
纳斯达克 100	314.51%	6082.85	362.36%
中概互联 50	785.64%	7856.38	1213.35%

• 图 1-19　纳斯达克 100 与中概互联 50 2007~2019 年走势（数据来源：wind）

不过仔细观察，我们会发现在 2018 年 6 月其实是两个指数的拐点，因为那段时间刚好爆发中美贸易摩擦，于是 A 股立刻落于下风了，如图 1-20 所示。

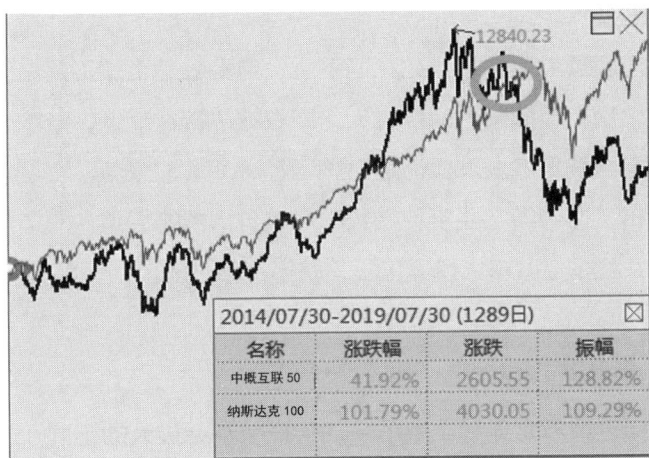

2014/07/30-2019/07/30 (1289日)			
名称	涨跌幅	涨跌	振幅
中概互联 50	41.92%	2605.55	128.82%
纳斯达克 100	101.79%	4030.05	109.29%

• 图 1-20　两个指数的拐点

总的来说，中概互联 50 长期能有这么好的表现，多亏其中有腾讯，因为腾讯从 2007 年至 2019 年涨了 75 倍，可以说中概互联 50 的业绩一大半是靠腾讯涨出来的，这恰恰说明指数成分股中有一个大企业是多么重要。

综合上述 3 组对比，A 股和美股，各有优劣，但绝对不存在美股完胜 A 股的现象，投资者要理性和客观对待。

另外，从这组数据中还可以衍生出如下结论：

（1）指数的上限取决于个股

一个指数的上限，主要取决于个股，比如纳斯达克的亚马逊、中概互联的腾讯、中证白酒的茅台等，都给相对应的指数带来了非常惊人的涨幅。

（2）指数的下限取决于行业和经济环境

一个指数的下限，则主要取决于行业和经济环境，这几年 A 股受到双边贸易冲击的影响，导致 A 股的估值中枢下调，所以近两年 A 股的宽基指数很难跑赢美股。

1.2 投资动手之前，要先知晓指数基金

世界上最早的交易所是荷兰阿姆斯特丹交易所，设立阿姆斯特丹交易所的荷兰东印度公司发行的股票是世界上最早的股票。如今国际金融大都市纽约也与荷兰有千丝万缕的关系。

虽然英国出现过最早的社会化共同基金，但指数基金却不是出现在英国。究其原因，一战之后，英国国力消耗过大，霸权地位日益降低，经济也不景气，基金在英国难以得到长足的发展。而这时美国经济却愈加繁荣。在这期间，美国人查尔斯·道发布了道琼斯工业平均指数，标志着本书的主角——指数基金即将登上历史舞台，并将在金融市场搅弄风云，获得一席之地。

1.2.1 指数基金的由来

前文已经提过指数基金与一般的主动管理型基金最大的不同在于指数基金本身就在跟踪股票，基金管理公司和专门机构会依照客户的选择，将资金投资在指定的一篮子股票中。

1. 指数基金崭露头角

指数基金起源于美国，并且在美国的推动下获得了长足的发展，这一点是金融界公认的。

1971 年，威尔斯·法戈银行推出了世界上第一只指数基金，它首先为新秀丽公司的养老金账户建立了一个高达 600 万美元的账户。而它的交易策略是按照纽约股票交易所的比例购买所有股票，跟踪标的是标准普尔 500 指数，从这个层面上来说，这意味着世界上第一只等权指数基金正式诞生。

1976 年，先锋集团推出先锋 500 指数基金，它和威尔斯·法戈银行推出的指数基金一样，跟踪标的也是标准普尔500指数，其发行人正是人们熟知的约翰·博格——"指数基金之父"。

2. 指数基金的成长与发展

1986 年，先锋集团推出世界上第一只广泛致力于债券市场的先锋债券市场基金，它以莱曼兄弟综合债券指数为追踪标的，管理费用比 Stagecoach 公司股票基金低很多，低成本使得它具有极强的竞争力。

值得一提的是，作为补充先锋 500 指数而出现的威尔希尔 4500 指数，它是从威尔希尔 5000 指数中删除道琼斯 500 指数中的股票而建立的，主要以中小型公司为主，类似于国内的中证 500 指数，如图 1-21 所示为威尔希尔 4500 指数在 marketwatch 网站上的涨跌信息。1987 年，先锋集团又推出一系列指数基金，不过这些基金都是为中小型企业开发的，它以威尔希尔 4500 指数为基准。

• 图 1-21　威尔希尔 4500 指数在 marketwatch 网站上的涨跌信息

进入 20 世纪 90 年代后，先锋集团开始加速扩充指数基金数量，推出以罗素 2000 小盘股指数和摩根士丹利欧洲及太平洋区域指数为追踪标的的指数，随后，指数市场开始出现百花齐放的局面，你争我赶已经成为业界常态，这标志着指数基金的春天已经来临。

3. ETF 基金的出现

1987 年 10 月 29 日上午 9 时 30 分，道琼斯指数经过一阵短暂的波动后，急剧下跌，跌幅高达 22.62%，仅次于 1929 年的"黑色星期二"，损失高达 5000 亿美元，如图 1-22 所示。

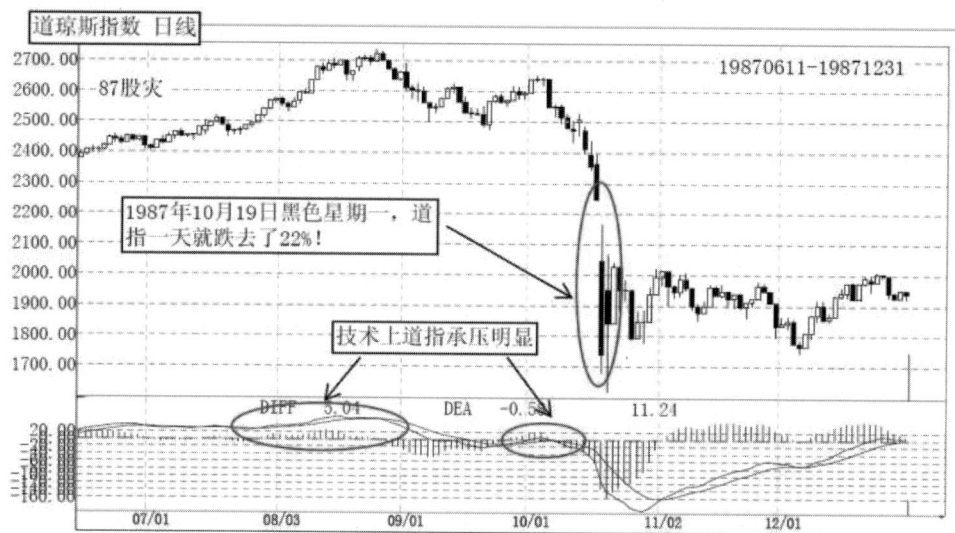

• 图 1-22　1987 年 6 月 11 日至 1987 年 12 月 31 日道琼斯指数趋势图

1987 年股灾之后，美国证券交易所面临的市场形势更为严峻，推出一种融合商品仓单和共同基金的新产品势在必行。1990 年，加拿大多伦多证券交易所推出世界上第一只 ETF 基金——指数参与份额。

1993 年，美国证券交易所冲破重重内部阻力，正式推出针对标准普尔 500 指数的一篮子股票而设计的第一只 ETF 基金——标准普尔存托凭证。

令大家意想不到的是，这只艰难诞生的特殊指数基金日后不仅会成为美国历史上增长最快的金融资产，还会风靡全球，走向世界。

2001 年之前，美国证券基本上垄断了 ETF 基金的发行。2001 年之后，形势开始发生变化，纽约证券交易所和欧洲、亚洲证券交易所开始重视这个新型品种。

不久之后，欧洲、亚洲、非洲、大洋洲等地区 ETF 基金发展迅猛，其规模远超一般的共同基金。

4．指数基金在中国

1994 年 7 月，我国相继推出 4 只指数基金——基金兴和、基金普丰、基金天元和基金景福，它们不是以上证综指就是以深证综指为跟踪标的。

从严格意义上来说，这 4 只基金只能算优化指数基金，不能算真正意义上的指数基金，因为它们都只有一半的资产用于指数化投资，而剩下的资产不是用于积极投资，就是进行了投资国债。

"等了好久终于等到今天，盼了好久终于把梦实现"，2001 年，华安基金管理有限公司获得中国证监会批准，中国第一只指数基金——华安上证 180 指数增强型证券投资基金正式面市。

2003 年，另一只指数基金，也就是中国第一只标准指数基金"天同上证 180 指数基金"紧随其后，也正式上市发行。

2001 年，上海证券交易所战略发展委员会在研究新产品时，正式提出新型指数基金构想——ETF 基金。

2004 年，我国第一只 ETF 基金——华夏上证 50ETF 正式面世，它以上证 50 指数为跟踪标的，推出这只 ETF 基金的管理公司是华夏基金管理有限公司，托管方是中国工商银行。华夏上证 50ETF 上市时资产规模只有 54.35 亿元。

截至 2016 年，仅仅 12 年时间，在中国上海证券交易所和深圳证券交易所挂牌上市的 ETF 基金总共有 140 只，其中 92 只 ETF 基金在上海证券交易所上市，48 只 ETF 基金在深圳证券交易所上市，总资产高达约 3400 亿元。如果不将货币基金计算在内，截至 2016 年年底，中国 ETF 基金有 100 多只，总资产规模约为 2000 亿元。

1.2.2　指数基金的类别

正如基金多种多样，指数基金也是多种多样，它也可以按照不同的标准划分成很多种类，常见分类如图 1-23 所示。

指数基金的类别

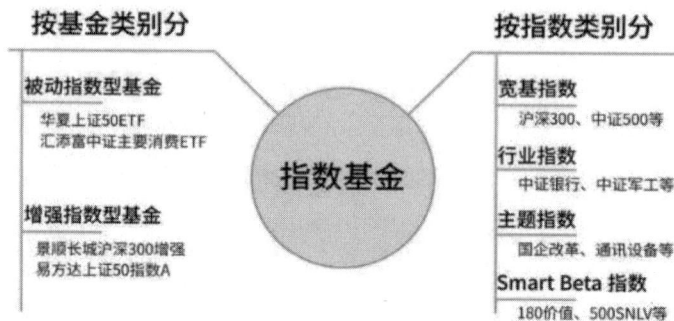

按基金类别分

被动指数型基金
华夏上证50ETF
汇添富中证主要消费ETF

增强指数型基金
景顺长城沪深300增强
易方达上证50指数A

指数基金

按指数类别分

宽基指数
沪深300、中证500等

行业指数
中证银行、中证军工等

主题指数
国企改革、通讯设备等

Smart Beta 指数
180价值、500SNLV等

• 图 1-23　指数基金常见分类

1. 根据基金类别不同划分

根据指数基金进行增强操作是否运用量化模型，可以分为被动指数型基金和增强型指数基金，如图 1-24 所示。

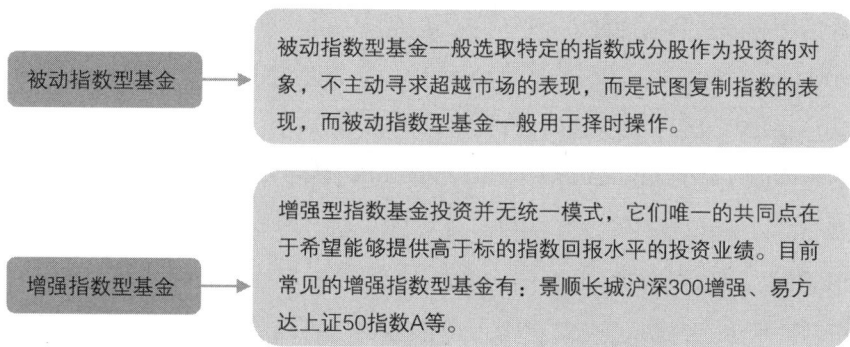

被动指数型基金 ➤ 被动指数型基金一般选取特定的指数成分股作为投资的对象，不主动寻求超越市场的表现，而是试图复制指数的表现，而被动指数型基金一般用于择时操作。

增强指数型基金 ➤ 增强型指数基金投资并无统一模式，它们唯一的共同点在于希望能够提供高于标的指数回报水平的投资业绩。目前常见的增强指数型基金有：景顺长城沪深300增强、易方达上证50指数A等。

• 图 1-24　被动指数型基金和增强指数型基金

2. 根据指数类别不同划分

根据指数类别不同，又可以将指数基金划分为宽基指数基金、行业指数基金、主题指数基金和 Smart Beta 指数基金，具体分析如图 1-25 所示。

宽基指数基金	又被称为大盘指数基金，是最典型的指数基金。它跟踪的标的指数基本反映了整个市场的涨跌情况，具有很强的市场代表性。
行业指数基金	这种基金的跟踪指数是某个行业的指数，仅反映该行业情况，比如证监会行业分类等。 代表指数：金融地产行业指数、医药卫生行业指数等。
主题指数基金	这类基金一般与某些热点主题或某项政策预期有很大关联，它跟踪的不是确定的某个行业，而是涉及几个行业。 代表指数：军工、环保行业指数。
Smart Beta 指数基金	这类基金是被动+主动指数，不依赖基金经理的能力，本身策略透明度高，成分股以及权重都比较清晰，费率上也向被动指数型基金靠齐。 代表指数：华宝标普中国 A 股红利机会指数基金。

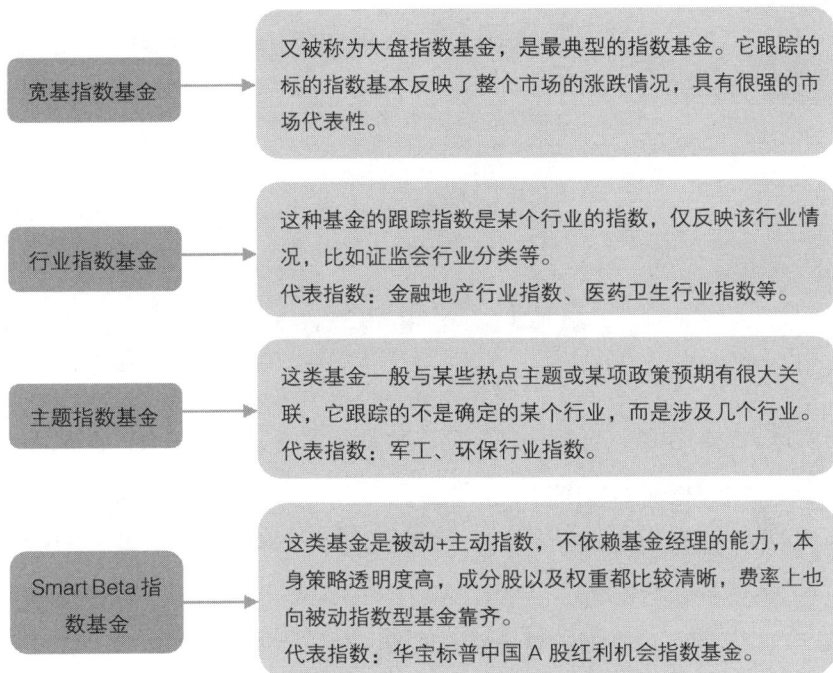

• 图 1-25　根据指数类别不同划分指数基金

其中，宽基指数基金的特点有如下 5 点：

（1）含 10 个或更多个股票。

（2）单个成分股权重不超过 30%。

（3）权重最大的 5 个股票累计权重不超过指数的 60%。

（4）成分股平均日交易额超过 5000 万美元。

（5）包含多个不同的行业种类。

其代表指数主要有 4 个，分别是沪深 300 指数、中证 500 指数、中证 100 指数和上证 50 指数。

3. 根据交易渠道不同划分

前文已经提过，指数基金的交易渠道有两种：一种是场内渠道；另一种是场外渠道。因此，指数基金根据交易渠道的不同可以分为场内交易指数基金和场外交易指数基金，如图 1-26 所示。

场内交易指数基金 → 场内一般指股票市场，又可以称为二级市场。ETF基金只能在场内购买，也就是说，只能在股票市场购买。其他开放式基金可以在场外购买。

场外交易指数基金 → 场外可以理解成股票交易市场外，就是银行、证券公司的代销和基金公司的直销方式，也就是投资者所熟悉的开放式基金销售渠道。普通开放基金都属于场外基金，也就是每天只有一个净值作为申购赎回的价格。

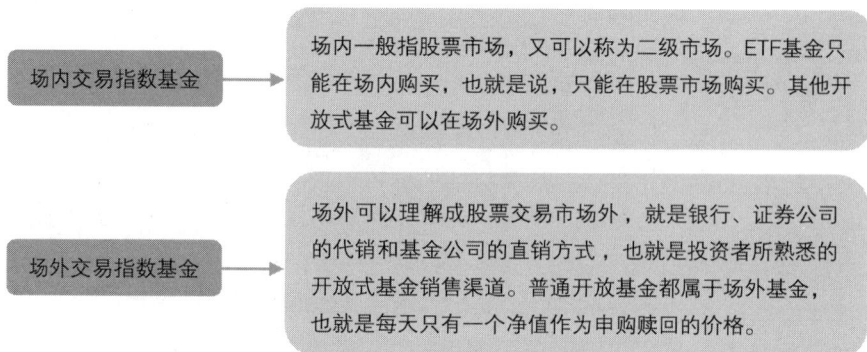

• 图1-26 根据交易渠道不同划分指数基金

其实场内交易指数基金和场外交易指数基金本质上区别不大，它们之间最大的区别在于场外指数基金品种丰富，可以定投扣款，对投资者来说比较省心；场外基金流动性低，可以为投资者节省一笔费用。至于具体区别，有如下几点：

（1）购买渠道不同

这一点应该是这两类指数基金最本质的区别，场外交易指数基金通过银行柜台、券商、第三方销售平台购买，如同花顺、天天基金、蛋卷等。

场内交易指数基金通过股票账户认购。

（2）申购费率不同

申购费率又可以称为买入费率。一般来说，场外交易指数基金的申购费率是1%，但第三方平台（如微信的腾讯理财通、支付宝的蚂蚁财富等）多为一折购基，通过平台指定货币基金购买，甚至可免除申购费。

场内交易指数基金单笔费用取消最低5元限制，按客户与证券方签订的佣金费率执行。

（3）赎回费率不同

一般来说，场外指数基金持有小于7天，赎回费率为1.5%，持有时间小于3个月，费率为1.2%，持有2年以上免赎回费。

场内指数基金单笔费用取消最低5元限制，按客户与券商签订的佣金费率执行。

（4）价格变动不同

对场外指数基金来说，其价格相当于从基金公司处批发份额，每天只有一个价格，净值会在晚上8~9点公布。避免了证券持有期间的心态波动，适合初级投资者投资。

场外基金价格相当于在基金公司处零售份额，净值每 10 秒变动一次，操作方法同股票，可获得盘中瞬时出现的交易机会，但也面临着净值大起大落的波动，适合机构及资深投资者投资。

（5）流动性不同

一般来说，场外交易指数基金连续 3 个月盘子低于 3000 万元将会被清盘，但在赎回申请提交后，可以按照相关流程赎回金额。

场内交易指数基金大部分基金流动性较差，可能存在挂单后无人买卖的情况。

1.2.3　指数基金的优势

对于指数基金概念我们可以通俗一点来理解，它是指按照某种指数构成的标准购买该指数包含的证券市场中的全部或者一部分证券的基金，其目的在于达到与该指数同样的收益水平。举例来说，某只以中证 500 指数为跟踪标的的基金，它想要达到和中证 500 指数一样的水平，就需要按照中证 500 指数编制出的构成及其权重来购买该指数的全部或部分股票。因此，该指数的表现就和它所跟踪的中证 500 指数一样波动。

通俗地理解了一遍指数基金之后，可以看出，其最适合刚入门的投资者，牛刀小试的自然是指数基金，在一段时间内，甚至很长一段时间内，指数基金最大的特点就是低廉和延迟纳税。

1. 费用低廉

费用低廉应该是指数基金最大的优势。在基金管理费用、基金交易成本和销售费用方面，由于指数基金是按照特定的规则和权重购买股票的，这使得指数基金基本不用经常换股，从而大大降低了成本，节省了投资者的费用。

一般来说，指数基金费用比一般基金低 1%~3%，虽然看起来是一个很小的百分比数字，但是由于投资基金基数大、长期定投与复利效应的影响，好比雪球在雪地中滚动一样，最终的费用会极大提高。这样一对比，就可以看出指数基金费用确实比普通基金和其他投资产品低。

2. 分散风险

基金公司拥有雄厚的实力，加之指数基金可以同时分散投资于股票、债券以及现金等多种金融产品，这样即使某一种金融产品因市场波动出现了很大程度的风险损失，整体的指数基金也不至于出现太大的损失，分散了对个股集中投资的风险，加强了投资者的抗风险能力。

3. 延迟纳税

指数基金与其他基金不一样的是，它采用购买并持有的策略，除非当某个公司的股票从跟踪指数中剔除，或投资者想赎回投资时抛售基金，这时才会出现换持的情况。因为指数基金的换持率低，所以投资者纳税很低。加之存在定投和复利效应，延迟纳税给投资者带来的优势愈加明显。

4. 监控较少

正如大家所理解的那样，指数基金本身就是按照一定构成和权重来投资股票的，它不需要基金管理公司主动进行投资决策，只需监控该只指数基金跟踪的标的指数的表现即可。

1.2.4　指数基金的缺陷

2019 年 6 月 17 日，标普 A 股红利指数的第一权重股 ST 银亿申请破产重组，引起了很多人的热议。

那么为什么红利基金会把有问题的 ST 股票纳为第一权重股呢？

首先，银亿在入选标普 A 股红利前，当时确实是很厉害的。从净利润的角度来看，银亿从 2014 年到 2017 年，通过房产销售实现了从 6.05 亿元净利润到 16.64 亿元净利润的跨越式增长，这刚好满足了标普红利每股盈利同比前 3 年必须为正的筛选要求。

其次，分红，银亿在 2018 年 4 月 25 日每股派息 0.7 元，根据调仓日当天 4.23 元的股价计算，股息率高达 16.55%。

这样一只既能赚钱又能分红的股票，不被纳为第一权重股反倒让人觉得奇怪。

在 2019 年 3 月 31 日的调仓日，标普红利机会根据股息率加权，把银亿股份的权重从 0.79% 上调到了封顶的 3%，如图 1-27 所示。

序号	股票代码	股票名称	最新价	涨跌幅	相关资料	占净值比例	持股数（万股）	持仓市值（万元）
1	000981	ST银亿	1.75	-4.89%	变动详情 股吧 行情	3.26%	1,902.35	8,046.9
2	600664	哈药股份	5.93	2.34%	变动详情 股吧 行情	2.47%	975.54	6,087.38
3	600507	方大特钢	9.06	1.46%	变动详情 股吧 行情	2.46%	421.91	6,071.28
4	000635	英力特	8.69	1.05%	变动详情 股吧 行情	1.91%	474.75	4,723.77
5	600816	安信信托	4.57	0.66%	变动详情 股吧 行情	1.84%	628.68	4,545.37
6	002110	三钢闽光	8.46	0.71%	变动详情 股吧 行情	1.62%	241.83	3,987.78
7	600516	方大炭素	17.09	1.97%	变动详情 股吧 行情	1.61%	175.96	3,974.91
8	000723	美锦能源	10.52	3.34%	变动详情 股吧 行情	1.57%	420.52	3,881.38
9	002503	搜于特	2.95	0.68%	变动详情 股吧 行情	1.51%	1,056.94	3,730.99
10	002601	龙蟒佰利	15.46	-2.40%	变动详情 股吧 行情	1.46%	223.28	3,599.27

• 图 1-27　银亿股份的权重上调至 3%

令投资者大跌眼镜的是，银亿 2019 年 4 月 30 号出年报——巨亏 4.7 亿元！而且被 ST 了。

其实银亿集团出现问题并非毫无征兆，早在 2018 年 12 月 24 日，银亿集团便宣布：公司不能如期兑付债券"15 银亿 01"，如图 1-28 所示。

银亿股份有限公司关于
"15 银亿 01"未能如期足额兑付的公告

本公司及董事会全体成员保证公告内容的真实、准确和完整，没有虚假记载、误导性陈述或者重大遗漏，并对其内容的真实性、准确性和完整性承担相应的法律责任。

银亿股份有限公司（以下简称"银亿股份"、"公司"或"本公司"）因短期内资金周转困难，致使发行的"银亿房地产股份有限公司 2015 年面向合格投资者公开发行公司债券（第一期）"（以下简称"15 银亿 01"）未能如期偿付应付回售款本金，现就相关情况公告如下：

• 图 1-28　银亿集团关于不能如期兑付债券"15 银亿 01"的公告

银亿的突然"爆雷"，让不少投资者措手不及。谁料想，资产规模高达350 亿元、账上还有近 10 亿元现金的银亿集团怎么会连发行规模仅为 3 亿元的债券都无法偿还了呢？

究其原因，原来是大股东熊续强违规占用公司资金，做拆东墙补西墙之用。可问题是，这个事件早在 2018 年 12 月就被爆了出来，当时距离红利机会的指数调仓日还有整整 4 个月时间。在这个节骨眼上，银亿爆出这么一个惊天大雷，导致股价都下跌了一大半，但编制方案中没有说债券违约不能调仓，于是跟踪它的华宝基金只能强行给银亿股东送去 7000 万元资金，当了一回接盘侠。

最后的结果摆在投资者眼前，非常惨淡……银亿被 ST，并向法院申请破产重组，股价暴跌 60%。

当时银亿股份股息率如此之高，为什么没有入其他几个红利指数（上证红利、中证红利）的法眼？

原因是上证红利和中证红利有一个特点——专家审核，如果专家委员会认为候选股票最近有异常，不宜用作样本股，就会将其剔除。银亿当时爆出这么一则大新闻，专家组自然不会没有发现，因此银亿就这样被上证红利和中证红利剔除。

相比之下，标普 A 股红利机会就稍显死板，其编制方案完全按照规则来，丁是丁，卯是卯，毫不含糊。

其实标普红利指数还是有不少风控策略的。比如标普红利限制了单只个股的权重上限 3%，就算踩雷也不慌。因此银亿即使从指数重仓起已经下跌了 60%，造成基金净值的跌幅也只有 1.8% 左右，这就是指数基金分散的好处。

不过标普红利踩了"银亿被 ST"这个雷后，在 2019 年又跑不过其他指数了。为什么说"又"？因为标普红利近 3 年年化收益率只有 5.1%，不仅跑输沪深 300（年化收益率为 9.6%），甚至连上证红利（年化收益率为 9.3%）和中证红利（年化收益率为 10.6%）都大幅跑输，如图 1-29 所示。

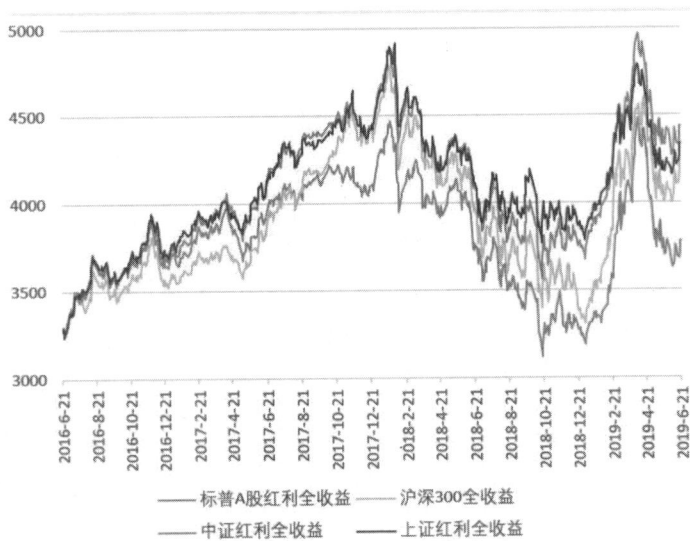

• 图 1-29　4 个指数年化收益对比（数据来源：wind）

虽然标普红利机会近 3 年业绩不好，但其历史业绩还是很抢眼的。近 15 年标普 A 股红利全收益指数年化收益率高达 19.72%，同期沪深 300 全收益指数只有 10.5% 的年化收益率，如图 1-30 所示。

• 图 1-30　标普 A 股红利全收益指数与沪深 300 全收益指数对比

（数据来源：wind）

由于回测效果好，实盘效果差（以其为跟踪标的的指数基金成立于 2017 年 1 月），所以这几年有部分投资者在质疑该红利指数的有效性。

标普 A 股红利真的很差吗？对这个问题的回答其实见仁见智。本质来看，标普红利其实与中证红利相近，属于沪深两市的股息率加权策略指数。对于指数最终表现还是得看高股息股票的涨跌幅，也就是股息率加权策略的有效与否。

只是二者的区别在于，标普红利要求净利润正增长，导致其成分股中小盘股居多，而这几年小盘股稳定跑输大盘，因此业绩自然不如中证红利。如果未来行情轮动到小盘股，则标普红利可能就会表现得更好。

从上述案例中我们可以看出大多数指数基金有一个共同缺点，就是编制规则太透明。每当指数调仓时，指数公司都提前公布调仓股，于是很多人钻空子提前买入，导致指数基金每次都买在阶段性高位。

指数公司后来改成当天调仓当天公布，但指数编制的规则是死的，人是活的。比如投资者发现近期有一只股票突然大幅提高股息，后续大概率会被纳入中证红利指数，于是他们就可以提前买入，等到指数基金调仓日再卖出，赚取中间的差价。尤其是跟踪指数基金规模特别大的，效应会更加明显。

比如上证红利指数的 ETF 基金规模 24 亿元，新纳入的哈药股份权重是 4.4%，那么在调仓后股票的资金量流入就是 1.06 亿元。1.06 亿元新增资金对于 103 亿元总市值、50 亿元的流通市值股票而言，就是 1%~2% 的股价拉升。

所以投资者仔细观察一下，大部分指数基金调仓前的成分股会被小小拉升一波，那么用什么办法能解决这个问题呢？

老实说这个问题很难避免，目前唯一的方法就是买入增强型指数基金，也就是让基金经理去提前调仓，在被动指数基金买入之前再提前配置。

增强型指数基金在过去几年确实效果很明显，尤其是像兴全沪深 300 这种增强指数基金，几乎年年都跑赢沪深 300。但是其最近一年效果也开始衰退，一方面是套利的人多了，这条路不好走了，另一方面，说明市场的有效性越来越高了。

1.2.5　代表性的指数

指数基金类型分为宽基指数和行业指数，其中宽基指数主要有市值加权指数、红利指数、基本面指数和专家加权指数。下面一一进行讲述。

1. 市值加权指数

市值加权指数是以股票市值作为权重计算出来的，它是一种以指数基金中每只成分股的流通数量乘以每只股票的股价为基础确定数值的股票指数，如图 1-31 所示。

市值加权指数的计算公式如下：

$$O = \frac{\sum K \times L}{\sum P \times L} \times T$$

公式中：O——市值加权指数、K——股价(考察期)、P——股价(基期)、L——股本、T——基期指数值。

• 图 1-31　市值加权指数公式

（1）上证 50 指数

上证 50 指数由上海证券交易所 A 股中规模大、流动性好的最具代表性的 50 只股票组成，它反映了上海证券市场中最具影响力的一批龙头公司的股票价格表现，如图 1-32 所示为上证 50 指数历史走势，可以看出它的总趋势是上涨的。

指数走势

• 图 1-32　上证 50 指数历史走势（数据来源：中证指数公司官网）

（2）中证 500 与沪深 300 指数

中证 500 近 3 年业绩萎靡不振，可以说跌起来狠，涨起来慢。先来看一下中证 500 的基本情况，如图 1-33 所示。

指数代码	000905
指数名称	中证500
编制方法	剔除沪深300成分股后，总市值排名靠前的500只沪深股票
最新收盘价	4897
基期	2004-12-31
基点	1000
滚动市盈率/分位点	23.05/8.91%
市净率/分位点	1.8/5.78%
股息率/分位点	1.47%/98.44%
净资产收益率	7.02%
净利润增速2018	-32.6%

• 图 1-33　中证 500 的基本情况

近来投资者都在"吹捧"沪深 300 指数，我们来对比近几年沪深 300 和中证

500 的历史 K 线图，如图 1-34 所示。

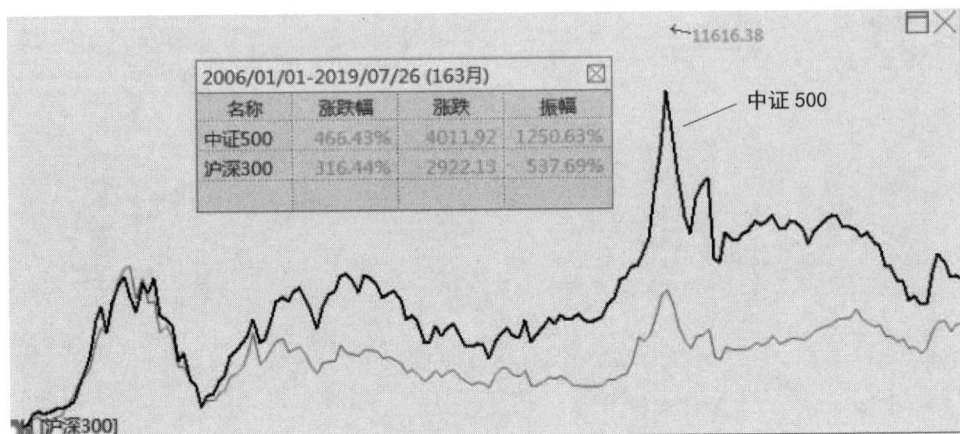

• 图 1-34　沪深 300 和中证 500 的历史 K 线图

中证 500 从 2006 年至今累计涨幅是 466%，要优于沪深 300 的 316%，但震幅也比沪深 300 大一倍以上。再来看看它们具体每年的表现，如图 1-35 所示。

年份	中证500全收益%	沪深300全收益%
2006	100.68	121.02
2007	150.00	163.28
2008	-60.61	-65.61
2009	132.43	98.58
2010	10.51	-11.58
2011	-33.49	-24.05
2012	1.18	9.80
2013	18.06	-5.33
2014	40.45	55.85
2015	43.85	7.22
2016	-17.17	-9.26
2017	0.61	24.25
2018	-32.54	-23.64
06年至今总收益	538%	426%
06年至今年化	14.6%	12.9%

• 图 1-35　沪深 300 和中证 500 历史收益对比

从 2006 年到 2018 年的 13 个年头里，中证 500 分别在 2008 年、2009 年、2010 年、2013 年、2015 年这 5 年里跑赢沪深 300，而其他 8 个年头则跑输沪深 300，可以说棋逢对手。

中证 500 从 2006 年至 2019 年的表现比沪深 300 更好，历史年化收益为 14.6%，同期沪深 300 只有 12.9%。所以说不看好中证 500 的人，主要是看到中证 500 近 3 年不行。下面具体看看中证 500 的成分股净利润增长表现，如图 1-36 所示。

净利润同比增长		
年份	沪深300	中证500
2008	-16.90%	-40.35%
2009	18.13%	36.06%
2010	34.09%	40.66%
2011	13.78%	-1.39%
2012	3.40%	-23.85%
2013	12.42%	14.13%
2014	5.81%	5.55%
2015	-0.35%	-6.34%
2016	-0.52%	33.64%
2017	14.03%	35.40%
2018	6.03%	-32.64%

• 图 1-36　中证 500 的成分股净利润增长表现

中证 500 的业绩增长虽然不是很稳定，波动起伏很大，但是爆发力很强，经常有一年业绩增长 30% 或 40% 的情况出现。

中证 500 最大的股票市值不过 200 亿元出头，最小的只有 90 亿元，平均市值只有 155 亿元，典型的中小盘股票集合；而沪深 300 平均市值则有 1200 亿元，以成熟期的大盘股票为主。

因此中证 500 和沪深 300 由于股票特性不同，各有特点和优劣势：沪深 300 的优势在于盈利稳定，中证 500 则成长潜力更大。

既然中证 500 历史业绩尚可，那么为什么很多人不看好它？

因为受近因效应的影响。近因效应指人们在记忆项目时，对于末尾部分记忆效果尤为突出的现象。

举几个例子：2014~2015 年中小创飙涨，于是各大机构疯狂地吹捧中小盘股票；2018 年至今，"漂亮 50"行情持续，各路"股仙"又开始吹捧要炒大盘股，拥抱沪深 300；2017~2019 年白酒指数业绩名列前茅，资金又开始涌向白酒。

一句话总结：投资者对于投资品种的预期，很大原因取决于它过去一年的历史表现，因为中证 500 过去 3 年的表现很差，所以大家就会自然而然地看衰它。

那么中证 500 的未来能跟上沪深 300 的走势吗？我们来看看证券史更长的美国市场，小盘股和大盘股是怎么走的。

以罗素指数为例，罗素 1000 指数是美股市值前 1000 名的股票组合，罗素 2000 指数是 3000 只股票中市值排名后 2000 名的组合，前者市值主要是 20 亿 ~500 亿美元的公司，类似沪深 300，后者市值主要是 3 亿 ~20 亿美元的公司，类似中证 500，两者的历史走势如图 1-37 所示。

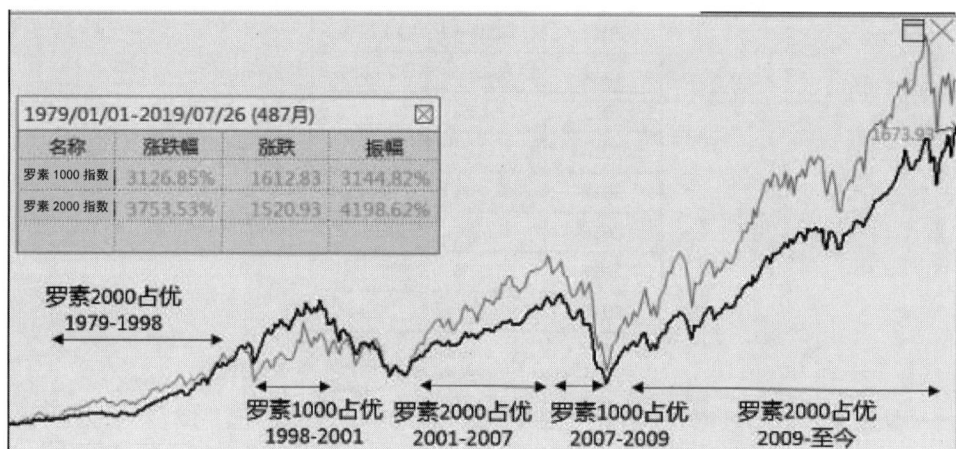

• 图 1-37　罗素 1000 指数与罗素 2000 指数历史走势

美股近 40 年的历史中，罗素 1000 和罗素 2000 交替上升，但最终罗素 1000 还是跑输给了罗素 2000，40 年的时间里罗素 2000 上涨 37.5 倍，罗素 1000 上涨 31.3 倍。所以即使是美股市场，也不能保证大盘股持续跑赢小盘股。

2. 红利指数

红利指数最早源自美国的"狗股理论"，"狗股理论"是美国基金经理迈克尔·奥希金斯于 1991 年提出的一种股息率选股策略。其具体方法是，投资者每年从道琼斯工业指数成分股中找出 10 只股息率最高的股票进行持仓，一年轮动一次。

根据数据统计分析，从 1975 年到 2000 年的 25 年时间内，"狗股理论"的投资年化收益可以达到 18%，而市场的平均收益只有 3%。但"狗股理论"也碰到过黑天鹅事件，比如 2008 年高股息率的股票价格跌得非常惨，大幅跑输了道琼斯工业指数。

那么"狗股理论"在中国的实践成绩如何？如表 1-2 所示，用量化数据回测之后会发现，在过去十年里，"狗股理论"选出的股票组合年化收益可以达到11.6%，同期沪深 300 年化却不到 2%，并且在最大回撤率方面狗股理论表现也比沪深 300 更好一些。

表1-2　量化数据回测

投资组合	总收益	年化收益	夏普比率	最大回撤率
本策略	198.78%	11.57%	0.32	39.30%
沪深 300	21.30%	1.95%	−0.09	46.70%
相对收益	146.31%	9.44%	0.45	27.01%

受此启发，国内成立了红利系列指数，比如中证红利，是筛选市场上股息率最高的 100 只沪深股票，再通过股息率高低来分配每只股票买入的比例。

（1）中证红利

2019 年中证红利全收益指数上涨 14.7%，其中包含 5.4% 的股息，是 A 股股息收益较高的指数之一。

不管中证红利指数每年是涨还是跌，每年股息的回报至少都在 3% 以上，高股息给我们提供了丰厚的安全垫，如图 1-38 所示。

证券简称	2019-today	2018-2019	2017-2018	2016-2017	2015-2016	2014-2015	2013-2014
中证红利	9.3	-19.2	17.6	-7.6	26.9	51.7	-10.2
中证红利全收益	14.7	-16.2	21.3	-4.3	29.9	57.6	-6.7
股息	5.4	3.1	3.8	3.3	3.0	5.9	3.4
股息贡献的涨幅	55.00%			股息之外价格指数的涨幅			58.60%

• 图 1-38　中证红利指数历年股息

自 2013 年至今，中证红利成分股的股息收益达到了 55%，而中证红利全收益指数涨幅为 113%，这说明过去 6 年中证红利指数的近一半收益来自股息收益。

相比之下，沪深 300 指数虽然分红也不错，但是股息占比却很少，从 2013年开始至今，在 77% 的总收益中，只有 25% 的部分是股息收益，如图 1-39 所示。

证券简称	2019-today	2018-2019	2017-2018	2016-2017	2015-2016	2014-2015	2013-2014
沪深300全收益	30.3	-23.6	24.3	-9.3	7.2	55.8	-5.3
沪深300	27.5	-25.3	21.8	-11.3	5.6	51.7	-7.6
股息	2.9	1.7	2.5	2.0	1.6	4.2	2.3
股息贡献的涨幅	25.4%		股息之外价格指数的涨幅			77.5%	

• 图 1-39　沪深 300 历年股息

众所周知，投资者投资红利指数，核心收益来源是高股息股票的每年分红。因此，持有红利指数可以享受股价上涨的收益，即使股价长期不涨，中证红利的股息率也有 4%~5%，如果你用持有资产的心态去投资中证红利，那么中证红利还是非常有吸引力的。

（2）上证红利

红利指数基金就是持有一篮子高股息率的股票，像中证红利指数就是包含上海和深圳交易所中股息率较高、分红稳定的 100 只股票作为指数样本。而上证红利指数则仅包含上海交易所中高股息率、分红稳定的 50 只股票。近几年上证红利和中证红利的股息率基本保持在 4% 左右，如图 1-40 所示。

证券代码	000922.SH	000015.SH
证券名称	中证红利	上证红利
2013	3.48%	3.83%
2014	3.58%	3.84%
2015	3.66%	3.81%
2016	4.11%	4.35%
2017	4.16%	4.48%
平均	3.80%	4.06%

• 图 1-40　上证红利和中证红利的股息率

（3）上证红利 ETF

红利指数基金投资的股票很多，因此收到的分红也是零零碎碎的，这部分分红并不会直接进入投资者的口袋，而是成为基金的现金资产。因此红利基金大多会一年统一进行一次分红，时间主要集中在一月份。比如上证红利 ETF（510880）近几年的分红情况大致如图 1-41 所示。

上证红利ETF	净值	每份派现金	分红比例	上年股息率	基金费率
2014/1/21	1.741	0.059	3.39%	3.83%	0.6%/年
2015/1/20	2.628	0.08	3.04%	3.84%	0.6%/年
2016/1/20	2.836	0.05	1.76%	3.81%	0.6%/年
2017/1/23	2.666	0.091	3.41%	4.34%	0.6%/年
2018/1/23	3.104	0.109	3.51%	4.47%	0.6%/年

• 图 1-41 上证红利 ETF（510880）近几年的分红情况

分红比例平均在 3% 左右，这部分的钱主要来自上年收到的股息扣除基金的管理和托管费用。

由于红利 ETF 的分红主要通过持仓股票派送的股息来进行分红，而不是基金经理卖股票来进行分红，因此大家完全不用过分担心红利 ETF 分红后基金权益会受到损失的问题。所以红利指数基金，也可以用作养老基金，比如现在在熊市底部买入 100 万元红利 ETF，一年能分 3 万多元。

有的投资者担心，要是基金净值持续下跌怎么办？这确实是股票市场面临的最大风险，但从目前来看，安全边际已经很高了。

由于股息率 = 股息 / 市值，如果企业的净利润和分红比例不变，那么股票市值下跌就会提高股息率，在熊市股息率突破 6% 也是有可能的，这样我们完全可以继续加仓享受高股息，而反过来，高股息也会抑制股价的继续下跌。

另外，上证红利和中证红利指数的市净率已跌到了 0.94 倍和 1.01 倍，马上双双破净，这意味着股票的市值还不如净资产来得高，这也是我们防守的第二道护城河。进可攻，退可守，一旦市场行情上涨，基金净值就会上涨，岂不美哉？

说了这么多，风险还是不得不提示的，如果中国的基本面持续下滑，企业净利润不断下降，那么派发的股息就会越来越少，这也是红利指数基金最大的风险。

3. 基本面指数

一般从公司的营业收入、现金流、净资产和分红这 4 个维度去挑选股票，其中最出名的莫过于中证基本面 50 指数。

中证锐联基本面 50 指数是中证指数与锐联资产合作开发的首只内地基本面指数。它以营业收入、现金流、净资产、分红这 4 个基本面指标来衡量的经济规模最大的 50 家 A 股上市公司作为样本，其历史趋势如图 1-42 所示。

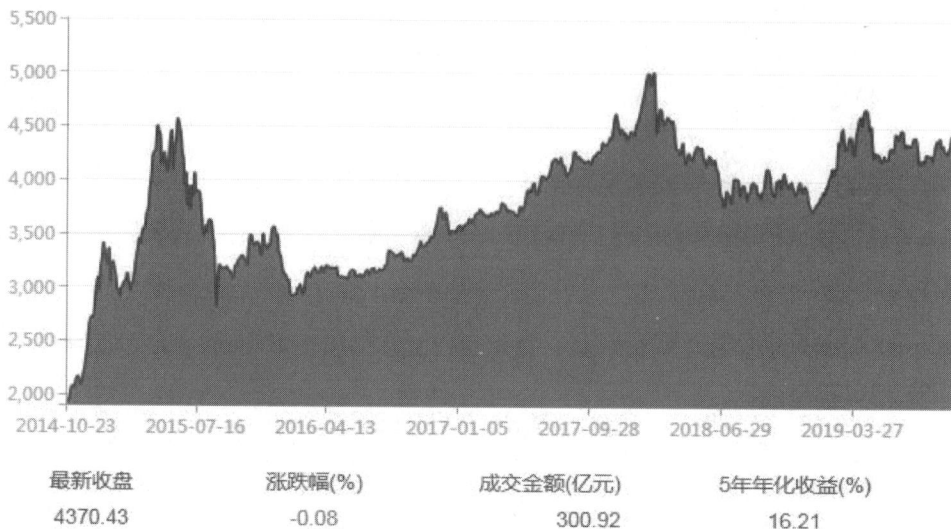

最新收盘	涨跌幅(%)	成交金额(亿元)	5年年化收益(%)
4370.43	-0.08	300.92	16.21

● 图 1-42　基本面 50 历史趋势（数据来源：中证指数公司官网）

我们先从概念上来分析，经济规模最大的 50 家 A 股上市公司本身就是大盘蓝筹股，而基本面 50 又是综合它们的营业收入、现金流、净资产、分红这 4 个基本面指标来衡量的，这一点就和上证 50 指数不一样，这样挑选出的股票明显要比上证 50 指数的更全面、更均衡。

4．专家加权指数

央视财经 50 指数简称为"央视 50"，指数代码为 399550，基准日期为 2010 年 6 月 30 日，基准指数点为 2563.07。它是由深圳证券信息有限公司与中央电视台财经频道联合编制的。

其中遴选央视 50 的专家来自北京大学、复旦大学、中国人民大学、南开大学、中央财经大学五大院校，以及中国注册会计师协会、大公国际资信评估有限公司等专业机构。

央视财经 50 指数主要从"创新、成长、回报、公司治理、社会责任"5 个维度来反映在中国 A 股市场表现突出的上市公司市场运行情况，向证券市场和投资者提供更丰富的指数化投资标的。

央视财经 50 指数包括纯价格指数和全收益指数，纯价格指数通过深圳证券交易所行情系统发布实时行情数据，全收益指数通过巨潮指数网发布收盘行情数据。

5. 行业指数

行业指数能快速上涨，和行业指数中诞生的超级牛股密不可分，中概互联历史业绩出色是因为腾讯十年 300 倍的惊人表现，而腾讯权重已经达到 30%。中证消费的上涨主要靠茅台，茅台权重高达 18%。医药行业中，市值加权的中证医药业绩可以碾压等权重加权的中证医药 100，这里面龙头股恒瑞医药功不可没，恒瑞医药权重高达 12%。因此行业指数基金表现好不好，还得看有没有大牛股。

（1）容易产生牛股的行业

那么 A 股市场哪些行业最容易诞生牛股呢？笔者统计了 A 股近十年涨幅前 50 名的股票所处的行业，以申万一级行业划分，如图 1-43 所示。

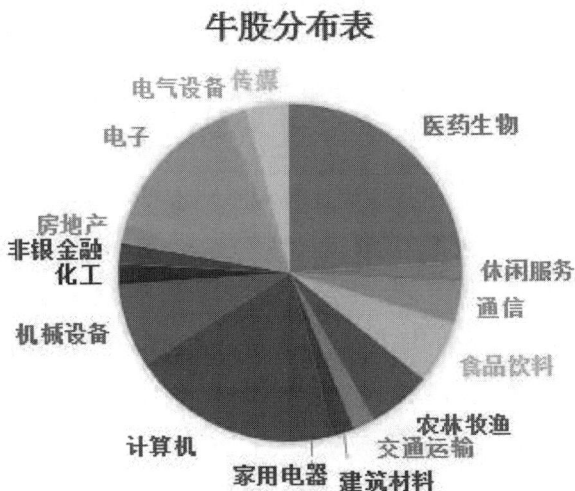

• 图 1-43　牛股分布表

（2）医药行业

由于接下来的 20 年中国将全面进入老龄化社会，医药行业的市场需求只会越来越旺盛，所以必将诞生更多牛股。关于医药行业指数的选择，我推荐大家重点关注以市值为权重加权的沪深 300 医药、中证全指医药指数。

医药行业的行业壁垒高，典型的强者恒强，因此等权重的中证医药 100 表现相对弱势，业绩也比市值加权的沪深 300 医药、中证全指医药相差很多。

近十年沪深 300 医药年化收益为 8.8%，中证全指医药年化收益为 8.2%，中证医药 100 年化收益为 6.0%，相关医药指数基金如图 1-44 所示。

代码	基金名称	跟踪指数	规模	投资场所
512010	易方达沪深300医药卫生ETF	沪深300医药	8.5	场内
001344	易方达沪深300医药ETF联接A	沪深300医药	1.8	场外
159938	广发中证全指医药卫生ETF	全指医药	24.8	场内
001180	广发中证全指医药卫生ETF联接A	全指医药	14.2	场外
005112	银华中证全指医药卫生增强	全指医药	1.8	场外
159929	汇添富中证医药卫生ETF	全指医药	3.7	场内
007076	汇添富中证医药卫生ETF联接A	全指医药	1.1	场外

• 图 1-44 相关医药指数基金

医药企业生产的药品无非有两种，一种是创新药，另一种是仿制药。创新药开发周期长达十几年，但是一旦上市就能垄断市场，利润巨大，并且享有 20 年专利保护。

仿制药药效则和创新药差不多，不过要等创新药专利保护期过后才能开发，仿制药由于门槛低，竞争激烈，因此利润微薄。

为了方便理解，我们可以设想创新药是"科技"股，未来成长潜力巨大，而仿制药为"消费"股，虽然同样有增长空间，但是市场已经非常成熟，潜力很小。

目前国内只有恒瑞医药、药明康德等为数不多的药企开发出了创新药，恰好 2019 年市场主要炒作的板块正是创新药，而非仿制药！因此那些只做仿制药的小企业 2019 年走势感人，拖累了医药指数的走势。

（3）计算机行业

在牛股行业排行榜中紧随医药行业其后的是计算机（包含软件、互联网）行业，整个 3700 只 A 股中有 214 只计算机行业股票，有 8 只挤进了前 50 名，仅次于医药行业。计算机行业一直以来都很容易出牛股，典型的比如同花顺、浪潮信息等，都是十年 10 倍的股票，海外上市的计算机企业更不用说，腾讯十年 300 倍，网易十年 20 倍，如表 1-3 所示。

表1-3　计算机行业牛股排行榜

证券代码	证券简称	所属行业名称 （申万一级行业）	区间涨跌幅 （2009.10.26~2019.10.26）
603019.SH	中科曙光	计算机	1162.2174%
300033.SZ	同花顺	计算机	1127.7435%
000977.SZ	浪潮信息	计算机	1118.2662%
600446.SH	金证股份	计算机	1080.026%
300253.SZ	卫宁健康	计算机	949.5062%
600570.SH	恒生电子	计算机	867.4268%
002439.SZ	启明星辰	计算机	749.9951%
002230.SZ	科大讯飞	计算机	748.5896%

万物互联时代，受益于 5G 的效率推动，线下实体产业会继续向软件、互联网的方向转移，因此计算机行业发展前景依然广阔。

在过去十年里，计算机指数年化收益为 10.3%，国内目前相关指数基金如表 1-4 所示。

表1-4　计算机行业相关指数

代码	基金名称	跟踪指数	规模	投资场所
001630	天弘中证计算机 C	中证计算机	11.91	场外
001629	天弘中证计算机 A	中证计算机	2.36	场外
512720	国泰中证计算 ETF	中证计算机	3.42	场内

（4）电子行业

排名第三的是电子行业。电子行业代表最顶尖的高科技制造业，比如芯片制造、精密仪器等都包含在内，典型的比如立讯精密，是国内做电子连接器的龙头企业，海康威视也是国内安防龙头。

在过去十年里，A 股 253 只电子行业股票中有 7 只挤进了前 50 名，期间诞生了很多十年 10 倍的大牛股，如表 1-5 所示。不得不说的是，在电子行业里中证电子指数在近 10 年里年化收益为 7.01%。

表1-5 电子行业牛股排行榜

证券代码	证券简称	所属行业名称 （申万一级行业）	区间涨跌幅 （2009.10.26~2019.10.26）
002475.SZ	立讯精密	电子	1968.9205%
002236.SZ	大华股份	电子	1294.9107%
603986.SH	兆易创新	电子	1099.1842%
002049.SZ	紫光国微	电子	1052.9139%
300136.SZ	信维通信	电子	961.7103%
603501.SH	维尔股份	电子	940.6918%
002441.SZ	歌尔股份	电子	924.5133%

（5）食品饮料行业

排名第四的是食品饮料行业。食品饮料行业中有3只股票的表现挤入了前50名，我们常听到的贵州茅台、古井贡酒、伊利股份都上榜了，如表1-6所示。

表1-6 食品饮料行业牛股排行榜

证券代码	证券简称	所属行业名称 （申万一级行业）	区间涨跌幅 （2009.10.26~2019.10.26）
600519.SH	贵州茅台	食品饮料	1069.2173%
000596.SZ	古井贡酒	食品饮料	915.1178%
600887.SH	伊利股份	食品饮料	799.9631%

食品饮料过去一直是一个长期稳定跑赢大盘的指数，不管在国内还是美国，都有非常不错的表现。食品饮料行业最大的特点在于几乎不受政策的影响，而且无任何周期性，穿越牛熊，实现稳定上涨。

美国消费股可口可乐可以做到百年基业长青，我相信中国未来肯定也会诞生类似的长青树企业，如茅台、伊利、双汇等都有这个潜力。

过去十年中证食品饮料指数涨幅为年化11.3%，目前跟踪食品饮料指数概念的基金如表1-7所示。

表1-7 食品饮料行业指数

代码	基金名称	跟踪指数	规模	投资场所
001631	天弘中证食品饮料 A	中证食品饮料	2.64	场外
001632	天弘中证食品饮料 C	中证食品饮料	3.85	场外

代码	基金名称	跟踪指数	规模	投资场所
160222	国泰国证食品饮料	中证食品饮料	25.12	场外 / 场内

（6）衰股行业

笔者统计了整个 A 股表现倒数 100 名的股票，表现最差的竟是采掘行业（石油煤炭类能源开采行业），如图 1-45 所示，它的股票的表现简直是灾难级，整个 A 股挖掘开采行业只有 66 只股票，却有 12 只股票排在倒数 100 名以内，这 12 只股票近十年的平均涨幅是 -74%。

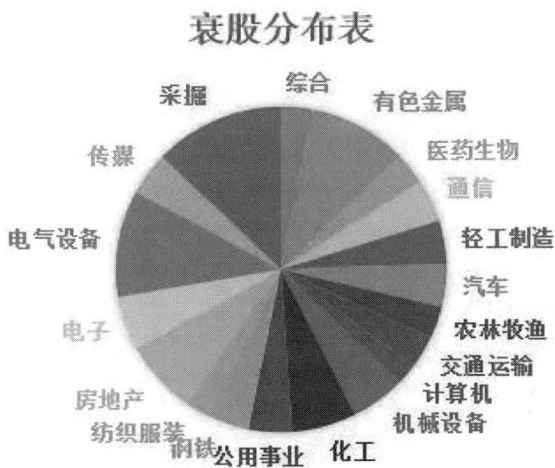

● 图 1-45　衰股分布表

为什么采掘行业股票表现如此糟糕呢？其实 A 股表现差的都是煤炭开采类公司，不景气是因为如下两点：

① 产能过剩：生产的煤炭已经到了几乎用不完的程度。

② 需求低迷：煤炭被清洁能源替代，市场需求持续下滑，导致国际煤价过去十年几乎没有上涨。

除煤炭外，石油企业表现也不好，我们可以参考美国的标普油气，同样走势非常不乐观。

表现第二糟的是有色金属行业，有色金属行业中 115 只股票中有 9 只排在倒数 100 名以内，衰股占比为 7.8%。有色金属和煤炭相似点在于，有色金属也是强周期型行业，股价高度挂钩金属原材料价格。总的来说，在 A 股，周期型资源类企业业绩普遍不好，几乎没有牛股产出。

表现第三糟的是房地产行业，房地产行业中 131 只股票中有 7 只排在倒数 100 名以内，衰股占比为 5.3%。

我们知道虽然过去十几年以来房地产发展迅猛，但是房地产行业发展不等于房地产股票价格上涨，在国内的行情下，其实房地产企业做开发利润是非常微薄的，更多利润还是贡献给了政府。

外加最近几年国家不断调控楼市，收紧资金杠杆，可以说房地产行业是一个受政策影响巨大的周期型行业，建议谨慎投资。

（7）总结

在过去十年里，最容易产生牛股的四大行业是医药、计算机、电子和消费 4 个行业板块。

它们的共同特征有如下两点：

① 行业高速成长，市场需求前景广阔。

② 周期性弱。

最不容易产生牛股的三大行业是采掘、有色金属和房地产 3 个行业板块。显然，周期型企业由于受到影响因素太多，牛股产出量大大不如前者。

医药、计算机、电子和消费这 4 个行业，笔者认为未来十年内依然会是大热门，整体业绩也会有质的飞跃，毕竟它们符合了未来市场需求的大趋势。

然而行业越是热门，估值就会被炒得越高，目前四大指数的平均动态市盈率高达 45 倍，估值最低的中证消费动态市盈率也已经达到了 33 倍。一旦短期内业绩出现不达预期，可能就会被市场杀估值，因此直接买入的风险也是极大的。

投资者如果想投资，用定投的方式去长期买入，那么当前成本对于未来持仓成本的影响就不大了，只要指数长期最终能实现上涨，收益就会很可观。

第2章

指数估值：教你如何挑选指数基金

代销机构或者银行频繁推销指数基金产品，网络上基金广告琳琅满目，而银行经理和银行职员只会给投资者推销回扣最高的理财产品。面对这些问题，投资者应该如何去辨别？应该如何去挑选合适的指数基金？看完这一章的内容之后，大家心里就会有底了。

2.1 指数估值要把握的重点

目前，我们常用的估值指标主要有 4 个，分别是市盈率、盈利收益率、市净率和股息率。

2.1.1 几个重要的估值指标

对优秀的投资者（比如巴菲特、约翰·博格等）来说，他们都会建立一套自己的投资标准，如资产盈利、资产价值等，来判断和衡量不同的投资产品，以确定它们是否值得他们去投资。可以将这样的一套投资标准称为估值指标。

1. 市盈率

市盈率全称为市价盈利比率，或者称为股价收益比率、本益比，英文全称为 Price Earnings Ratio，英文简写为 P/E 或 PER。

市盈率是常用来评估股价水平是否达到合格标准的指标，由股价除以年度每股盈利（EPS）得出（或者以公司市值除以年度股东应占溢利亦可得出相同结果）。

计算时，股价通常取最新收盘价，而年度每股盈利方面，若按已公布的上年度每股盈利计算，则称为历史市盈率（Historical P/E）或静态市盈率；若取最近 4 个季度的净利润，则称为滚动市盈率；若按市场对今年及明年每股盈利的预估值计算，则称为未来市盈率、预估市盈率或动态市盈率（Prospective、Forward、Forecast P/E）。如图 2-1 所示为 2012~2017 年沪深 300 指数历史市盈率走势。

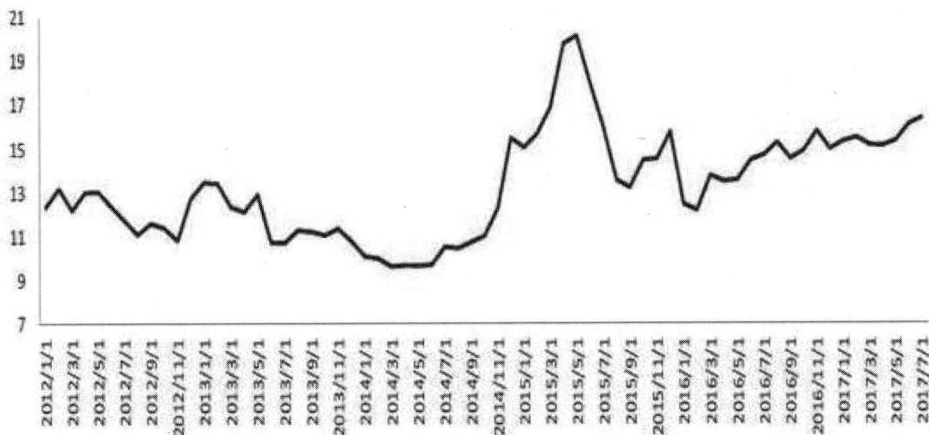

• 图 2-1　2012~2017 年沪深 300 指数市盈率走势

那么，市盈率能够起到哪些作用呢？主要有如下两点作用。

（1）估算投资

利用市盈率能够大概推算出投资资金，比如某上市公司的市盈率是 20，如果你想赚 100 元利润，那么你需要大概投资多少？

计算：100×20=2000（元）。从计算结果可知，需要投资大概 2000 元才能赚取 100 元利润。

（2）估算市值

利用市盈率能够大概推算出该公司市值，比如某上市公司的市盈率是 20，一年净利润为 200 亿元，该公司市值大概是多少？

计算：200×20=4000（亿元）。从结果可知，该公司市值在 4000 亿元左右。

市盈率指标不是万能的，它有一定的使用范围，最适合宽基指数：

第一，市盈率对流通性好的股票才具有参考价值，对流通性越不好的股票，市盈率越没有参考价值；

第二，市盈率对盈利稳定的股票才具有参考价值，对盈利不稳定的企业或行业，容易造成高估或低估的现象。

2. 盈利收益率

盈利收益率和市盈率互为倒数，也就是说，市盈率乘以盈利收益率等于 1，市盈率是用公司市值除以盈利，而盈利收益率则刚好相反，它是用公司盈利除以公司市值，也就是盈利收益率＝E/P。

盈利收益率是格雷厄姆最常用的一个指标，代表以当前的价格买入后所取得的收益率。格雷厄姆生前接受采访时曾声称"盈利收益率的概念更加科学，也是一个更合乎逻辑的分析方法"。

那么与市盈率相比，盈利收益率有什么优势呢？相对于市盈率，通过盈利收益率能准确看出我们的回本时间，盈利收益率更容易让投资者看清该投资产品的收益率。

盈利收益率所起的作用有如下两点。

（1）估算投资

利用盈利收益率也能大概推算出投资资金，比如某上市公司的盈利收益率是5%，如果你想赚100元利润，那么你需要大概投资多少？

计算：100÷5%=2000（元）。从计算结果可知，需要投资大概2000元才能赚取100元利润。

（2）估算市值

利用盈利收益率也能大概推算出该公司市值，比如某上市公司的盈利收益率是5%，一年净利润为200亿元，该公司市值大概是多少？

计算：200÷5%=4000（亿元）。从结果可知，该公司市值在4000亿元左右。

盈利收益率和盈利率互为倒数，所以盈利收益率和市盈率的适用范围是一样的。如果我们以4000亿元买下上述上市公司，那么该公司可以为我们每年带来5%的收益率。按照一般规律，盈利收益率越高，意味着上述计算式中的除数越大，计算出的市值越低，越有可能被低估。

3. 市净率

市净率英文全称为 Price-to-Book Ratio，简称为 P/B 或者 PBR，又可以称为账面价值，它是指每股股价与每股净资产的比率，或者是公司市值与公司净资产的比率。

那么，什么是净资产？净资产又是怎么计算出来的呢？

净资产由两大部分组成：一部分是企业最开始时投入进去的资产，包括后来溢价的部分；另一部分是企业在经营之中创造的资产，其中包括企业接受捐赠的资产。用公式可以表示为：

净资产 = 资产 – 负债（受每年的盈亏影响而增减）

一个公司的市盈率和盈利收益率可以是不稳定的。一般来说，它每年的净资产是稳定增加的，由净资产计算出的市净率也相对稳定。如图 2-2 所示为恒生中国企业指数九年历史市净率。

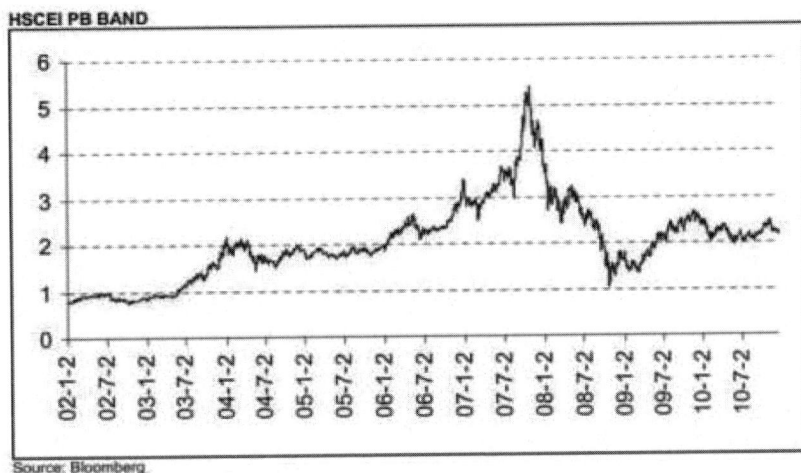

• 图 2-2　恒生中国企业指数九年历史市净率

影响市净率的因素总共有如下 4 个。

（1）企业运作资产的效率

衡量资产运作效率的重要指标就是净资产收益率（ROE），净资产收益率越高的企业，资产运作效率越高，市净率也就越高。

（2）资产的价值稳定性

资产的种类多种多样，公司资产能够随着时间增值，也会随着时间迅速贬值。资产价值越稳定，市净率的有效性越高。

（3）净资产中的无形资产

传统企业净资产大部分是有形资产，它们的价值比较容易衡量，但对无形资产是很难衡量其价值的，如公司品牌、行业话语权等。

（4）负债过大或者亏损

如果公司的负债不稳定，则可能会干扰公司的净资产。只有当企业的资产大多是比较容易衡量价值且长期保值的有形资产时，才适合用市净率来衡量。

4. 股息率

股息是指公司根据股东或投资者出资比例或持有的股份，在不减少股东或投资者持有的股权资产的前提下，按照事先确定的固定比例向股东分配的公司盈余。

股息派发形式分为 3 种，如图 2-3 所示。

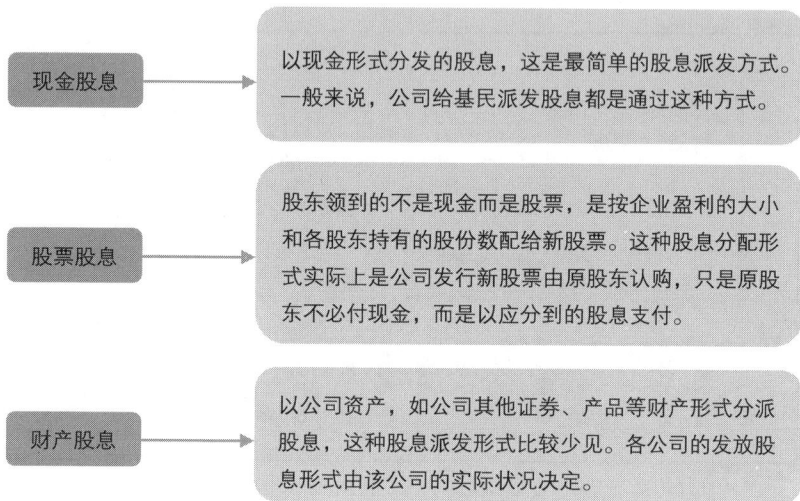

现金股息	→	以现金形式分发的股息，这是最简单的股息派发方式。一般来说，公司给基民派发股息都是通过这种方式。
股票股息	→	股东领到的不是现金而是股票，是按企业盈利的大小和各股东持有的股份数配给新股票。这种股息分配形式实际上是公司发行新股票由原股东认购，只是原股东不必付现金，而是以应分到的股息支付。
财产股息	→	以公司资产，如公司其他证券、产品等财产形式分派股息，这种股息派发形式比较少见。各公司的发放股息形式由该公司的实际状况决定。

• 图 2-3　股息派发的 3 种形式

股息率英文全称为 Dividend Yield Ratio，它是指现金分红与公司市值之间的比率。在投资实践中，股息率是衡量企业是否具有投资价值的重要标尺之一。

（1）股息率与分红率的区别

股息率与分红率乍一看很相似，实际上两者相去甚远，具体区别有如下 3 点。

其一，计算方式不同：股息率是指现金分红与公司市值之间的比率，分红率是指现金分红与企业总净利润之间的比率。

其二，参考意义不同：股息率是衡量一个企业是否具有投资价值的标准，而分红率表示上市公司的盈利能力。

其三，计算周期不同：股息率的计算周期为一年，而分红率一般为一个月或一个季度，如果时间跨度太大，则分红率计算结果会失真，失去参考价值。

（2）股息率的作用

通过股息率的定义我们能清楚地发现，股息率 = 股息 / 市值，而分红率 = 股息 / 盈利，盈利收益率 = 盈利 / 市值，所以股息率 = 分红率 × 盈利收益率。那么，在实际投资中，股息率有什么作用呢？股息率的作用如图 2-4 所示。

| 收益型股票 | → | 股息率是挑选收益型股票的重要参考标准，如果连续多年年度股息率超过 1 年期银行存款利率，则基本可以将这只股票视为收益型股票，股息率越高越吸引人。 |

| 其他股票 | → | 股息率也是挑选其他类型股票的参考标准之一。决定股息率高低的不仅是股利和股利发放率的高低，还要视股价来定。例如存在两只股票，A 股价为 20 元，B 股价为 25 元，两家公司股息率均为 5%。
A股息=20×5%=1（元）
B股息=25×5%=1.25（元）
很明显，投资 B 股收益相对更高。 |

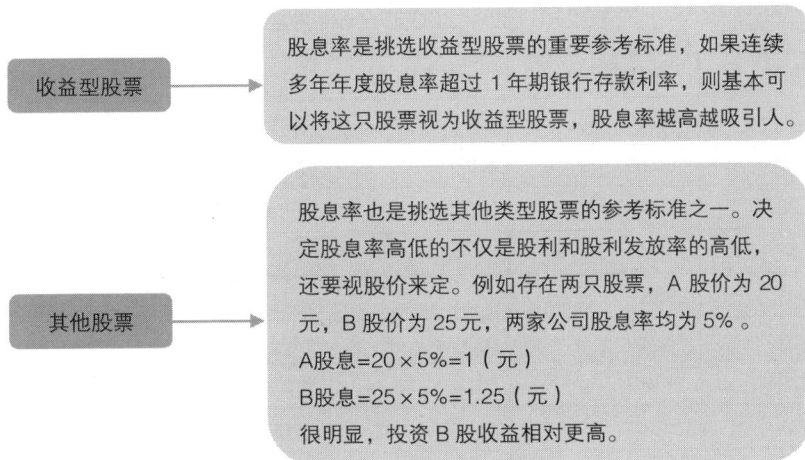

• 图 2-4　股息率的作用

2.1.2　获取指数估值的方法

长期来看，宽基指数由于持股非常分散，利润也是稳定的，市盈率应该稳定在一个区间。但如果指数的市盈率超过这个合理区间，则说明市场被高估。反之则说明市场被低估。

衡量指数市盈率是否处在合理区间，常用的方法是将当前市盈率和历史均值或中位数进行对比，也可以直接看历史百分位的排名情况。

我用的是中位数，因为牛市时市盈率高得离谱，导致平均值会失真，而历史百分位在时间较短的情况下几乎无效，中位数取大小排序居中的数值，一定程度避免了上述情况。

用市盈率除以市盈率历史中位数，得到一个值，这里称之为 PE 比率。简单来说，PE 比率大于 1，就说明现在估值比以往历史的中位值要高，投资者应谨慎风险。反之，则是积极信号。

那么这个PE比率到底是否有效呢？此数据为沪深300非全收益指数的表现，很明显，买入时估值不同，最终获取的回报是截然不同的，如表 2-1 所示。

表 2-1　沪深 300 非全收益指数表现

时间	指数点（元）	市盈率 PE	PE 比率	年化回报
2005.12.30	923.5	1.0	341.3%	11.7%
2006.12.29	2041.0	2.1	99.7%	5.7%
2007.12.28	5338.3	2.1	−23.7%	−2.3%
2008.12.31	1817.7	0.6	124.2%	8.1%
2009.12.31	3575.7	1.4	14.0%	1.4%
2010.12.31	3128.3	0.8	30.3%	3.2%
2011.12.30	2345.7	0.6	73.7%	7.7%
2012.12.31	2523.0	0.7	61.5%	7.8%
2013.12.31	2330.0	0.6	74.9%	10.9%

　　一般来说，PE 比率越低，往往投资效果越好。我特意做了一个沪深 300 "投资年化回报" 与 "PE 比率" 的关系图，如图 2-5 所示。

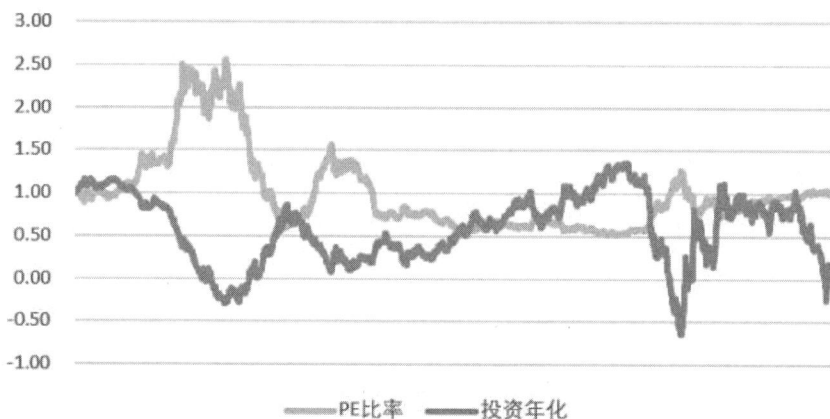

沪深300投资回报与PE比率关系图

• 图 2-5　沪深 300 "投资年化回报" 与 "PE 比率" 关系图

　　从该图中我们可以看出，沪深300的投资回报与PE比率的短期走势呈负相关。总结一句话就是，PE 比率越低，投资胜率越高。

　　再举一个例子，2019 年年初中证 500 的 PE 比率最低曾达到 0.48，随后市场出现反弹，自 2019 年以来已经上涨了 41%。

　　有的人可能要质疑："沪深 300 和中证 500 从 2005 年成立至今才不过短短十几年时间，A 股还太年轻，现在回测不过是刻舟求剑，没有参考价值。"

确实，十几年的数据，从统计学上来看并没有太大的说服力，所以我决定再看看有百年历史的标普 500，是否符合此理论。如图 2-6 所示，标普 500 历史上只有 9 年时间，PE 比率低于 0.6。

标普500PE与历史PE中位数走势

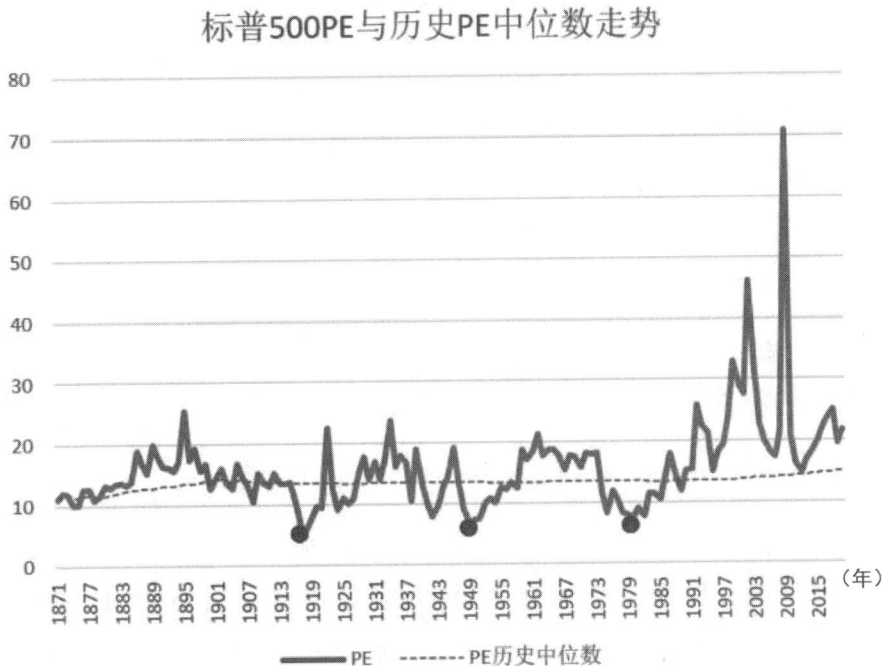

• 图 2-6　标普 500 PE 与历史 PE 中位数走势

我们从标普 500 的走势图中取几个 PE 比率较高和较低的年份进行对比，如表 2-2 所示。根据该表中的数据我们可以发现，在标普 500 同样符合 PE 比率低时，买入更赚钱。

表 2-2　标普 500 历史 PE 比较

时间	市盈率 PE	PE 比率	近 5 年回报率	年化回报
1949	6.62	0.42	62.20%	7.70%
1962	21.25	1.58	12.30%	6.97%
1982	7.73	0.57	97.60%	8.68%
2002	46.17	3.37	23.54%	8.1%

标普 500 "投资年化回报"与"PE 比率"的关系如图 2-7 所示，结论依然是，投资回报与 PE 比率在一定程度上呈负相关。

标普 500 成立至 2000 年历史回报与 PE 比率的关系图

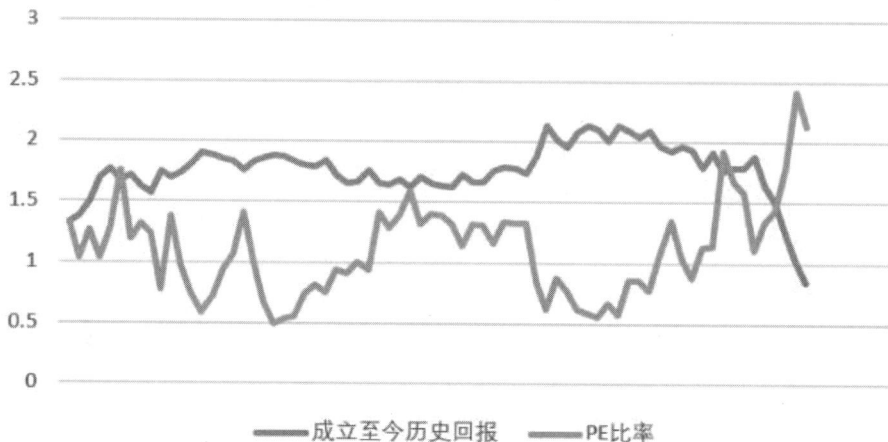

成立至今历史回报　　PE比率

● 图 2-7　标普 500 成立至 2000 年历史回报与 PE 比率关系图（1928~2000 年）

综上，想获取超额收益其实并不难，根据 PE 比率进行不定额指数基金定投，是一个"简单粗暴"的方法。

随着未来沪深 300、中证 500、创业板指这些指数成立的时间越来越长，PE 中位数也会更加趋于稳定，PE 比率指标会越来越好用。

那么现在各大指数的 PE 比率都是多少呢？截至 2009 年 4 月，沪深 300 的 PE 比率是 0.96，中证 500 的 PE 比率是 0.76，上证 50 的 PE 比率是 0.86，均已经趋于合理估值，这时就不宜再加码定投。

2.1.3　实用的基金分析工具

主动基金测评工具主要有 3 个，下面逐一进行介绍。

1. 晨星基金网

所谓"买基金，数星星"的俗语就是来自晨星基金网，晨星基金最权威的就是其星级评分系统，蚂蚁财富都直接借鉴过来，其影响力可见一斑。

在晨星的体系中，基金星级越高说明这只基金在收益率、风险、费用和时间 4 个方面综合评分越高。

五星代表这只基金的评分排在前 10%，四星则代表这只基金的评分排在前 10% 到前 32.5% 之间。

如何查看晨星基金的评级？我们可以直接登录晨星基金的官网进行查询，目前蚂蚁财富也直接对接了晨星基金的评级，如图 2-8 所示，易方达中小盘混合在蚂蚁财富上显示的评级是五星。

< **易方达中小盘混合**
110011   分享

日涨跌幅   单位净值（11-22更新）
-2.49%   **4.8745**

中高风险   混合型   晨星评级 ★★★★★

• 图 2-8   易方达中小盘混合在蚂蚁财富上显示的评级是五星

2. 理柏

理柏（Lipper）成立于 1973 年，作为国际性的基金研究机构，它致力于基金资讯、分析应用工具及研究服务的提供。它的总部设在美国纽约，现已在包括英国伦敦、日本东京等世界范围内的 18 个主要金融中心设立分支机构。

理柏根据排名将基金分为 5 档，其中排名前 20% 的为第一档，排名为 21%~40% 的为第二档，以此类推，最差的一档是第五档，即排名为 81%~100% 的基金公司。晨星与理柏评级的侧重点不同，前者侧重于基金本身，而后者则更多的是对基金公司的考察。

3. Beta 理财师

除了查看晨星基金评级，Beta 理财师也有一个独特的基金评分功能，用于评价基金综合表现。

Beta 理财师只是一个纯粹的财富管理软件（不卖产品），其中基金这块的功能可以说优胜于天天基金、蚂蚁财富等诸多 App。

在其 App 首页输入一只基金，立刻就可以获得相应基金的综合评分以及全方位分析（评分由历史业绩、回撤、基金经理等综合表现得出）。

比如历史业绩比较好的易方达中小盘评分高达 87 分，而历史业绩比较差的建信中小盘先锋只有 75 分，如图 2-9 所示。

• 图 2-9　易方达中小盘混合与建信中小盘先锋股票对比

除此之外，利用此 App 还可以看基金公司、基金经理的历史表现，以及不同基金之间的全方位对比，堪比手机版的晨星基金网。

在定投方面，Beta 理财师还包含择时策略、组合定投、周期定投、定投比较等回测功能。

除了基金板块，还有宏观解读、保险分析工具等，具体哪些适合自己，投资者可以搜索"Beta 理财师"并下载，自己去琢磨。

虽然股票型基金的评分和历史业绩并不一定准确，但对小白而言，比闭着眼瞎摸索要好得多。需要注意的是，软件中的基金评分仅供参考，千万不要盲目相信。

4. 蚂蚁财富估值红绿灯

估值红绿灯主要是根据指数的估值高低来给出投资建议，估值越低越值得投资，如图 2-10 所示。

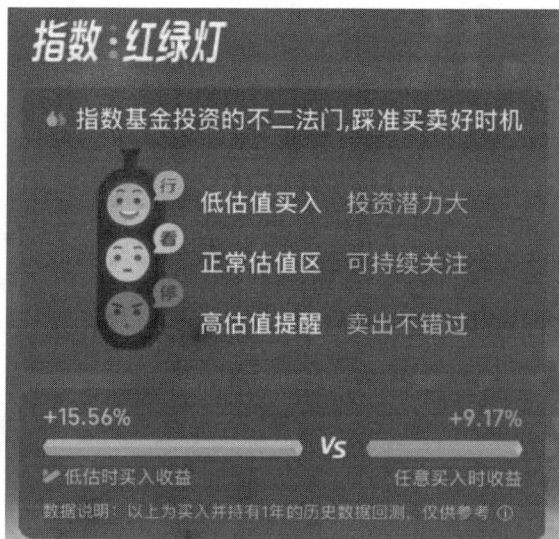

• 图 2-10　估值红绿灯

那么具体通过什么指标来判断估值呢？通常都是用市盈率。

市盈率代表股票的投资回本年限，静态来看市盈率越低回本越快，这只指数基金当然就越好，而红绿灯则通过分析指数当前市盈率相对于历史市盈率的高低位置来判断指数的估值高低，从而给出投资意见。

2.2　指数估值的主要方法

前面已经提过投资大师都有一套自己的估值策略和标准，下面我们要了解的是约翰·博格的博格公式法和格雷厄姆的盈利收益率法。

2.2.1　博格公式法

约翰·博格认为投资指数长期取得的收益率，等于指数每年盈利的增长率 + 指数市盈率的变化率 + 投资初期的股息率。

1. 基本信息

股价 = 市盈率（PE）× 每股盈利（E），而股息则是投资者收益的实际到手的分红，因此这 3 个指标影响投资者的最终收益。

举一个例子，假设一个指数 10 年里市盈率从 20 倍下降到 15 倍，那么市盈率每年的变化率就是 −2.8%。如果指数的盈利每年平均增长是 10%，投资时指数基金的期初股息率是 2%，那么从理论上计算投资指数基金的长期收益率，约为 10%+2%−2.8%=9.2%。

当然，这个算法还是会有很大误差，忽略了基金成本、税费等因素，但这不妨碍我们对指数未来投资回报做出一个大致判断。

2. 影响因素

博格公式主要从这 3 个因素来分析。约翰·博格认为长期来看，投资者真正的核心收益首先来源于盈利的增长，其次是股息，这两部分属于投资收益，而市盈率变动部分则属于投机收益，长期来看对最终收益影响较小。

举例，标普 500 指数 2011 年时股息率为 1.8%，而市盈率 PE 为 17。直到今天，PE 上涨到了 20，PE 的变化率大约每年为 2%，因此股息和 PE 增长合计的贡献收益只有 3.8%。而标普 500 依靠 6%~7% 每年的盈利增长，指数从 2011 年至今实现了累计高达 114% 的涨幅，给投资者带来了 10% 的年化收益率。

有一个问题，即指数未来的盈利增长，是很难被判断的，而估值和股息率，则相对好判断。比如过去十年，A 股的估值要远高于美股，大家也都更看好 A 股市场的成长性，可实际上 A 股表现要远远落后于美股。

所以如果在估值太高时买入，市盈率的下跌超过了利润的增长率，那么投资高增长指数依然将带来负效应。比如 2010~2011 年，沪深 300 的净利润增速高达 34% 和 14%，但是指数市盈率却从 28 倍跌到了 10 倍。因此即使沪深 300 盈利增长非常不错，期间沪深 300 回报率也依然是 −30%。

综上，在高股息率和低市盈率的前提下投资，比追求高盈利增长的策略投资，是更加稳健的策略。

3. 具体分析

再以中证红利举例。博格公式：指数基金年复合收益率 = 指数基金投资初期股息率 + 指数基金年平均市盈变化率 + 指数基金年平均盈利变化率，中证红利股息率高达 4.5% 左右，即使没有成长收益，如果能长期保持当前的估值水平，那么投资者也至少能拿到 4.5% 以上的年化回报。这部分收益是博格公式中确定性最大的收益。

另外，中证红利指数在 2017 年和 2018 年的净利润增速分别是 8.02% 和 7.29%。我们保守预测中证红利指数接下来每年的净利润增速为 5%，那么盈利带来的年回报大概是 5%+4.5%=9.5%。

由于中证红利指数的市盈率要远低于历史平均水平，所以未来市盈率变化大概率也可以取得正回报。

中证红利距离历史估值中枢还有 20% 的上升空间，假设中证红利指数 4 年能回到中枢值，那么还可以带来 4% 的年化回报。因此两部分合并，未来 4 年的合计年化回报，就预计可以达到大概 9.5%+4%=13.5%。

4. 适用标的

博格公式适用于绝大多数的宽基指数，比如上证 50、沪深 300、中证 100、上证红利、中证红利等。

需要注意的是，博格公式对于小盘股多的指数往往无效。

因为小盘股最大的特点就是股息率低，所以在 3 个要素中，确定性最大的股息率就被 pass 掉了，剩下的两个维度就是市盈率变化率和盈利增长速度。然而这部分也是最难预测的，因此我并不推荐大家用博格公式去预测中证 500、创业板指这类指数的预期收益。

除此之外，博格公式还有哪些缺陷呢？

博格公式采用了市盈率指标，因此像券商指数、地产指数、金融指数、材料指数这类强周期型的指数肯定是不适用的。

例如，2013 年是大熊市，所有股票估值都比较低，但券商由于行情原因，利润也很低，而 PE= 市值 / 利润，因此券商的 PE 高达 49 倍。这时如果单看市盈率，则券商估值是很高的，但实际上券商市净率只有 2.3 倍。

在 2015 年牛市时，券商股价和利润开始飙升，但市盈率却没有太大变化，保持在 50 倍左右。所以这时如果你观察市盈率，就看不出猫腻，但如果注意券商的 PB，就能明显察觉到泡沫，当时它的 PB 已经涨到了 4.3 倍，远高于历史平均水平。

因此看券商这类强周期型指数估值，重点要参考 PB 市净率的相对高低，而非市盈率。

比如目前券商指数的 PB 为 1.77，在历史百分位上只有 11.7%，比历史中位数 2.94 还低了不少。

虽然距离历史最低的 1.09 还有不小距离，但由此也可以判断券商目前处在一个相对低估的状态。

综上，在投资指数基金时，并没有哪个指标是万能的，很多数据需要结合起来分析。投资者如果想要提高自己的投资胜率，那么可以使用以下两个策略：

（1）在股息率较高时投资，获取确定的股息收益。

（2）在相对市盈率很低时投资，获取估值回归的收益。

2.2.2 盈利收益率法

经过相关统计，我们发现指数基金投资具有如下规律：当一个指数基金盈利收益率高的时候开始定投，那么取得的长期收益会很好；相反，当一个指数基金盈利收益率低的时候开始定投，那么取得的长期收益会很一般，甚至可能很差。

1. 当盈利收益率大于 10% 开始定投

我们利用格雷厄姆盈利收益率法选基金主要有两个标准，一个是上述盈利收益率大于 10%，另一个是盈利收益率要在国债收益率的两倍以上。但是，我国近5 年十年期国债收益率最高为 2018 年 1 月 1 日的 3.944%，如图 2-11 所示，其两倍数值也远低于 10%，因此近段时间我们无须考虑第二个标准。

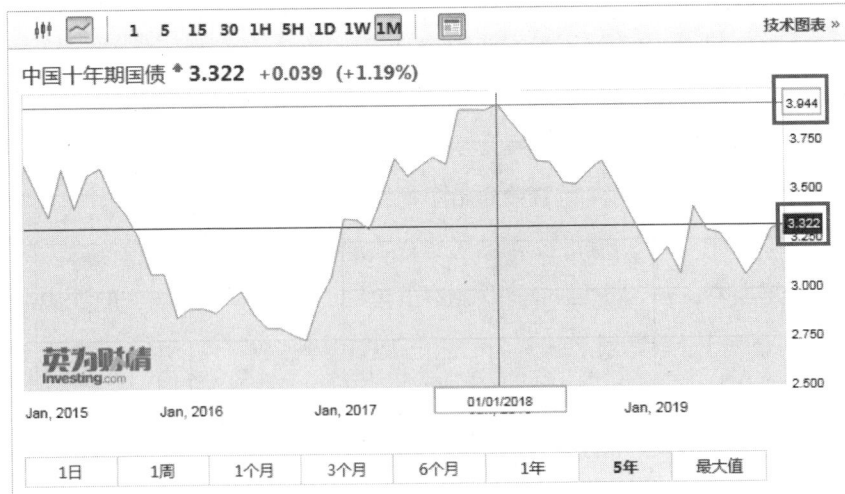

● 图 2-11　近 5 年中国十年期国债收益率走势

2. 当盈利收益率大于 6.4% 分批卖出

这个 6.4% 是怎么来的？格雷厄姆认为指数基金的盈利收益率要大于 AAA 评级债券收益率的两倍，这里我们可以以十年国债收益率作为参考。当一个指数基金的盈利收益率低于 6.4% 时，我们可以将指数基金卖出，换成风险更低、收益更高的债券基金。

3. 当盈利收益率大于 6.4%，但小于 10% 时，坚持定投该指数基金

目前，我国最适合使用盈利收益率法选基金的指数有中证红利、上证红利、上证 50、基本面 50、上证 50AH 优选、央视 50、恒生指数、恒生中国企业指数等。对于以这些指数为跟踪标的的指数基金，我们可以直接运用盈利收益率法，即盈利收益率大于 10% 开始定投，在 6.4%~10% 之间坚持定投，小于 6.4% 分批卖出。

2.3 利用市盈率做指数估值

现在市场上的指数估值越来越多，投资者关注得比较多的有银行螺丝钉的指数估值，以及阿牛定投推出的市盈率分位的估值方法（当前市盈率在历史市盈率数据中的排位值）和理杏仁的分位估值法，笔者也从 2016 年起就开始做指数估值了。

2.3.1 市盈率到底靠不靠谱

笔者主要将市盈率的历史均值和现值进行比较，结合企业的市盈率、波动率整合后来估值。虽然大家的估值方法略有不同，但通过得出的结论基本会发现，像上证红利、中证 500 这种指数都是被低估的。

那么根据市盈率指标进行估值，到底有没有用？

市盈率 PE 倍数，即股价除以每股收益，如果换一种方式来理解，就是要赚多少钱才能回本，比如我投入了 1 亿元买下一家企业，企业每年给我带来了 1000 万元净利润，在利润每年不变的情况下，要 10 年才能回本，因而市盈率就是 10 倍。大盘的市盈率如果过高，则说明回本期限更长，比如 2015 年的牛市，创业板市盈率普遍高达 100 倍以上，按当前利润要 100 年才能回本。

然而，市盈率的高低并不能代表绝对估值，因为其和企业未来增速也是密切

相关的，比如一个行业指数增速是 100%，那么市盈率 100 倍的指数，第二年由于净利润翻倍，市盈率就成了 50 倍，第三年就成了 25 倍。

因此判断绝对的市盈率值显然难以奏效，需要我们引进历史均值市盈率和当前市盈率的动态关系来分析。

先来看创业板指数市盈率（蓝线）、历史均值市盈率（绿线）和指数（红线）关系图，如图 2-12 所示。

创业板指数市盈率、历史均值市盈率和指数关系图

● 图 2-12　创业板指数市盈率、历史均值市盈率和指数关系图

对比红线（指数）和蓝线（市盈率）会发现，其实市盈率和指数的走势是非常接近的，指数涨，市盈率也会上涨。

为什么指数的波幅大于市盈率波幅呢？主要是因为指数里的成分股中每年都有净利润增长，而市盈率本身是纯粹的多少年回本的一个估值，在静态预测下是永远不变的。因此两者虽然走势相近，但波幅上体现的是创业板企业这些年创造的净利润增长。

再来看蓝线（市盈率）和绿线（历史均值市盈率），我们会发现历史均值市盈率线是非常稳定，而当蓝线（市盈率）上穿绿线（历史均值市盈率）之后，显然易见，市场已经开始出现泡沫，牛市启动。这时提醒我们谨慎加仓，并且在继续上涨时要逐步减仓。

可能有人会说，创业板指数的期限太短没有说服力，接下来我们再来看一个历史更久的代表性指数——沪深 300 指数，如图 2-13 所示。

沪深 300 市盈率、历史均值市盈率和指数关系图

- 图 2-13　沪深 300 市盈率、历史均值市盈率和指数关系图

我们同样可以发现，市盈率和指数的关系是比较平行的。在蓝线上穿绿线时，无一例外是牛市高位。但也会发现特例，比如 2015 年牛市，由于沪深 300 近十年来净利润增速一直萎靡不振，以致当年牛市时沪深 300 的市盈率都低于 20 倍，因而始终无法上穿历史均值市盈率的绿线。那么这时我们如何判断高位和低位呢？此时应该将不同指数之间进行横向对比，如图 2-14 所示。

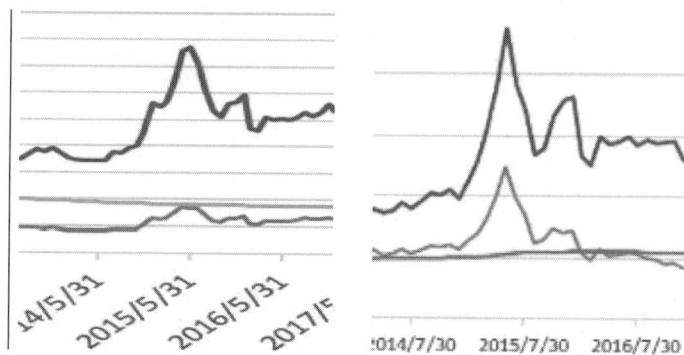

- 图 2-14　沪深 300 与创业板指横向对比

通过蓝线和绿线偏离程度进行横向对比，在 2015 年 4 月 ~5 月的牛市，显然创业板的偏离程度（泡沫）更为严重，从而在定投时改向泡沫更低的沪深 300 指数（仅在两个指数间对比），进而大幅降低投资风险。而沪深 300 最高位截至现

在下跌26%，创业板高位截至现在下跌47%。

上述只对比了两个指数，当我们把所有的指数全部拉进来统计，再结合指数本身的波动率以及盈利收益率（市盈率倒数），就能筛选出目前较为低估值的指数，再根据每期低估值的指数进行轮动投资，就有了现在的估值轮动定投法，如表2-3所示。

表2-3（1）　估值轮动定投法

名称	指数代码	基金代码	PE 均值	中位数	PE 现值
中证500	000905.SH	162216	44.81	38.95	26.58
上证红利	000015.SH	510880	12.69	9.91	8.36
上证50	000016.SH	510050	15.63	12.50	10.75
创业板	399006.SZ	159948	53.14	55.94	42.03
恒生国企	HSCEU.HI	160717	11.21	9.62	8.03
沪深300	000300.SH	163407	17.72	13.80	13.30
恒生	HIS.HI	000071	15.23	12.60	11.15
中小板	399005.SZ	162510	35.00	33.34	31.14
深证100	399330.SZ	110019	24.64	21.58	22.21
纳斯达克	NSX.GI	270042	21.20	19.80	27.19
标普500	SPX.GI	513500	15.68	14.68	21.71

表2-3（2）　估值轮动定投法（续）

名称	盈利收益率	波动率	风险估值	PE 比率	投资额
中证500	3.76%	29.82%	2.27	1.69	低估
上证红利	11.96%	26.67%	2.15	1.52	低估
上证50	9.30%	33.14%	2.12	1.45	低估
创业板	2.38%	49.35%	1.93	1.26	正常
恒生国企	12.45%	17.13%	1.84	1.40	正常
沪深300	7.52%	26.79%	1.82	1.33	正常
恒生	8.97%	19.28%	1.78	1.37	正常
中小板	3.21%	31.43%	1.52	1.12	正常
深证100	4.50%	22.11%	1.42	1.11	正常
纳斯达克	3.68%	20.11%	0.97	0.78	高估
标普500	4.61%	8.29%	0.82	0.72	高估

由于每次定投都能将资金投入低估值的指数对应跟踪的基金中去，从而在极大程度上避免了亏损风险。

不得不补充的是，对一个经济体来说，市盈率理论上是呈现不断下降趋势的，因为随着投资者的不断成熟以及新兴体的经济增速不断降低（从过去 GDP 增速约为 10% 以上降到现在的 GDP 增速约为 6.7%），长期来看净利润增长应该会不断放缓从而导致市盈率均值不断下降。

因此单看市盈率分位来分析一只指数，并不太具备说服力，但当把众多指数整合在一起后，指数基金的估值投资将变得很有吸引力。

2.3.2　市盈率是怎样欺骗你的

2019 年《财富》中国 500 强排行榜揭晓，最赚钱的科技企业中，腾讯和阿里巴巴分别位列第一和第二。前者市值 29880 亿元，后者市值 29859 亿元，就差 31 亿元，差距连 0.1% 都不到。

腾讯净利润是 787 亿元，阿里巴巴只有 696 亿元，腾讯赚钱能力更强一点。有点遗憾的是，腾讯和阿里巴巴这两家中国最赚钱的民企，没有在 A 股上市。

如果投资者想要投资这两个企业，则可以考虑跟踪中证海外互联网 50 指数的基金，阿里巴巴和腾讯目前权重各占 30%，基本可以达到你想要的效果。

最近一年，阿里巴巴和腾讯的回撤幅度非常大，腾讯跌了 13%，阿里巴巴跌了 7%，同期沪深 300 反而涨了 13%，走出了剪刀差。

有人会有疑问，中证海外互联指数的市盈率是不是太高了？老实说，乍一看确实很夸张，万得全 A 指数动态市盈率算出的滚动市盈率高达 75 倍，如表 2-4 所示。

表 2-4　中证海外互联指数滚动市盈率

证券代码	证券简称	市盈率 PE（交易日期：最新收盘日，单位：倍）
H30533.CSI	中国互联网 50	75.00

阿里巴巴市盈率是 33 倍，腾讯是 35 倍，百度是 13 倍，指数怎么就变成了 75 倍市盈率了？

这就要说回 2019 年《财富》500 强榜单了，榜单里还有一个亏损榜单，美团成功登顶第一名，一年亏损 1155 亿元，而阿里巴巴和腾讯利润之和只有 1400 多亿元，美团恰恰也是中概互联的十大权重股之一。

在算市盈率的时候，大多机构的算法如下：

市盈率 = 成分股累计市值 / 成分股累计利润

所有成分股累计利润就被美团一个公司吃掉了近一半。所以你应该能明白，为什么中概互联估值那么高了。如果把美团从中概互联中踢出去，那么滚动 PE 将从 75 倍直线降到 35 倍左右。指数市盈率那么高，原来是被美团影响的。

据相关数据显示，美团在中概互联指数 2019 年一季度报告中权重占比只有 5.8%，二季度阿里巴巴、腾讯权重上调后，美团的权重还会进一步下调。即使后续美团持续下跌，对中概互联的影响也极为有限。

所以，中概互联的估值真的很高吗？或许没有你想象的那么夸张。

2.3.3　如何靠市盈率躺着赚钱

在一个有效市场中，想要长期跑赢市场，各路人马有各路的策略，由于高端的算法要运用到诸多高等数学知识，接下来就来和大家聊聊最简单的——低估值价值投资法。

我们在市场上看到的股票，其对应都有一个指标，叫市盈率 PE。打个比方，如果 PE 是 5 倍，那么就是现在的利润保持 5 年时间就可以赚回企业市值，市盈率越高则表明该企业以现有盈利水平要赚回市值时间越长，价值越被高估，反过来市盈率越低则价值越被低估，巴菲特过去的策略中，核心就是买入低估值、高成长行业的股票。

指数也是有市盈率的，选择指数其实是一把双刃剑，由于其包含非常多的成分股，所以选择指数可以避免股票的非系统性风险，但也会错失一些个股的高增值潜力。因此指数投资总体比股票投资更加稳健，而由于指数回避了个股的风险，所以指数的市盈率是一个较为重要的估值参考指标。

这里解释一下判断估值为什么不用大盘点位而是用 PE，由于大盘点位随着市场的利润增长而不断变动，就好比 20 世纪 90 年代上证指数刚出来时只有 100 点，而现在已经 3000 多点了。中国经济增速很快，所以估值点位也不断变化，但一个正常企业运作市盈率应该是比较稳定的，所以笔者更倾向于用市盈率去对一个指数进行估值而不是用点位。

回顾历史长河中各个老指数的估值可以发现，标普过去的均值 PE 水平在 23 左右，而纳斯达克则在 26 左右，中国的沪深 300 则在 13 左右，创业板的均值 PE 在 48 左右，中小板在 28 左右。

查找一系列数据可以发现，现在的上证红利指数 PE 仅为 8，无论对比中值还是均值（10 和 13.5 左右），都低于历史上的上证红利的均值平均水平。

现在的股票价格到底贵不贵？以市盈率来算，现在上证综指的 15 倍 PE 相当于 2010 年的 2398 点，2015 年上证最高涨到了 5100 点，涨幅为 126%。上证 2005 年 7 月的 1018 点，2007 年涨到了 6000 点，涨幅更是达到 5 倍，这样看来倒还算便宜。

当 H 股指数和大盘指数均处于低估值区间，我们选择低估值区间的指数进行投资时，用历史数据回测会发现，虽然收益不一定是最高的，但回撤一定是很低的，可以很好地控制风险。

第 3 章

基金定投：坐享指数
投资基金收益

指数基金定投是定期定额投资指数基金的简称，它被称为"懒人理财术"，它可以为投资者摊平风险，缺乏专业理财能力的投资者可优先考虑定投。虽然其操作简单，容易上手，但投资者要取得较好回报，也需掌握一定的投资技巧。

3.1 快速看懂指数基金定投

先普及一下基金定投，基金定投其实就是按周或按月定额投入一只股票型基金中。

3.1.1 什么是基金定投

基金定投有什么好处？答案就是基金定投时间越长，频率越高，风险越小，越能平滑收益曲线，因为每个月投入金额是一定的。

比如，你在高位买入基金，买入的份额就相对少，如果价格降下来了则买入的份额就相对多了，买入平均价格会最终趋近于低位，当最终基金回到高位时你还是会盈利。

打个比方，某指数基金过去价格为 1 元，我投入 300 元得到 300 份，后来基金价格下跌到 0.5 元，我依旧投入 300 元得到 600 份，后来基金又涨到 2 元，我投入 300 元得到 150 份，那么将 3 次加权得到的平均持仓成本即为（300×3）/1050 ≈ 0.857 元。

尽管我在高位买了，在低位也买了，但我整体的持仓成本是低于 1 元的，那么当我 1 元买入该基金并且开始定投时，不管基金是先跌到 0.5 元再涨到 1.5 元再跌回 1 元，还是先涨到 1.5 元再跌到 0.5 元最后回到 1 元，不管波动如何，最终回到 1 元时我仍旧每份都有 0.143 元的盈利，因为我的持仓成本永远是偏向低价位的。

那么基金定投的优势就出来了，它能使持仓成本趋近于相对的低位，因此随着我不断地投资，当下一波牛市到来时，我将之前持有的指数型基金抛售即可获得巨大利润。

以 1990 年的上证指数 100 点出头为例，虽然牛熊交替，但到现在为止仍然达到 4300 点，增值超过 43 倍，平均年增长率为 16.8%。

如果选择指数型基金定投，那么从 1990 年到 2015 年的 25 年间收益曲线就会变得非常平滑。我们假设 25 年前开始投资，每年投资 400 元，共投资 25 年，共计 10000 元，通过本息计算公式计算，我们现在的收益是 11.4 万元。

基金定投的时机和期限是多长？定投没有最好的开始时机，它是一项终生投资，从短期来看风险很高也未必有很好的收益，但如果从长期，7~10 年甚至更长来看，是一项稳赚不赔的生意。

3.1.2 选择定投的参考因素

曾经有一名记者问巴菲特："如果你不是专业投资者而是上班族，你会怎么做投资？"巴菲特回答说他将把所有的钱定投到标普指数基金中，然后关掉账户去认真工作。

这个回答值得我们深思，巴菲特做了一辈子的投资，即使看遍世上所有的投资工具，他仍然认为指数基金是最简单的理财方式。

2008 年全球金融海啸爆发前，沃伦·巴菲特和某对冲基金公司总裁打赌，巴菲特押注标普 500 大盘指数基金十年内表现将好过该知名对冲基金公司旗下管理的任意对冲基金，结果 2018 年上半年，赌约还没期满，该总裁就认输了。

那么指数基金到底是何方神圣，能轻松打败美国华尔街的基金经理？

指数基金即跟踪指数的基金，也分为很多种。从宽基指数来看，有沪深 300、中证 500、上证 50、上证红利、中证红利以及创业板指、中小板指等；从全球来看，还包括标普 500、纳斯达克 100 指数、道琼斯 88 指数、恒生指数、日经指数、印尼雅加达指数等。

这些指数无非是由一篮子股票构成的，比如沪深 300 指数代表中国沪深两市市值前 300 名，且具备较好流动性股票的组合，像中国平安、中国工商银行、贵州茅台等超级大盘股都涵盖在内。

沪深 300 指数基本反映了中国大型企业的发展情况，如果投资者选择沪深 300 指数，就好比看好中国大型企业的发展，因为其涨跌幅与中国的经济是密不可分的。

那么 2019 年过去的 5 年里，国内外规模指数的走势是怎样的？

我做过一个测算，自沪深 300 成立以来复合年化收益率为 7.14%，近 10 年标普指数折合年化收益率为 15.12%，纳斯达克指数近十年折合年化收益率为 22.23%。即使是表现不合格的创业板指数，从成立至今的 9 年时间内年化收益率也达到了 6.1%。因此可以看出，长期持有指数基金，收益基本能跑赢大部分的理财产品。

除了宽基指数，还有行业指数、主题指数、风格指数、策略指数等。比如行业指数就是由细分行业所有股票构成的，2017 年年化收益率排名第一名的基金不是股票型基金，而是招商中证白酒指数基金，2017 年累计收益高达 75%。

中证白酒指数中就包含了贵州茅台、五粮液、泸州老窖等白酒股，行业指数也分为很多等级，最多有四级，如消费指数、食品饮料指数和白酒指数对应的就是一、二、三级，其中消费指数包含食品饮料，食品饮料指数包含白酒指数。

面对各种各样的指数基金，作为投资者如何进行配置？从配置方法来看，定投是目前最适合指数基金的投资方法。

先来看一个案例。如图 3-1 所示，小明在 2019 年 1 月到 5 月开始定投某指数基金，每个月固定投资为 800 元，1 月净值为 2 元，2 月涨到 4 元，3 月又跌回 2 元，4 月继续下跌跌到 1 元，5 月涨回 2 元。我们来计算一下小明这次投资的盈亏情况。

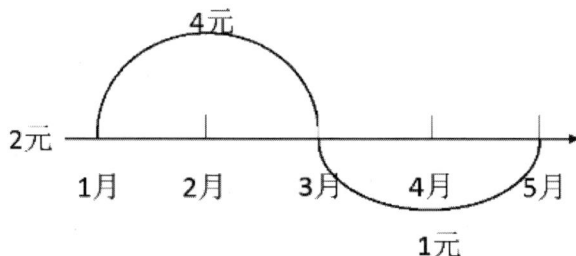

• 图 3-1　定投案例

根据金额/单价＝份额计算，每次投资 800 元，那么 1 月买入 400 份份额，2 月买入 200 份份额，3 月又买入 400 份份额，4 月买入 800 份份额，一共买入了 1800 份份额，总花销 4×800=3200 元，均价是 1.78 元，而 5 月净值回到刚开始的 2 元成本价时，我们的账面浮盈已经达到 12.5%，折合年化收益率是 30%。

再来看一个实战案例。如图 3-2 所示，截取 2007 年 3 月 ~2009 年 7 月（总共 28 个月）上证指数的数据（每个长方形代表一个月的 K 线），中途经历了一个波峰和波谷，且波峰持续时间长达 14 个月，波谷持续时间亦为 14 个月。

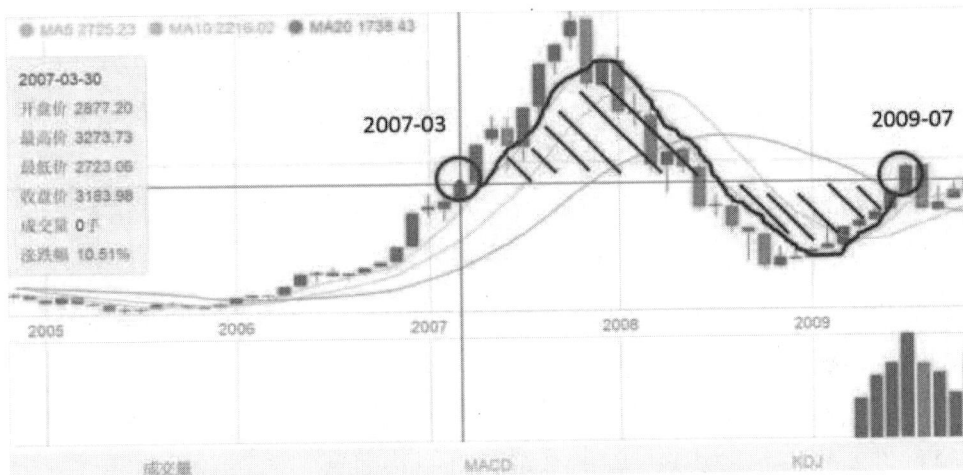

• 图 3-2　2007 年 3 月～2009 年 7 月上证指数的数据

假设从 2007 年 3 月的 3183 点开始定投上证指数，并在 2009 年 7 月的 3412 点卖出，期间共 28 个月的累计收益率是 17%，如图 3-3 所示。但一次性买入的累计收益率只有 7.0%，而且由于定投是分批买入的，不用占用那么多资金和时间成本。

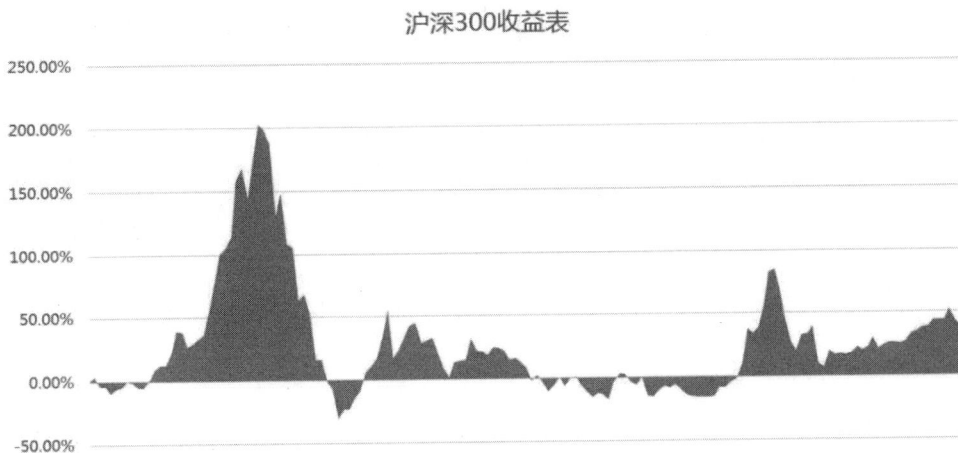

• 图 3-3　沪深 300 收益表

所以总结下来，股市虽然经历了一轮波峰和波谷后回到了原价，但投资者却能获得盈利，核心原理就是，基金定投是定期定额投资，利用高价买入份额少，低价买入份额多，在经历市场波动后通过摊低单位成本，再在市场回暖时以中高价位售出从而获利的方法。

笔者简单统计了一下，假设定投沪深 300 指数，从 2005 年至 2018 年有13 个自然年，假设定投开始的第一年不算（持有时间过短），其中就 144 个自然月来讲，有 110 个自然月是正收益，正收益概率为 70%，且年化收益率大于10%，时间占比达到 21% 左右，也就是 1/5 的时间里收益会高于年化 10%。

通过数据我们可以初步得出结论，定投不容易产生太长时间的持续亏损，但是定投也有一个问题，就是虽然大部分时间是赚钱的，但收益很高的时间并不多，因此卖点的时机非常关键。

这里只指上证指数的基金定投，只分析一个指数会被认为缺乏代表性，我们分析其他指数也可以发现，基金指数定投的收益率曲线都是类似的，如图 3-4 和图 3-5 所示。

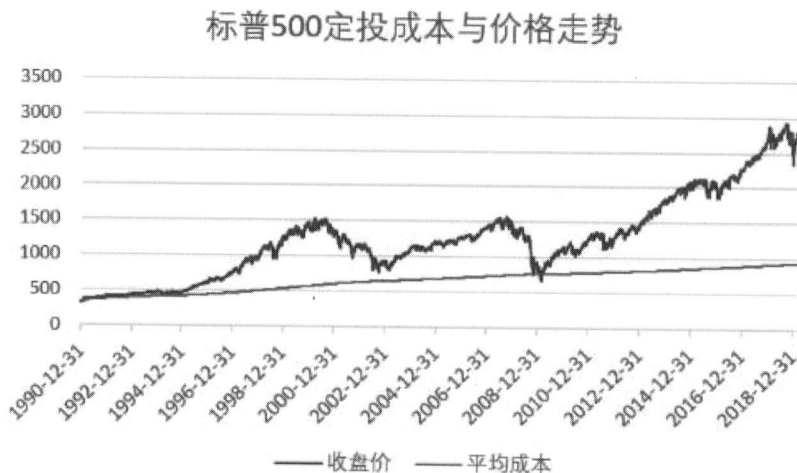

• 图 3-4　标普 500 定投成本与价格走势

恒生指数定投成本与价格走势

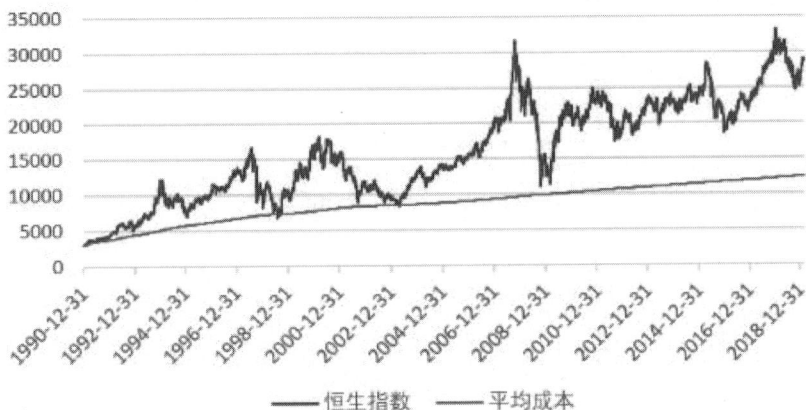

• 图 3-5　恒生指数定投成本与价格走势

我们发现，只要坚持定投，成本曲线最终就会偏离价格曲线，获得高利润的核心在于，要选择在一个相对高的位置出售，即适时止盈，不然错过了，可能就要等几年，在下一次行情好时再进行止盈。

这里依然要注意的是，短期的定投还是存在较大风险的，比如创业板指定投2018 年（9 年时间）只获得了 38.3% 的收益率，并不理想，如图 3-6 所示，原因主要在于创业板出道即巅峰，随后快速回落导致成本过高，但相信随着时间的推移，未来可以获得一个不错的收益。

创业板指成本与价格走势

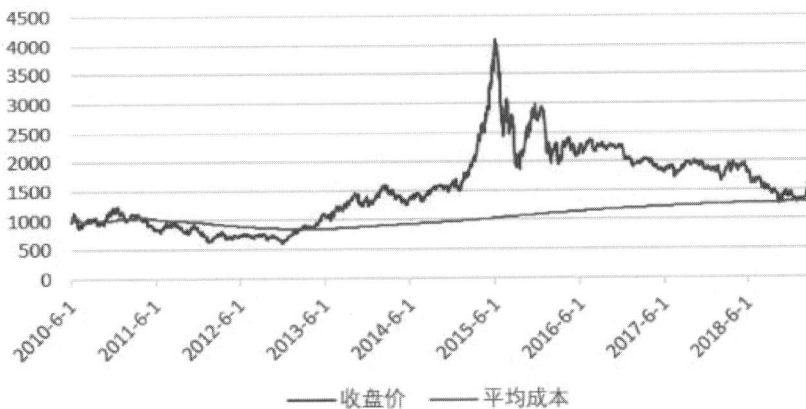

• 图 3-6　创业板指成本与价格走势

所以这里又涉及定投如何止损与止盈，通常指数基金定投是不需要止损的，因为指数标的股票的长期走势基本是良好向上，在短期回落时我们更应该反人性地加码投资，才能在定投长跑中获得不错的收益率。

至于如何选择基金定投的止盈策略，这里有很多种，如年化收益率止盈策略，比如设定年化 10%，1 年期以上的止盈目标，止盈的意思就是当持有满 1 年以上，如果年化收益率超过 10%，或者 1 年内实际收益率超过 10%，即进行止盈抛售。

止盈期限为什么最好要达到 1 年以上呢？主要是指数基金短期波动比较大，而且投资者在 1 年内手上都没有攒什么筹码，因此定投 1 年以内止盈意义不大。

3.1.3　指数基金的定投策略

既然指数基金这么好，那么有没有一些策略能使自己的投资收益率更高呢？

关于策略，在我看来，有效策略的核心无非就是如何使我们的交易买在低位，卖在高位。

判断高位和低位，首先要确认买入时的估值，判断大盘指数的估值最有效的便是市盈率 PE 倍数，市盈率即股价除以每股收益，比如我投入了 1 个亿买下一家企业，企业每年给我带来了 1000 万元净利润，那么要 10 年才能回本，所以市盈率就是 10 倍。大盘的市盈率如果过高，则说明回本期限更长，代表估值过高。

再比如 2015 年的牛市，创业板市盈率普遍高达 100 倍以上，说明按当前利润要 100 年才能回本，此时明显出现估值的泡沫。

绝对市盈率并不总是起作用，因为企业的回本通常是动态变化的，假如一个指数的市盈率是 100 倍，但是它每年的净利润增速高达 100% 以上，那么第二年由于净利润翻了一倍，它的市盈率就变成了 50 倍，第三年如果再翻一倍，市盈率就成了 25 倍。

因此，绝对市盈率值并不完全可靠，还要结合指数本身历史的市盈率来进行相对估值。

1. 估值定投法

我做了一个创业板的历史平均市盈率与当前市盈率以及创业板指数的关系图，如图 3-7 所示。该图中蓝线是当前市盈率线，绿线是历史均值市盈率线（取该时点之前所有市盈率值相加除以基数得到的市盈率均值），红线是创业板指数走势线。

对比红线和蓝线会发现，其实市盈率和指数的走势是同步的，指数涨，市盈率也会上涨，只是幅度不同罢了，不过为什么指数最后涨上去了而市盈率没有涨上来？这是因为指数里的成分股中每年都有净利润增速，净利润的增加从而推动指数继续上涨，而市盈率本身是纯粹多少年回本的一个估值，因此两者虽然走势相近，但最后纵向的差距是创业板企业创造的净利润的体现。

创业板指数与市盈率关系图

• 图 3-7　创业板的历史平均市盈率与当前市盈率以及创业板指数的关系图

我们再来看蓝线和绿线，如图 3-8 所示，可以发现绿线（历史均值市盈率线）非常稳定，当蓝线（当前市盈率）下穿绿线（历史均值市盈率线）之后（详见时点 1），显然此时是一个适合逐步建立筹码的时机。而当蓝线（当前市盈率）上穿绿线（历史均值市盈率线）之后（详见时点 2），可以看出此时牛市已经启动，估值逐步被推向高位，此时应逐步减仓。

● 图 3-8　创业板指数与市盈率关系图

可以同样类比沪深 300、标普 500，都有十分接近的定律，即当前市盈率高于历史均值市盈率时，我们应该谨慎建仓，而当前市盈率低于历史均值市盈率时，我们则应该适当加仓。

由于市盈率不容易看到，所以将其近似用大盘点位代替，根据上证指数的历史均值市盈率找到对应的点位在 3400 点，以此为中轴线分为上下限，根据本月的估值情况对定投适当地进行加减仓，假如之后上证点位涨到 4000 点甚至 5000点，那么我在这个月少投，甚至不投。假如上证点位跌到 3000 点甚至以下，我在这个月进行加仓。

根据上证指数的市盈率情况，将其换算成沪深 300 的点位，做成一个投资比例图。

假设每月结余 5000 元，每个月准备拿出 2000 元做基金定投，则以 2000 元为定投基数，每个月投入的比例如表 3-1 所示。

表 3-1（1）　定投比例表

上证点位	1900 ↓	1900~2200	2200~2500	2500~2800	2800~3100	3100~3400
定投基数比例	200%	180%	160%	140%	120%	100%

表 3-1（2）　定投比例表（续）

上证点位	3700~4000	4000~4400	4400~4800	4800~5300	5300~6000	6000 ↑
定投基数比例	80%	70%	55%	40%	20%	0%

如果上证点位在合理区间内（3100~3400 点），我们则以正常的工资基数进行买入；当估值脱离基准水平时，比如高估值了，点位达到 3400 点以上，那么我们根据定投基数比例，进行减额买入，比如 4200 点对应 70%，则买入 2000×0.7=1400 元；假如低估值了，比如在 2700 点，那么对应的投入金额为 2000×1.4=2800 元。

上述表格最适用于沪深 300、上证 50、上证红利、上证 180 等指数，而中证 500、中小板，创业板等指数则相对不太适用。

这里需要提醒一下，根据点位来确定投资比例是动态的，目前的 3400 点是中轴线，但未来却不是，中轴线需要每过 1~2 年调整一次（建议以最新国家 GDP 增速增长同步上调），因为指数的点位会随着盈利不断增长，但其市盈率其实是不变甚至减少的。

该定投法核心在于少赚泡沫的钱，多赚"便宜货"的钱，但历史上的泡沫何其疯狂，所以在人性的贪婪下，也很少有人把持得住。基于这个条件，结合第 4 章即将提及的止盈策略，可以大大降低指数基金的投资风险。

对于这个方法我称之为估值定投法，即在低位时，加仓买入更多的筹码，最后拥有一个极低的成本。通过数据测算，过去 3 年直接定投沪深 300 的收益率为 12.14%，但通过估值定投，收益率可以提升到 25.8%，通过此法再结合第 4 章即将提到的止盈策略，在市场处于高位时，例如 2015 年的 5000 点、2007 年 6000 点，都会提前止盈或者减仓定投。

2. 更加深入的投资策略

之前我们是按一个指数进行操作，但假设上证点位一直处于高位，我们就不能进行布局，这时我只能将大部分的钱放在固定收益的理财中，如果我想要继续提高收益，那么还有没有其他办法？

由于市场上所有指数涨跌幅都不是完全同步的，比如沪深 300 在过去一年中累计涨幅高达 9.6%，而创业板指数在过去几年中涨幅仅为 -4%，在此消彼长的一年中，走出了一个剪刀差。

资产是具备轮动效应的，就好比 2014 年炒沪深 300，2015 年炒中小创最赚钱一样，如果可以横向对比各个不同指数之间的相对估值，筛选出估值处于最低位的指数并及时投资，随着市场风格的转换和反弹，则可以获得更高的超额收益。

根据过往指数情况，我对每个指数分别做了一个估值测算。我所根据的原理参考的是，市盈率当前历史均值与当前市盈率比值，以及市盈率高低和指数波动率大小，结合起来进行指数基金的综合筛选。

上证红利、恒生国企和上证 50 即我筛选出的优质低估指数。在 2017 年市场分化剧烈的情况下，上证 50 上涨 21.18%，上证红利上涨 16.3%，恒生国企指数上涨 21.15%。

相对 2018 年而言，随着 3 只指数的大幅上涨，显然估值洼地已经快被填得差不多了，因此定投的估值表格每周都需要更新。

根据实时更新的估值表（公式略有改动），发现目前中证 500、上证红利、上证 50 处于较低估值的区间，因而在定投日，把定投资金投资到相应跟踪的 3 只指数基金中去。

当市场上全部指数都处于正常甚至高估时，我们将手头的基金根据止盈策略的实施情况，选择不继续追加投资或者全部卖出，再转入固定收益的 P2P 资产或者具有看跌效应的类固收分级基金 A 类中。

当某只指数基金达到 1 年期 10% 年化或者 1 年内累计 10% 收益止盈策略之后，根据市场估值，投入估值表中低估值的指数中，从而循环寻找低估值区间指数进行定投。

最后值得一提的是，估值表格定投法可以根据市场风格低估值区域的轮动来进行不同的配置，即减少大盘高低位影响，假设沪深 300 估值太高，那么我就去投资低估值的上证红利指数，从而做到持续挖掘低估值领域的指数基金并且进行定投！

3.1.4　影响定投的因素

影响定投成本的两大因素如下。

1. 基金的费率

对于同样类型的指数基金，选择基金费率最低的，毕竟省下来的就是赚到的。建议大家尽量跟踪纯被动的 ETF 基金，这类基金的费率很低。举一个例子，同样是跟踪沪深 300 指数，易方达沪深 300ETF 的年费率（管理费加上托管费）一年只要 0.3%，同期博时富裕沪深 300 年费率是 1.18%，相差 0.9%。

可别小看这 0.9%，如果一个基金年化是 8%，另一个基金年化是 8.9%，那么滚十年就是 20% 的收益率差距。笔者把适合刚入门的投资者跟踪的低费率宽基指数基金（TETF）整理了一个表格，如表 3-2 所示。

表 3-2　适合刚入门的投资者跟踪的低费率宽基指数基金

指数名称	场外基金	年费率	场内基金	年费率
中证 500	007028	0.20%	510580	0.20%
沪深 300	110020	0.30%	510310	0.30%
上证 50	001237	0.40%	510710	0.40%
上证 180	040180	0.60%	510180	0.60%
中小板指	006246	0.60%	159902	0.60%
深圳 100	110019	0.60%	159901	0.60%
创业板指	001592	0.60%	159964	0.20%
恒生指数	000071	0.75%	159920	0.75%
恒生国企	110031	0.80%	510900	0.80%
标普 500	050025	0.85%	513500	0.85%
纳斯达克 100	270042	1.05%	513100	0.80%

2. 底部买入的份额

假设无脑定投，那么无论在哪个时点开启，对成本的影响都不大，但是如果在开启定投前市场估值极低，那么建议先把自身的可用资金建一部分定投的底仓，布局指数基金，将剩余资金再分批次进行定投，这样一方面不会踏空，另一方面可以通过后续分摊成本来降低风险。

比如你手头有 10 万元，打算定投某指数基金，可以在熊市投 2 万 ~3 万元建一个底仓，然后将剩下的资金再分成 1~2 年分批投入。

3.1.5　指数基金定投的优势

1. 指数基金长期跟踪大盘指数

大盘指数的走势与经济走势高度相关，未来随着市场回暖，必将有一波长牛市能获利了结，而像个股、大宗商品、主动管理的股票基金等都不具备这个功能。

2. 弱化了入市时机选择的重要性

当股市价格在短期内趋于下降到低谷，最终回升为高位的情况的收益率会更高于中间涵盖波峰、波谷或者其他等情况，但无论何时选择入市时点，在长期的定投下通过降低单位持仓成本，只要股市最终回归正常价值点或者更高位，之前定投厚积的份额就能为你带来丰厚的回报。

3. 减少投资者狂热风险

现在很多股市投资者看好哪只股票直接就提起刀来，全仓杀入，基本是半仓以上，这对缺乏投资经验的小白来说是非常危险的，即使对股市老手来说也是，2019年有多少理财达人认为能突破往年6000点大关却未能如愿以偿？现在又有多少投资者被深深地套在了2750点的漩涡之中呢？

基金定投，由于其分批入市，且定额投资的特性，大大降低了被深套的风险，也注定其不会出现长期高额持仓成本的现象。

4. 工薪族拿月薪为主，适合基金定投

由于工薪阶层每个月拿固定工资，所以能抽出一定比例每个月固定去投资，对土豪来说，即使要做基金定投也必须拆成一份份的，非常麻烦，但是工薪族每个月领工资就很好地做到了，对于这一点工薪族比起土豪来说充分地利用了货币时间价值的优势。

5. 快速调整投资组合

定投由于其分批资金进入的原理，所以基本不会出现全仓操作，投资者如果发现了更好的投资标的，自己可以根据盈亏情况选择继续定投或者退出改投新标，抑或投资者在多年定投中收入增加了，直接增加一项投资标的即可。

6. 强制储蓄，开源节流

由于每个月自动扣款，能强制让大部分的月光族留下一笔钱来做理财，正好基金定投最适合的就是用作养老金、子女教育金等长远支出金。

7. 避开人性的弱点

刚入门的投资者都喜欢追涨杀跌，随波逐流，非常容易对一些股市消息产生

过度反应，通常在连续几个跌停板之后就坐不住要抛售了。

　　如果他们选择了基金定投的投资方式，那么无论是价格上涨还是下跌他们都挺开心，上涨了更好，下跌了他们可以买入更多的份额，主动买套，只要成本不断被拉低，等市场回暖后他们就可以再赚一笔。

3.1.6　指数基金定投的不足

　　走出国门外，我再给你展示一下基金定投是不是一定能赚钱。如图 3-9 所示，希腊的股市一落千丈，跌至不足高位的 1/10。所以如果你从 2000 年开始定投希腊股市，定投近 20 年，现在依然血亏 80%。

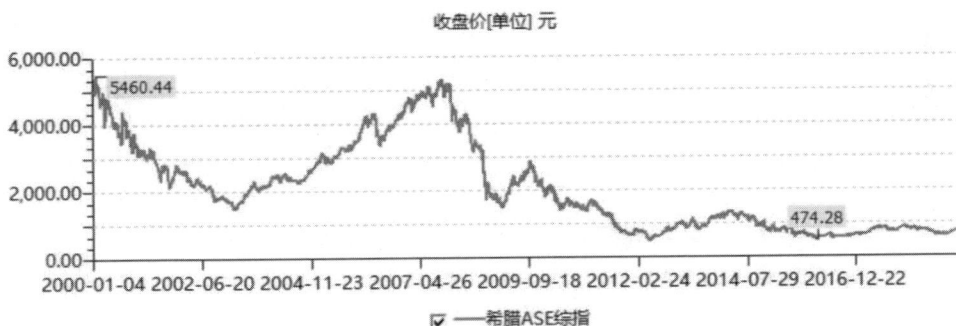

收盘价[单位] 元

• 图 3-9　希腊 ASE 综指

　　再来说日本，日本从 1990 年高位崩盘后一路跌到了 2003 年，如图 3-10 所示，虽然最终走出了传说中的"微笑曲线"，但前提是投资者必须坚持定投 15 年，在这 15 年里退出定投的投资者都将亏得很惨。

• 图 3-10　日经 225

所以基金定投一定赚钱吗？

1. 长期得看国家经济环境

如果你在一个不好的经济体之中，那么你会发现定投简直是一个火盆，引诱你不断往下跳。我们的国家经济环境不错，美国国家经济环境也不错，而大部分国家不至于陷入万劫不复的境地。

自 2006 年以来至今，美国标普 500 上涨 150%，德国 DAX 上涨 144%，英国富时 100 上涨 31%，中国沪深 300 指数上涨 330%。

2. 你得定投 A 股指数基金

定投主动管理型基金，或者某行业基金，或者特定增强基金之类的都可能会导致你血本无归，为什么呢？

因为主动管理型基金主要看基金经理，基金经理会根据自己的投资风格来选股票，这就会导致能力强的基金经理管理的股票型基金业绩特别好，差的特别差，甚至还会有"老鼠仓"现象，比如中邮就有两个基金经理因为搞"老鼠仓"被抓了，如图 3-11 所示。

前中邮基金经理邓立新"老鼠仓"案件细节披露：8年赚了26倍

记得两年前"#中邮基金#原投资总监邓立新自传出被带走接受调查"的传闻吗？当时市场传闻邓立新由于涉嫌"老鼠仓"而被调查，时隔两年，该事件终于有了明确的答案。近日，葫芦岛市中级人民法院再次开庭审理了"邓立新、孙德鸿、王红利用未公开信息交易罪"一案，随着庭审公开，邓立新的"老鼠仓"事件被揭露。

• 图 3-11 中邮基金"老鼠仓"事件

如果定投行业指数基金，则不是普通投资者能轻易判断的事情，军工行业、传媒行业等看起来都是很有潜力的行业指数，这几年都是血亏，所以盲目定投一些行业指数基金，也可能会导致亏损。

3.1.7　基金定投的注意事项

在熊市中，有两类指数基金不适合定投。

1．C 类基金

C 类基金并不适合定投，比如这些名称中带 C 的，如图 3-12 所示。

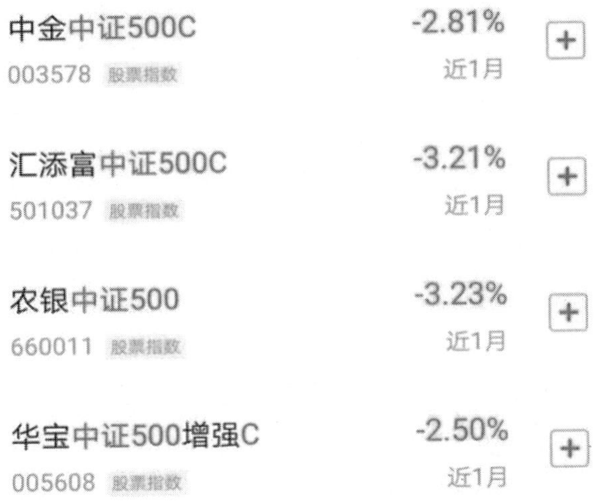

中金中证500C

003578　股票指数

-2.81%

近1月

+

汇添富中证500C

501037　股票指数

-3.21%

近1月

+

农银中证500

660011　股票指数

-3.23%

近1月

+

华宝中证500增强C

005608　股票指数

-2.50%

近1月

+

● 图 3-12　C 类基金

C 类基金虽然不需要申购费和赎回费（7 天以上免赎回费），但一年要多收取 0.3% 左右的销售服务费；A 类基金虽然要 0.1% 左右的申购费，但只要持有 180 天以上基本是免赎回费的。所以，通常我们只要持有 4 个月以上，买 A 类基金就比 C 类基金更加划算。

而定投又是一个 3~5 年的长期投资，所以除非玩短线反弹，否则坚决不要碰 C 类基金，可别小看 C 类基金每年多出 0.3% 的销售服务费，一年投资 10 万元服务费就是 3000 元。

2．分级基金

分级基金也就是一种指数基金，我们可以理解为两份母基金拆分裂变成两个子基金，一个是分级 B，另一个是分级 A。

分级 A 把自己的钱借给分级 B，分级 B 拿上 A 和自己的钱去炒股，于是分级 B 就上了杠杆，分级 B 在牛市中的走势自然不用多说，2014~2015 年期间券商 B 涨了 400%。

问题是，分级 B 向分级 A 借的钱是要给 3%~5% 的年利息的，如果 A 股和欧洲股市一样横盘 5 年或 8 年，我们的钱基本就要全部贡献给分级 A 了。

即使处于估值底部，也坚决不能定投分级 B。

分级 A 更像一种债券，长期年化收益在 3%~5% 之间，波动比较小，所以也没有定投的必要，直接持有即可。

这里要注意的是，对于分级 A 和分级 B 的母基金，名称中带分级的，也别定投。

3.1.8　基金定投的致命错误

1. 每次基金分红选择现金分红

数学界有一个常用的 72 法则，即 72 除以投资的年化复利，就能得出本金翻倍的时间，比如年化复利是 10%，那么本金翻倍就大致需要 72/10=7.2 年。如果年化单利是 10%，那么 100%/10%=10，本金翻倍的时间则需要 10 年。

单利就是把赚钱的那部分现金分掉，本金继续投资，即现金分红；复利就是把赚钱部分继续用来赚钱，利滚利，即分红再投资。

所以要想获得高收益，长期来看，就不要选择现金分红，除非你要放弃这只基金，或者需要钱用。

2. 现阶段停止定投或空仓观望

如果碰上了熊市，那么不管怎么定投都难以盈利，但假如你定投几个月就迎来了牛市，这时你的基金占你的总资产肯定不多，即使获得了很高的收益率，你实际赚的钱也是不多的。

所以当下我们一定要秉承熊市赚股的心态去做投资，在寒冬期苦心修炼自己，同时积累自己的低成本基金份额，接下来就交给市场。

不要预测明天是否会涨跌，下个月是否会涨跌，这毫无意义，我们应该把宝贵的时间花在学习知识、提升自己的主业工作上，而对于定投只要制定好了相应的止盈策略，坚持执行就可以了，目标收益率早晚会得到实现。

在市场最被低估的时候，也是最应该贪婪的时候，任何妄图在牛市来临前一天准确建仓的想法都是不切实际的，即使是最专业的分析师，也难以做到。所以现在停止定投，你准备等牛市半山腰再来当"韭菜"接盘吗？

3. 定投日大涨就先暂停，等两天再看

很多投资者有一个心态，就是定投日当天如果股市大涨，就感觉很亏，然后就准备观望几天看会不会跌下来。实际上这纯粹是一种侥幸心理在作怪，因为下一天的涨跌与上一天的涨跌在概率上基本属于完全随机事件。

如果市场连续上涨几天，那么岂不是就要放弃定投了？所以不严格遵守定投纪律的人，往往弄巧成拙，反而得不到低成本的筹码。

从现在点位来看，无论是在上证 2550 点定投还是在 2600 点定投，相对未来的 4000 点甚至更高而言，对收益的影响都不大。

4. 担心指数再也不会涨

指数的市盈率倒数是盈利收益率，比如沪深 300 指数是 10 倍市盈率，倒数就是 10% 的盈利收益率。这就意味着企业按照当前状况经营下去，每年能给我们创造 10% 的投资回报，这些回报一部分用于分红，另一部分则用于扩大经营、还债等，但不管如何，成分股企业都是在赚钱。

一篮子成分股在赚钱，指数长期就一定会上涨。虽然个别企业也存在破产风险，但我们的指数会剔除掉那些有问题、缺少流动性的上市公司，比如沪深 300 会持续的优中选优，所以宽基指数从长期来看一定是可以持续盈利的指数。

举一个极端例子，日本股市在 1990 年后崩盘进入熊市并不断走低，但后来依靠自身的盈利和估值修复，走出了"微笑曲线"，因此即使当时从高位开始定投日本股市，也可以获得 50% 的总收益率。

5. 错误的收益认知

很多指数会经常进行分红除权，那些现金分红的部分不会算入指数的涨幅，导致分红部分的钱就这样"消失了"，这会让指数走势反馈收益时存在一定的失真性。

为此，上海证券交易推出了一个"全收益指数"，即将样本股的分红也计入收益的指数。

我们以上证红利指数与上证红利全收益指数进行对比。从 2004 年 12 月 1000 基点起至 2019 年，上证红利的点位为 2556 点，但算上分红部分上证红利全收益已经达到了 3971 点，一个是 150% 的总收益和 7% 的年化收益，一个是

300%的总收益和10.5%的年化收益，差距是十分大的。

所以投资者所看到的指数的点位没有涨，不代表指数没有赚到钱。

6.根据基金净值高低选基金

有的投资者在选基金时，喜欢选净值低的，1毛和1元的基金，会影响未来走势吗？这完全没有科学根据，只要两只基金都是复制指数成分股，那么指数涨多少，两者涨幅基本一样。

其实基金的净值取决于基金是否分红和折算，有的基金把2元拆成两份1元用来吸引小白投资者，或者经常卖出股票来进行现金分红，这样就能让基金净值保持在一个低位，但实际上对基金未来走势几乎没有影响。

3.2 关于基金定投的一些问题

根据笔者估值定投的经验可以总结出如下结论：

（1）定投A股，长期来看是一种对国家的价值投资。如果看好国家长远发展，就定投。

（2）不管是定投还是直接投资，了解当下市场处在什么估值阶段都至关重要，因为这决定了什么时候我们该多投，什么时候该少投甚至不投。

3.2.1 定投真的是稳赢的吗

上证指数1990年起始于100点，到如今的3000点不到历经了二十余年，中途有过6000点的高峰，也经历过1000点的低谷，可以说上证的走势曲线波动是巨大的，过去的股民更多的是赌博心态，每天如坐过山车一般，追涨杀跌，但随着理财知识的普及，人们更多地了解了基金定投，它的优势在于能在长期财富保值增值的情况下，实现更高的利润。

我们都知道，定投所需期限较长，需要通过几年甚至数十年的持续定投来平摊投资成本，最后通过高价位卖出从而实现更高的利润。那么就会有人问了，凭什么说定投能够起到长期财富保值增值的作用呢？如图3-13所示，上证点数即蓝色折线部分，成本点数即红色曲线部分，该图中的成本点数指从1990年开始定投平摊下来的平均成本点数。

上证点数 ——— 成本点数 ········ 线性 (上证点数)

• 图 3-13　上证点数

从 1990 年上证指数推出时开始定投，在中国经济的高速发展下，上证点数曲线便远远甩开了成本点数曲线，即使在市场最糟糕的时候，如 2004 年、2008 年、2015 年也依旧是盈利的。

利润曲线中决定利润的核心因素就是股价，既然上证指数定投过程中大部分时间是盈利的，那么决定定投的利润就在于卖出去是高还是低。

如果不能准确地判断是否应该获利了结，那么定投投资者可以采取定投资金账面利润每达到 20%，即将 20% 的盈利卖出，再转换成待投资金继续定投的策略，俗称"割韭菜"。其可以帮助投资者在股市中获利了结一部分，提高实际利润而不是账面利润。

从 1990 年开始定投，将累计份额在该年份卖出的利润率最高时定投达到了 650%，但除非是股神级别的投资者否则很难在最高点卖出，大多数投资者并不知道何时该逃离市场，所以建议大家还是采取"割韭菜"的手法，如图 3-14 所示。

利润曲线

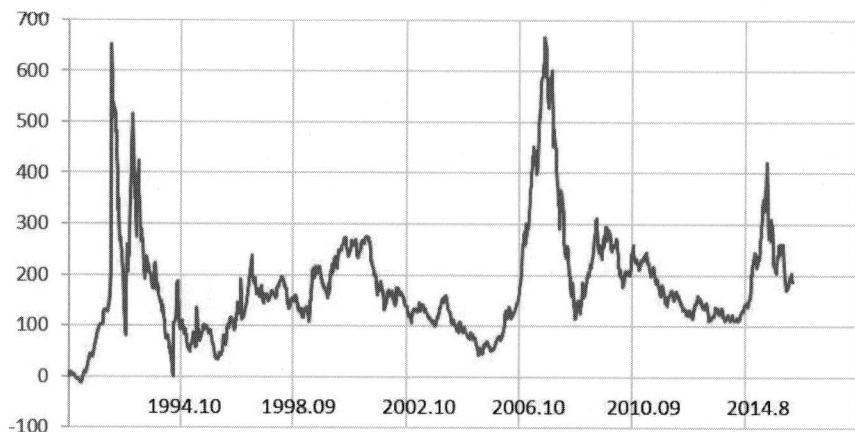

• 图 3-14 利润曲线

上述只讲了上证指数的基金定投，只分析一个指数缺乏代表性，我们再来看看其他几个股指的走势图是怎样的。先来看世界上最权威的标普 500 指数的走势，如图 3-15 所示。我们仍然可以发现，随着定投时间的不断增长，实际收盘点数曲线会逐步偏离成本曲线，而偏离部分即为我们的利润（排除通货膨胀因素），当定投的时间足够长，亏损的风险几乎为零，收益多少全看卖得好不好。

标普500定投指数走势表

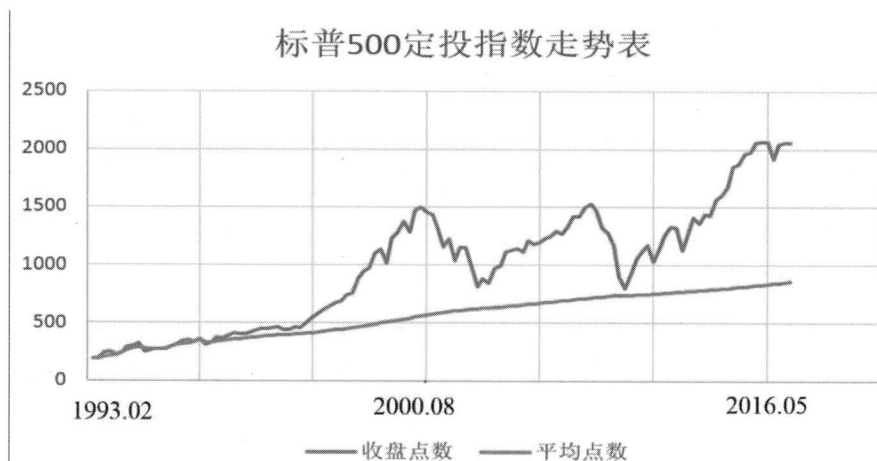

收盘点数　　平均点数

• 图 3-15 标普 500 指数定投走势

再来看恒生指数定投走势，如图 3-16 所示。恒生指数也无一例外地体现出定投的特征，即随着时间增长，平均点数曲线逐步偏离收盘点数曲线。简单来说，定投的长期平均收益率取决于定投对应指数的长远趋势，选择了定投就相当于选择了未来。为什么这些指数都是盈利而不是亏损的？因为自这些指数推出以来其经济一直在向上发展，投资者获得了经济推动股市发展的红利，即我们的投资回报。

恒生指数定投走势

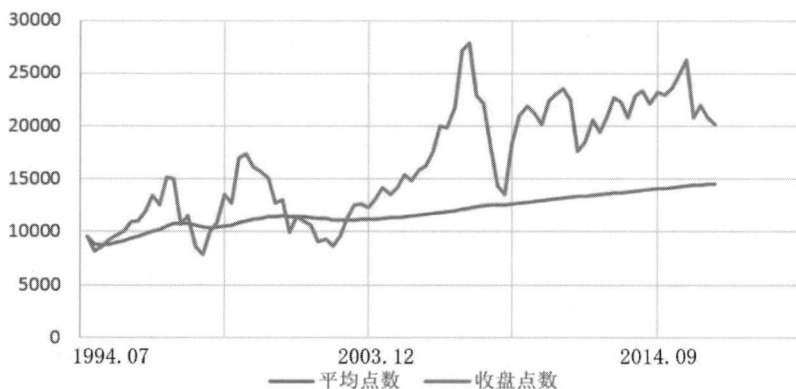

• 图 3-16　恒生指数定投走势

当然定投也有可能出现较长时间段处于亏损的状态，比如定投创业板指数的走势，如图 3-17 所示。该图所示为 2010 年 6 月 30 日至 2016 年 5 月 24 日的创业板指数走势图，在创业板刚推出的一段时间内，由于行情不断走熊，截至 2013 年 6 月之前创业板定投大部分时间是亏损的，之后是盈利的。

创业板定投走势

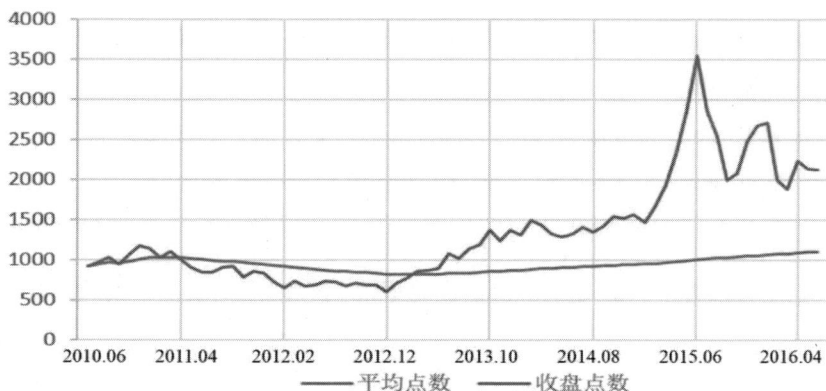

• 图 3-17　创业板指数定投走势

既然定投赚多亏少，那么创业板为何从推出至今一半时间都是亏损呢？这也可以理解为，毕竟创业板存在年限仅6年多，定投前期由于行情不好股指不断下探，导致账面上的亏损，但你看看其他指数在市场上存在的时间都是数十年，所以一旦时间拉长到十几年或二十年来看就显得不足为道。

分析比较了从指数成立开始定投至今的收益率，接下来我们比较一下各指数之间定投收益率的区别。

自2010年6月开始定投的收益率曲线，如图3-18所示。首先从收益率的潜力值来看，可以看出创业板由于其自身波动更大，在相同期限上的收益率要远高于沪深300，成立6年多定投收益率最高达到250%。

各板块走势对比图

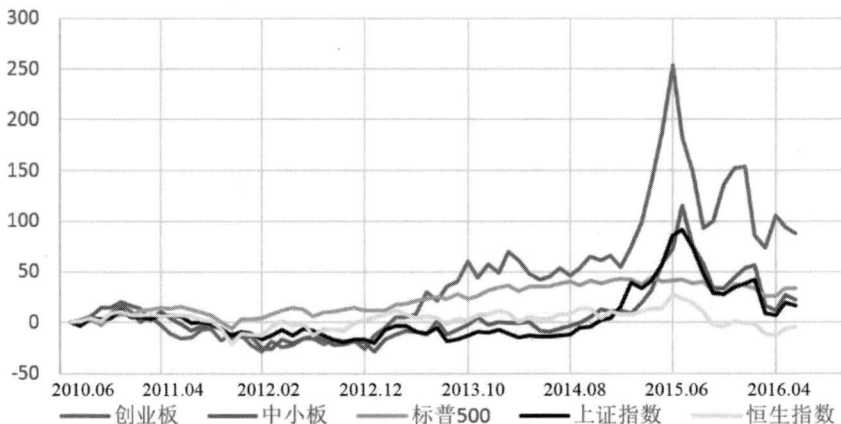

• 图3-18　各板块走势对比图

其次是中小板，其利润率与上证指数极为相近；对标普而言，则没有太大的波动，定投表现平平，基本不会亏损，但也盈利不多。

再看恒生指数，则是几个表现最糟糕的，定投不但亏损和盈利的时间各对半，而且盈利的波峰也仅有26%的总收益，折合年化收益率仅为3.9%，甚至不如银行理财产品。

从上述可以看出，以成长型企业为主导的创业板相比国企云集的上证主板显然潜力要大得多。

对于创业板的定投，由于创业板的收益波动大，如果根据止盈不止损的策略，那么每上涨20%卖出20%的利润部分将会获得非常不错的收益率，但选择创业板时定投在亏损的时期也会亏得更多，所以中途是坚决不能放弃的，否则就会前功尽弃。

综上，对于愿意追求高收益，放弃更多流动性的投资者而言，理应选择波动更大的股指进行投资，这样才能在股市疯涨的过程中割去更多"韭菜"，赚取更多钱。在目前这些指数中，还是应该优先选择创业板。

再来比较一下其他几个指数的定投走势，如图 3-19 所示。可以发现，除了印尼雅加达指数走势特别好之外，其次就是上证指数。

1995 年至今定投走势图

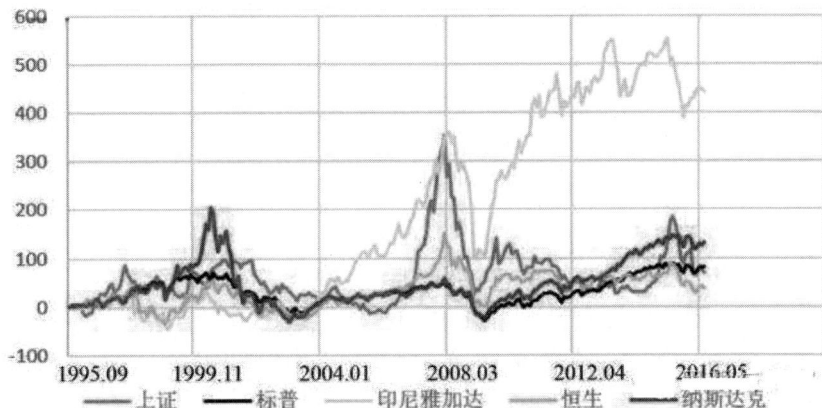

• 图 3-19 其他指数的定投走势

相比而言，纳斯达克指数紧随其后，恒生和标普的表现最差，可以看出指数的主体经济形势发展与指数走势息息相关，上证指数增长潜力高于其他几大传统指数（仍不如印尼雅加达指数）。

总结下来我们可以大致得到如下结论，对市场机制而言，通常越发达的经济体其市场机制越成熟，经济增量幅度较小，故而股指波动幅度较小，而相对不成熟、不发达的市场体系会导致股市波动的幅度更大，如印尼雅加达指数和上证指数的波幅远高于标普、日经指数等。

对指数类型而言，板块如果是高科技股或者小型企业股票指数，其波动走势也大于传统行业或者大型企业为主的股票指数，如纳斯达克的走势波动幅度大于标普 500，创业板的走势波动幅度大于上证指数等。

定投选择波幅越大的指数获得高收益的可能性越大，适合追求更高收益的投资者，但是其处于亏损时的亏损幅度也更大。所以选择定投的方式必须坚持止盈不止损的理念，同时用割"韭菜"的方式提前获利了结，但止盈不止损也意味着必须承受更高的流动性风险。

既然定投盈利的基础在于长远来看指数是上扬发展，如果出现经济一蹶不振的情形，那么定投也是难以盈利的。如图 3-20 所示为日经 225 指数定投走势图。

从 1988 年日经 225 指数推出以来就一直惨不忍睹，由于日本经济的萎靡，房价和股价双双暴跌，故日经 225 指数从推出以来就一直处于震荡下跌的形式。

可以预见的是，如果你在 1990 年 39000 点时被套牢，那么到现在 26 年过去了你也等不到解套，而如果从一开始你就选择定投，那么第一次解套只需要 6 年时间，而且最高盈利能达到 40%，可见定投的抗风险性是比较强的。

日经225指数定投走势图

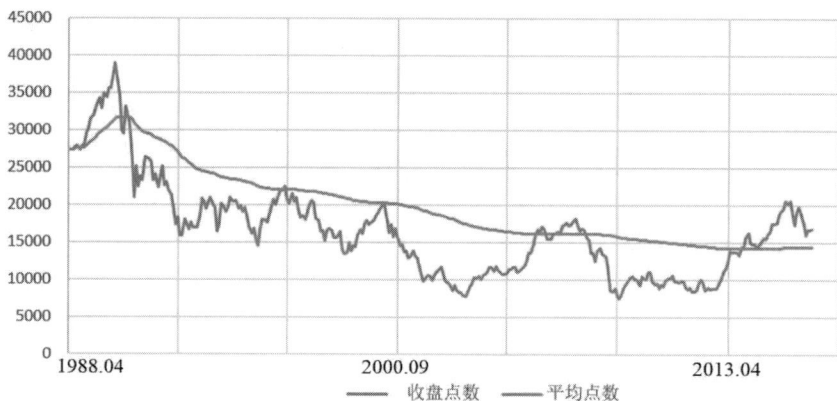

● 图 3-20　日经 225 指数定投走势图

那么定投的正确方式是什么呢？对投资者而言，首先要选择一个经济前景看好的市场指数，后市的经济前景不行，就像日本一样，也是非常难以盈利的。其次要选择一个波动大、潜力大的指数，就如创业板现在仍然是一个不错的定投标的。

那么单单选择一个指数进行定投就够了吗？我认为只选择一个指数定投会存在很大的系统性风险，比如你定投创业板，可以再适当地配置一部分纳斯达克指数，如果资金量很大那么再配置一部分恒生指数亦可。

3.2.2　定投计划的顺序是什么

定投计划的顺序如下：

（1）最重要的是根据买点决定定投金额，有多少低价位的筹码，决定了你在 A 股这个赌场中赚钱速度有多快。

（2）其次是如何卖得好，也就是止盈计划是否科学。

（3）最后才是选择合理的指数组合进行定投。

很多人一直在追求最好的定投组合，其实只要是一个科学的指数组合，不同组合之间收益差别就不会太大。

谁也不能保证未来 500 低波动和 300 价值的指数组合表现一定会比中证 500 和沪深 300 组合更好。

总之，只要买点低、止盈好，定投就能获取很高的收益。

3.2.3　市面上的智能定投哪个好

微信和支付宝，一直是一对冤家。支付宝有了慧定投，微信就来了个智能基金定投策略。不少人说微信的智能定投能打败蚂蚁财富的慧定投，这是真的吗？我们来好好分析一下。

1. 慧定投

蚂蚁财富慧定投采用的是均值定投策略，也就是定投扣款时，如果当前价格高于近 500 日的平均价格（比之前贵），那么定投金额就减少，如表 3-3 所示。

表 3-3　T-1 指数收盘价高于 500 日平均值

T-1 指数收盘价高于 500 日平均值	实际扣款率
0%~15%	90%
15%~50%	80%
50%~100%	70%
100% 以上	60%

如果当前价格低于近 500 日的平均价格（比之前便宜），那么定投金额就增加，如表 3-4 所示。

表 3-4　T-1 指数收盘价低于 500 日平均值

T-1 指数收盘价低于 500 日平均值	近 10 日振幅＞ ±5% 实际 扣款率	近 10 日振幅≤ ±5% 实际 扣款率
0%~5%	60%	160%
5%~10%	70%	170%
10%~20%	80%	180%
20%~30%	90%	190%
30%~40%	100%	200%
40% 以上	110%	210%

这里慧定投还引入了一个近 10 日振幅的概念，如果近 10 日振幅太大，那么即使便宜了，也要相应减少定投金额。

设计师连振幅都考虑进去，想必其应该是经历过股灾的人，因为 2015 年和 2008 年市场都是快速暴跌，慧定投的想法应该是，定投要避开暴涨暴跌的阶段，等稳住了再说。个人认为慧定投参考 500 日均线，还是有一定依据的，低价多买，高价少买。

这里有一个"BUG"，例如，上证 5000 点时开始慧定投。跌到了 4000 点，根据均线策略，低于 × 日均值，加码投；跌到 3000 点，最大马力投；跌到 2500 点，就没有资金继续定投了。

所以慧定投最致命的缺陷在于，没有考虑起投时大盘的估值水平。我的建议是，如果你要按照慧定投的方法，那么要明白自己当下处于什么估值水平，适当调整自己的定投基数。

2. "微"定投

为了便于区分，我把微信的智能定投称为"微"定投。"微"定投与慧定投的区别在于：慧定投参考的是近 500 日收盘价平均值，而微信智能定投参考的是当前市盈率在近 500 日市盈率中的高低水平，如图 3-21 所示。

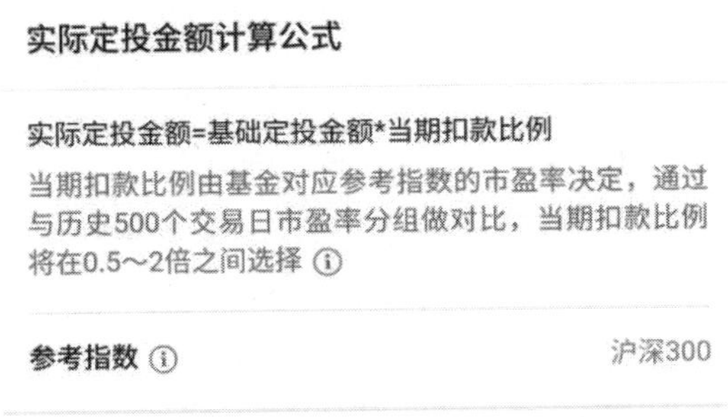

实际定投金额计算公式

实际定投金额=基础定投金额*当期扣款比例
当期扣款比例由基金对应参考指数的市盈率决定，通过
与历史500个交易日市盈率分组做对比，当期扣款比例
将在0.5～2倍之间选择 ⓘ

参考指数 ⓘ   沪深300

• 图 3-21　实际定投金额计算公式

"微"定投把近500个交易日的历史市盈率分成7组，每一组对应不同的扣款比例。比如市盈率处于最低的第1组，那么定投金额比例就是2倍，如表3-5所示。

表 3-5　当期扣款比例说明

市盈率分组	定投金额比例
1	2
2	1.8
3	1.6
4	1.4
5	1.2
6	0.9
7	0.8

个人认为用市盈率均值显然比收盘价均值更加合理。因为股指的中枢价格并非永恒不变的，而是会随着企业利润的创造而不断上涨，但市盈率只是一个估值指标，据此可以从静态角度来看多少年能回本，所以用市盈率进行估值比用收盘价进行估值更为准确。

另外，"微"定投还取消了慧定投近十年日振幅≥5%就减少定投扣款的规定。如果换做我，也会取消这条规定，难道在股市底部暴涨或者暴跌，也不应该定投？非得横盘才能定投？这一点慧定投设计得不科学。

不过"微"定投的缺点与慧定投类似，依然没有考虑开始定投时的相对估值情况。

3. "蛋"定投

蛋卷基金的智能定投，我就称为"蛋"定投。"蛋"定投采取的是市值恒定策略。说来说去，还是上涨少投，下跌多投，如表 3-6 所示，定投时的每月扣款金额 = 目标市值 − 当前市值（目标市值 = 定投基数 × 期数）。假设我正常情况下每个月定投 1000 元，那么定投第十个月，目标市值应该为 10000 元。如果当前市值只有 8500 元，那么我第十个月定投金额 =10000−8500=1500 元。该方法在"上涨少投，下跌多投"上可以说是发挥到极致了。

表 3-6 "蛋"定投智能定投方案

定投期数	基金净值	目标市值	当前市值	扣款金额
1	1.0000	0	1000	1000
2	0.8000	800	2000	1200
3	0.6000	1500	3000	1500
4	1.0000	5000	4000	基金最低购买金额
5	0.9000	4500	5000	500
6	1.0000	5555	6000	455

该方法的波动非常大，可能大涨了当期就按照最低扣款 100 元买入，大跌了就按照 5 倍定投，很少有人的资金能跟得上，因此其对工薪族不太友好。

4. 业绩测算

结合前文笔者提过的点位定投法，我们具体来看看 4 种策略中哪个历史业绩更好。

经过回测，我们可以知道，蛋卷的"蛋"定投近 5 年收益率最高，点位定投法其次，而近 3 年慧定投的表现相对更好，"蛋"定投其次，如图 3-22 所示。那么是否可以得出结论，"蛋"定投最好呢？

定投策略 （以易方达上证50指数A为例）	近五年定投收益率	近三年定投收益率
慧定投	48.20%	27.00%
微信智能定投	50.31%	20.00%
蛋卷蛋定投（最多3倍）	55.08%	26.51%
点位定投法	54.08%	24.94%
普通定投	44.10%	22.30%

● 图 3-22　4 种定投策略及其收益率

光看收益率是不够的，还要看最终收益是多少。按照 3 种不同方法定投 5 年，定投基数 1000 元每月，来算算投资总收益是多少，如图 3-23 所示。

定投方法	总投资额（5年）月基数1000元	总收益（元）
普通定投法	60000	26460
点位定投法	69214	37430
蛋卷蛋定投	44641	24588

• 图 3-23　4 种定投策略及其总收益

这里可以发现，"蛋"定投虽然收益率很高，但是同样的定投基数，投入资金只有普通定投的 70%，导致资金年化高，但总收益不高。

这里有人要问了，定投基数高点，总收益不就高了吗？非也。如果市场快速上涨，那么根据市值恒定法，这期就不能投了，导致投资金额过少，而当市场快速下跌，又要大幅补仓，按照 3~5 倍定投，工薪族完全承受不住，除非把存量资金放在账户里随时备用，才行得通。但如果存量资金用来分批定投，那么结果必然是资金利率效率不高，效率低了，年化收益率自然也低。简而言之：策略不错，但比较难用。

5. 总结

综上，大家应该已经明白了各自定投的优缺点，总结如下：

支付宝慧定投的优点在于相对实现了低位多买、高位少买的功能，长期（5 年以上）定投，大概率是能跑赢普通定投的。

微信"微"定投在慧定投的基础上优化了参考标的，把近 500 日均值改为了近 500 日市盈率，所以长期表现理论上可能会比慧定投好一点。

蛋卷"蛋"定投，优点在于资金年化收益率会很高，缺点是每月扣款非常不稳定，因此需要更强的资金规划能力。

笔者提出的点位定投计划，中轴需要定期调整，优点在于其收益性和稳定性都比较好。

不论利用上述哪一种方案来定投，最终收益大概率都取决于你卖得如何，也就是如何止盈。

3.2.4 如何确定定投的资金数额

当下行情我们每周或者每月该定投多少？

同样建议大家参照上证点位来决定定投比例，定投比例是指你原先每个月能定投多少资金（一般是工资结余的 40%）。

市场低位多投，市场高位少投，可以大大增强基金定投的投资收益率。

历史数据表明，根据此点位比例表定投，不管是近一年还是近 5 年的收益率，都大大优于定期定额基金投资，如表 3-7 所示。

表 3-7（1）　定投比例表

上证指数	1900 ↓	1900~2200	2200~2500	2500~2800	2800~3100	3100~3400
底仓比例	200%	180%	160%	140%	120%	100%

表 3-7（2）　定投比例表（续）

上证指数	3700~4000	4000~4400	4400~4800	4800~5300	5300~6000	6000 ↑
底仓比例	80%	70%	55%	40%	20%	0%

第4章

定投方法：懒人高效投资指数基金

对于指数基金懒人定投，除了要掌握要领和规避注意事项，还需要根据个人的投资风格来选择稳健收益型基金组合、稳中求进型基金组合或追求收益型基金组合。此外，如何定投、如何高位止盈和养老基金的定投步骤也是本章的重点。

4.1 根据投资风格选择定投

2019 年年初股市一直上涨，很多读者问："牛市是不是要来了？"

笔者个人的看法是，当前只是估值修复行情，从 1 月份数据来看，PMI49.5% 低于荣枯线，M2 同比增长 8.4% 的数据都表明，当下受基本面推动的牛市机会不大。

前段时间中证协征集 A 股减税降费意见，结合之前推出的几波降税政策来看，接下来我认为 A 股依然有望受到减税降费的利好政策推动一波上涨行情。当然，投资者还是坚持低买高卖就对了。

4.1.1 稳健收益型

1. 稳健收益型系列一

上证 50 ：中证红利或上证红利 =1 ： 1

这套组合主打一个"稳"。红利指数往往拥有较高的股息率（接近 4%），股息率 = 股息 / 市值，在市场持续下跌的环境下，股价下跌分母下降，股息率不断攀升，反向推高资产的收益率，因此往往展现出极强的抗跌属性，所以红利指数是稳健型投资者定投必备。

如果是场内定投则可以选择上证红利，如果是场外定投则可以选择中证红利。而上证 50 指数包含几家 A 股最大的上市公司，市值大的公司往往更加抗跌，在市场反弹的浪潮中也经常打头阵，比如前段时间上证 50 指数就狂涨 15%。

组合优点：长期定投盈利确定性极高，收益率稳健。

组合缺点：缺乏收益想象空间。

总结：适合对收益率要求不高，需要跑赢通胀，稳健投资的人群。

相关标的：大成中证红利（090010 ）、华泰柏瑞上证红利（510880 ）、博时上证 50ETF 联接 A（001237）。

2. 稳健收益型系列二

上证 50AH 优选：标普 A 股红利机会或中证红利低波动 =1：1

这套组合是策略型指数，是对稳健收益型系列一的替换。50AH 优选本质和上证 50 并无太大区别，但比 50 指数更加灵活，要知道部分上证 50 成分股是同时在 A 股和港股上市的，但是两者会出现估值差异。

50AH 指数把上证 50 中同时在港股和 A 股上市的股票中更加低估的筛选出来，也就是港股比 A 股便宜买港股，反之则持有 A 股，进行切换轮动获取超额收益。

标普红利机会和中证红利指数成分股比较接近，但由于要求股票利润、盈利增长均为正，且严格分散个股权重，因此也是优质的红利策略指数，近十年历史收益率为 16%。

另外，除了标普红利，中证红利低波动也是不错的选择，它将中证红利指数中波动率较低的股票筛选出来，而低波动代表不容易暴涨暴跌，价值投资者更愿意长期持有，因此历史收益也跑赢了同期中证红利指数。

所以对于红利策略指数，我们可以将标普红利和中证红利低波动进行二选一来替代中证红利。

组合优点：收益率想象空间更足。

组合缺点：长期定投盈利不确定性高于被动指数组合。

相关标的：华夏上证 50AH 优选（501050）、标普 A 股红利机会（501029）和红利低波（512890）。

4.1.2 稳中求进型

1. 稳中求进型系列一

沪深 300：中证 500=1：1

这套组合简直和泰坦尼克号一样经典，沪深 300 代表沪深两市具有良好流动性，市值前 300 名的 300 只股票，而中证 500 则代表除沪深 300 成分股外具备良好流动性的市值前 500 名的股票。

此组合可以说是攻守兼备，中证 500 目前 PE、PB 分位等指标已经降低到历史空前的低位，而中证 500 成分股属于中小盘股，而且中证 500 近几年的利润增速一直保持一个不错的态势，成长性不错。

沪深 300 虽然估值尚未下滑到历史低位，但贵在一直表现稳健，从成立至今也可以获得年化 10% 左右的回报率。

如果你打算按照 1 ： 1 定投，那么直接买中证 800 未尝不可，我个人的建议还是分开买，哪个涨得少就多买，另一个则少买，保证沪深 300 和中证 500 的市值在 1 ： 1 左右。

组合优点：涵盖 A 股绝大部分标的，完美追踪 A 股大盘走势。

组合缺点：中规中矩。

总结：预期收益率适中，风险波动适中。

相关标的：天弘中证 500（000962）和易方达沪深 300（110020）。

2. 稳中求进型系列二

沪深 300 ： 500 低波动或价值回报指数：标普红利机会或红利低波 ＝ 1 ： 1 ： 1

此组合的区别在于把中证 500 替换成中证 500 行业中性低波动指数或者价值回报指数（神奇公式指数），然后加上一只红利指数型基金进行定投。

500 低波动主要是筛选中证 500 成分股中波动率较低的股票组合，500 低波的实盘回测近十年年化收益率接近 16%，远高于 500 指数。

同理，价值回报指数主要是选择高 ROE、低 PE 的股票仓位进行组合，近十年实盘回测也超过 16%。

价值回报指数和 500 低波动都与中证 500 关联性很高，两者都是投资中小盘股为主，因此可以二选一作为中证 500 的替代产品。

优点：投资范围广，涵盖大部分标的，优中选优，有机会获得更高的超额收益机会。

缺点：价值回报指数的追踪费用较高，其他策略指数有失效的可能性。

相关标的：易方达沪深 300（110020）、天弘中证 500（000962）、价值回报（006255）、500 低波（003318）、标普红利（501029）和红利低波（005561）。

4.1.3　追求收益型

1. 追求收益型系列一

沪深 300 ：中证 500 ：医药 300 ：中证环保：新能源车 =2 ：2 ：1 ：1 ：1

此组合就是在稳中求进一系列中再布局了环保、新能源和养老 3 只高成长性的指数，新能源指数 2015~2017 年的利润增速为 42.8%，环保为 14.2%，医药 300 主要布局医药行业龙头股，面临老龄化时代将有很大增长潜力。

高速发展的产业往往带有剧烈波动，其中环保还为强周期行业，因此高收益背后同样蕴含着高风险，此组合适合风险承受能力更强，且有长期布局计划的人群。

优点：行业指数成长性高，布局长线，想象空间大。

缺点：短期波动、风险较大。

总结：适合长期布局，能够接受短期大幅回撤，预期收益率较高的人群。

相关标的：天弘中证 500（000962）、易方达沪深 300（110020）、300 医药（001344）、广发中证环保（001064）和国泰国证新能源车（160225）。

2. 追求收益型系列二

中证红利：上证 50 ：医药 300 ：中证环保：新能源车 =2 ：2 ：2 ：1 ：1 ：1

此组合就是在核心组合上加上 3 个行业指数，逻辑同上。

行业指数的成长性是高度不确定的，投资者如果不愿意接受太大的波动，那么我优先建议选择稳如狗系和稳中求进系，毕竟行业指数的波动和风险远高于宽基类指数。

3. 总结

可以发现，其实很多策略指数和宽基指数可以相互转化和替代。比如中证红利和标普红利机会、中证 500 和 500 低波、上证 50 和 50AH 等。

策略指数基金厉害的地方在于历史业绩好，选股逻辑也站得住脚，但缺点在于费率通常更高，而且容易出现回撤高和实盘高的现象，至于如何做搭配选择，投资者就见仁见智了。

另外，还有投资者有疑问，一个定投组合才两三只宽基，怎么那么少？

实际上完全够用，要清楚我们投的并非单一股票，也不是单一行业指数，而是宽基指数，宽基指数中已经包含几十或上百只股票了，所以在这个基础上再分散很多只宽基，有意义吗？

投资者只要坚持定投，坚持反人性的投宽基指数，就必然会获得丰厚的回报。

4.2 提高定投收益止盈是关键

值得注意的是，基金定投并非完美，如果有人和你大肆鼓吹基金定投，那么你要怀疑他是否居心叵测。

4.2.1 是不是牛市都得止盈

定投的思想本质上就是一种"无为而治"的策略，即投资者不干预投资时机，也不干预投资金额，只紧随市场，不妄图超越市场。而直接投资，则十分考验投资者的择时能力，高位买入和低位买入结果往往大相径庭。

两者到底哪一个更好，其实并没有结论，这里以周定投110020易方达沪深300指数基金，每周1000元为例，进行讲解。

1. 案例1——震荡市定投

该定投收益为35.12%，年化收益为6.1%，单笔投收益为27.9%，年化收益为2.6%（上证指数为2967~2939，时间为2009.8.26~2019.5.10），如图4-1所示。

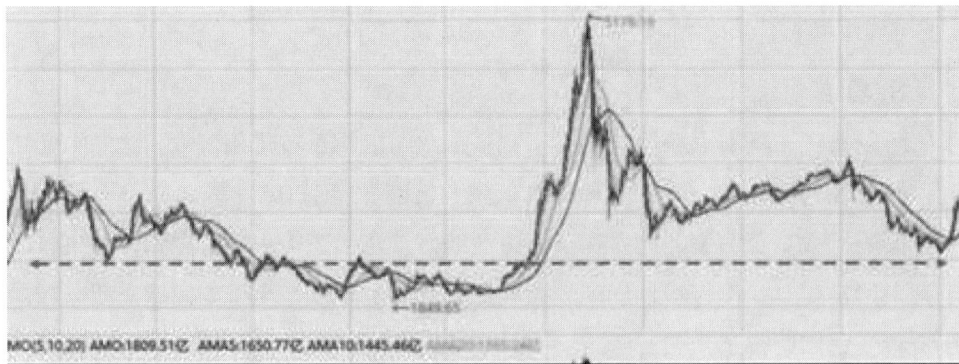

• 图4-1 震荡市定投

在市场来回震荡的行情中，结果是定投的表现比单笔投资的表现要更好，因为震荡触底的时间段帮助我们积累了很多低成本筹码，所以回报也更高。

2. 案例 2——牛市高位定投

该定投收益为 9.1%，年化收益为 4.4%，单笔投收益为 −22.2%，年化收益为 −6.2%（上证指数为 5178~2939，时间为 2015.6.12~2019.5.10），如图 4-2 所示。

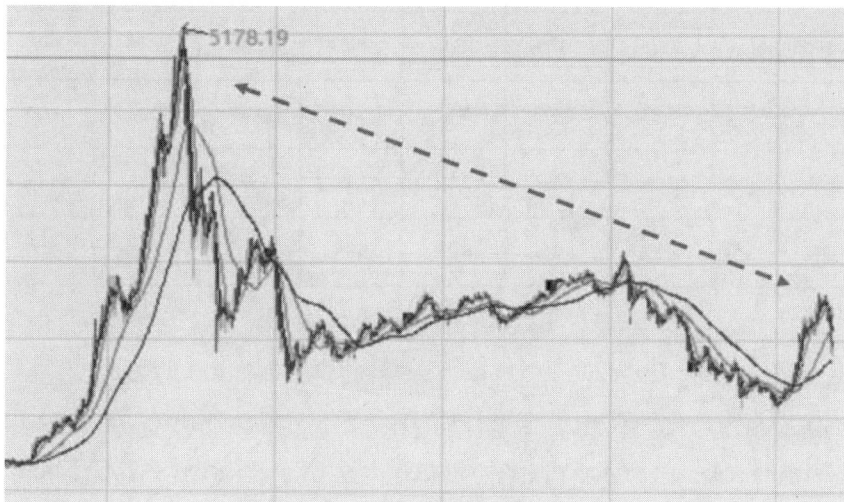

• 图 4-2　牛市高位定投

毫无疑问，投资者高位时入场，定投表现碾压单笔投资，定投通过后续摊平成本的效应，高位时对投资回报影响不大，而单笔投资则损失惨重。

3. 案例 3——熊市底部定投

该定投收益为 25.8%，年化收益为 7.8%，单笔投收益为 86.6%，年化收益为 11.2%（上证指数为 1950~2939，时间为 2013.6.27~2019.5.10），如图 4-3 所示。

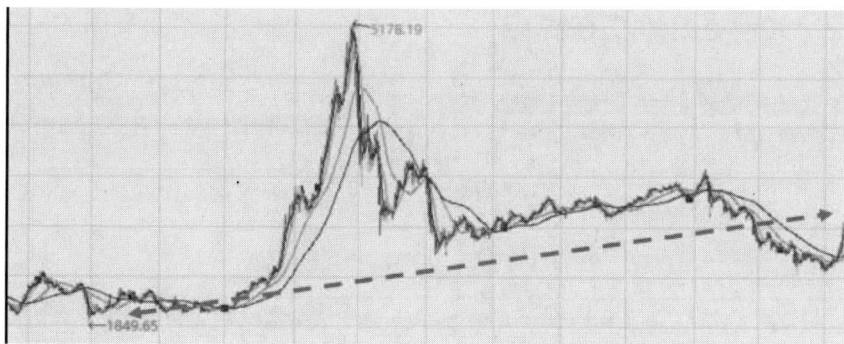

• 图 4-3　熊市底部定投

毋庸置疑，如果从市场最底部开始定投，那么定投的持仓成本必然要高于单笔直接买入，因此业绩也相差不少。笔者整理了一张从不同年份开始定投至 2019 年 5 月 10 日的收益率表格，如图 4-4 所示。

起始时间 (至2019.5.10)	2010.1.1	2011.1.1	2012.1.1	2013.1.1	2014.1.1	2015.1.1	2015.6.12
沪深300点位	3575	3128	2346	2523	2330	3533	5380
沪深300PE比率 PE/PE历史中位数	**1.35**	0.76	**0.57**	0.69	**0.57**	0.86	**1.25**
定投年化收益(IRR)	6.3%	7.0%	7.8%	7.7%	7.0%	4.0%	4.4%
单次买入年化收益	2.0%	3.5%	8.2%	7.9%	10.8%	2.4%	-6.2%

• 图 4-4　收益率表格

从上述表格中可以发现一个规律，选择易方达沪深 300 指数定投，自 2010 年开始定投至今年化为 6.3%，自 2011 年开始定投年化为 7.0%，自 2012 年开始定投年化为 7.8%，自 2013 年开始定投年化为 7.7%，自 2014 年开始定投年化为 7.0%。

将时间拉长到 5 年以上，在不同时点下开始定投年化回报率几乎一样。是不是有点绝望？无论你是从底部开始定投，还是从高位开始定投，最终年化回报率都差不多，可以说是彻头彻尾的傻瓜式投资。

然而如果是择时单笔买入，就非常考验我们对市场的判断，2014 年直接买入的年化高达 10.8%，2015 年投资年化就只有 2.4%。

4.2.2　如何更好地卖在高点

如何才能提高基金定投最终收益率？最高效的方法——高位止盈。我们对比一下从嘉实沪深 300 "从 2005 年开始定投，2007 年高位止盈后继续定投，再在 2015 年高位止盈"与"从 2005 年开始定投，只在 2015 年高位止盈"的区别。

表 4-1（1）　2007 年牛市止盈

指标	投资总期数	总收入（元）	期末总资产（元）	总收益（元）	总收益率	年化收益率
定投	112	112000	388255.48	276255.48	246.66%	170.06%

表 4-1（2） 2015 年牛市止盈（2007 年止盈的资金恰好够后续的总投入）

指标	投资总期数	总收入（元）	期末总资产（元）	总收益（元）	总收益率	年化收益率
定投	511	511000	1163572.86	652572.86	127.71%	16.17%

如果在 2007 年的牛市没有止盈，而是在 2015 年止盈呢？我们会发现，在止盈两次的情况下，只需要投入初始资金 11 万元（后续定投资金都来自第一次止盈），就获得了 66 万元收益，后者则需要投入资金 51 万元才获得 65 万元收益，如表 4-2 所示。因此定投若在每一轮牛市都能做到高位止盈，则效果是最好的。

表 4-2 2015 年牛市止盈

指标	投资总期数	总收入（元）	期末总资产（元）	总收益（元）	总收益率	年化收益率
定投	400	400000	786605.48	386605.48	96.65%	17.37%

话说回来，这里分析的都是在两波牛市顶峰时卖出，但在实际操作中这是几乎不可能发生的。因此这也是投资者探讨的一个难点，如何卖在高位？判断 A 股估值的方法主要有如下 3 种：

（1）指数 PE/PE 历史中位数是否远大于 1？

比如上证 5178 点时沪深 300 的 PE 比率高达 1.3。

（2）指数市盈率百分位是否远大于 50%？

上证 5178 点时沪深 300 指数百分位高于 70% 的交易日。

（3）指数盈利收益率是否远低于十年期国债利率的两倍？（适用于成熟企业）

上证 5178 点时沪深 300 盈利收益率为 5.3%，十年期国债利率为 3.62%。

当然，要想提高定投收益率，除了合理止盈，还得降低成本。单笔投资在买入那一刻成本就已经决定，但定投截然不同，无论是在 5100 点还是在 2500 点开始定投，如果是懒人定投法，那么将时间拉长到 5 年以上来看，成本都没有太大差别。所以我们得打破常规的定投套路，在市场底部加码定投和建立底仓，是降低成本的关键。

如何判断底部，与如何判断高估其实是反过来的。

（1）指数的 PE/PE 历史中位数是否远小于 1？

上证 1950 点时沪深 300PE 比率只有 0.56。

（2）指数市盈率百分位是否远大于 50%，接近或达到 80% 以上？

上证 1950 点时沪深 300 指数百分位小于 99.5% 的交易日。

（3）指数盈利收益率是否远大于十年期国债利率的两倍？

上证 1950 点时沪深 300 指数盈利收益率为 11.3%，十年期国债利率为 3.52%。

最后，有人要问："如果我真的能预测市场底部，那么我还需要定投吗？我直接买入不就行了？"非也。任何人都可能会做出错误的买点决策，定投和直接买入，两者在投资心态上是截然不同的。如果直接买入，则只求天天涨，但如果是定投的方式，那么无论涨跌都心静如水，逆人性的心态让你的容错率几乎提升到 100%。

所以，我们并不能评论哪一种策略更加优秀，只能说哪种策略更加适合自己，显然有稳定收入的工薪族，更加适宜采用基金定投。

4.2.3 高位止盈的具体方法

在投资基金之前，如果预先不设想好如何止盈，那么还是先别买了。止盈得当，你才能真正赚钱，否则都是"账面收益"。

笔者归纳了很多止盈策略，主要包括设置止盈点、具体案例、策略的优缺点等一系列流程。以下策略仅针对一年以上定投（第一年为基金积累阶段，不建议止盈）。

1. 累计收益率止盈法

累计收益率止盈法是指定投达到绝对收益率时，止盈全部卖出。通常来说目标收益率设为 20%，之后每年目标收益率递增 10%，比如第二年至第三年则为 30% 止盈，如图 4-5 所示。

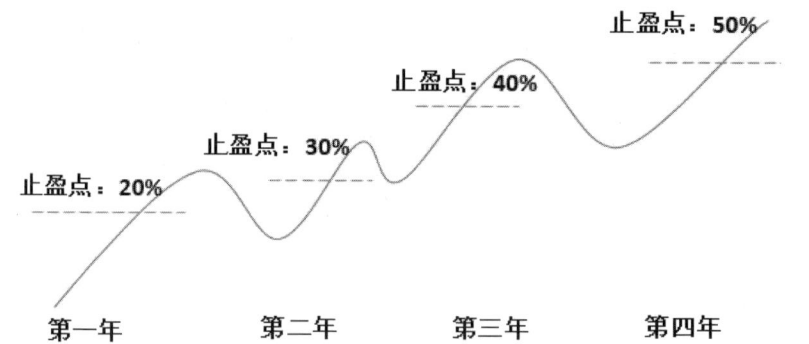

• 图 4-5 累计收益率止盈法

案例：每月定投 1000 元中证 500，投资 36 个月后，共投入 36000 元，而账面总金额为 50400 元，浮盈达到 40%，触发止盈。

策略优点：计算方法简单，容易操作。

策略缺点：在牛市无法"吃"到全部的上涨行情，而且累计收益止盈是用单利加法而非乘法复利，因此时间拖得越长，年化收益越低。

2. 年化收益率止盈法

年化收益率止盈法是指定投达到目标年化收益率时，止盈全部卖出。通常定投年化为 10% 止盈（IRR 年化为 20% 左右），达到账面年化收益时全部卖出，重新布局定投，如图 4-6 所示。

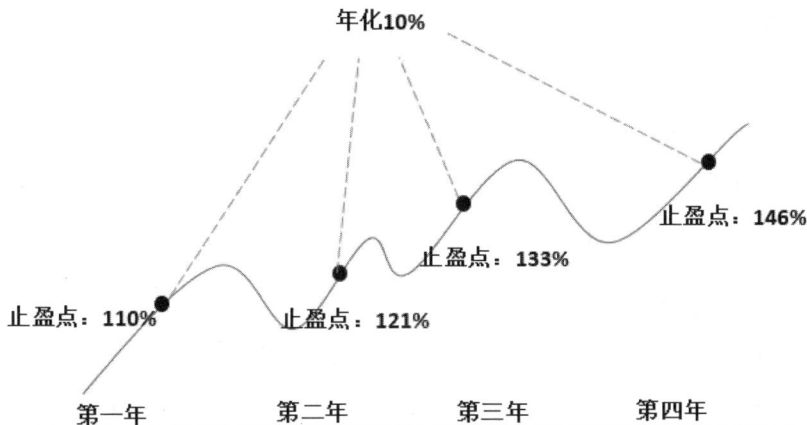

• 图 4-6　年化收益率止盈法

案例：每月定投 1000 元中证 500，投资 24 个月后，共投入 24000 元，而账面总金额为 29040 元，年化收益达到 10%，触发止盈。

策略优点：能获得固定的预期年化回报率。

策略缺点：与之前的策略一样，在牛市也无法"吃"到全部的上涨行情。另外，如果后续市场没有较大的行情，则可能将一直无法触发止盈。

3. 割韭菜止盈法

割韭菜止盈法是指每次盈利达到一定比例，则卖出盈利部分，边涨边卖。一般割韭菜止盈设置为 10% 比较合适，即每上涨 10%，则卖出额外的 10% 的利润部分，从而保持本金不变，持续盈利，如图 4-7 所示。

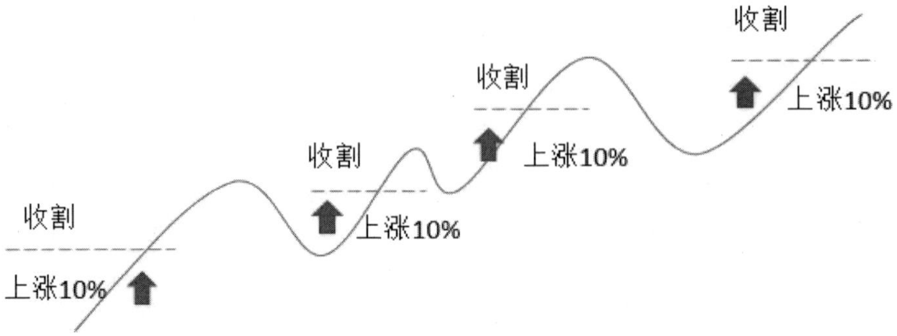

• 图 4-7　割韭菜止盈法

案例：每月定投 1000 元中证 500，投资 24 个月后，共投入 24000 元，而账面总金额为 26400 元，上涨 10%，此时将 2400 元超额收益部分全部卖出，保留本金。

策略优点：适合单边牛市行情，如果能持续上涨 100% 甚至 200%，则可以提前收割回本金，后续还能继续获取超额收益，而不用担心高位崩盘的风险。

策略缺点：由于账户始终保留本金，需要承担更大的投资风险。

4. 回落止盈法

回落止盈法是指在保证一定盈利的基础上，只要回撤超过一个阈值，则进行止盈。通常在保证 20% 以上的累计盈利下，一旦途中收益率回撤超过 10%，就进行止盈，如图 4-8 所示。

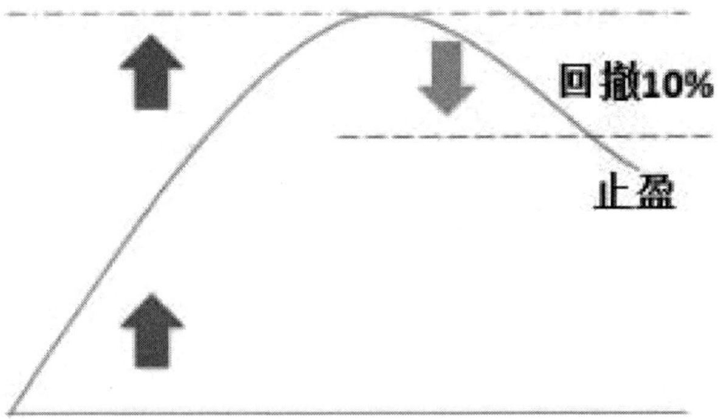

• 图 4-8　回落止盈法

案例：每月定投 1000 元中证 500，投资 24 个月后，共投入 2.4 万元，而账面总金额达到 4.8 万元，收益率为 100%，随后几天市场震荡下滑，收益率下降到了 90%，变为 4.56 万元，此时全部卖出止盈。

策略优点：最适合牛市行情，采用此法，在牛市获得大幅超额收益后，即使之后市场崩盘也可以成功逃离。

策略缺点：在震荡向上的行情下，容易因市场回调被"抖"出来，此时就错过了行情。

5. 估值止盈法

此法适合指数基金止盈，投资者可以根据 PE 比率、PB 比率、ROE、PEG 等指标进行估值。

当指数的状态由低估或合理进入了高估时则卖出止盈，转而定投处于低估值的指数。

案例：中证 500 中为"低估值"指数时，此时每月定投中证 500，投资一定时间后，指数估值显示为"高估"，此时将中证 500 全部卖出，重新定投处于低估值的指数基金，如果适合自己的指数全部显示为"高估"，则停止定投。

策略优点：追踪成长价值高、估值低的指数，比始终定投单一指数能获得更好的超额收益，且根据估值表能判断大盘风向，如果市场全是高估值指数，则说明此时泡沫严重，不宜入场。

策略缺点：估值模型需要根据相关数据制作，虽然经过数据回撤表明估值模型有效，但市场变化莫测，极端情况可能导致估值失效。

4.2.4　止盈之后如何继续投资

对于指数基金，我建议投资者看一下指数的估值情况，如果仍然处于低估值区间，则可以继续定投此指数。

如果该指数处于高估值状态，则可以换一个低估值的指数进行定投，把存量资金分成 12 个月 12 批来进行定投。

至于选择哪种止盈策略最好？由于上述止盈策略都有一定局限性，所以并没有定论，选择最适合自己的方法即可，无论如何，只要坚持定投，那么早晚可以等到你收割的那一天。

4.3 养老基金定投的操作步骤

如何给自己的老年作规划是非常重要的，看看日本就知道。日本人从一开始的 55 岁退休，先延迟到 60 岁，再延迟到 65 岁退休，甚至现在提案计划延迟到 70 岁退休，可见指望养老金政策是并不明智的选择。

要活得老有尊严，我们不能完全寄希望于社会养老保险，寻找一种新的养老计划非常有必要。

现在的商业保险养老、以房养老等都有一些缺陷，比如商业保险面临利率过低，无法跑赢通胀的问题，而以房养老则要面临三四线城市房价下跌的风险。

基金定投养老，我认为是更好的一种养老投资方式。

为什么呢？我们都清楚，长期来看投资品种的表现中，股票 > 债券 > 货币市场，A 股近 30 年里整体表现可以达到年化收益率 14% 左右，这是债券和货币基金远远达不到的。

美国的 401K 养老计划就是让职工每月扣款，自己定投挂钩股指的指数基金，比如标普 500ET、纳斯达克 100ETF 之类，我们的社保基金也会入市买股票，只是严格控制入市比例，未来入市的规模和比例也会进一步上升。

选择指数基金定投，就相当于我们化繁为简，直接选择效益最好的一部分资产进行长期配置，以达到大幅跑赢通货膨胀的目的。

具体操作主要分为如下 4 步：

（1）建立养老定投基金账户。

（2）配置基金组合。

（3）确定每月定投金额和期限。

（4）退休后切换债基，分批提取。

4.3.1 建立基金账户

首先得建立一个长期定投账户，该账户必须和其他基金账户完全隔离开，坚持做到退休前只进不出。

那么选择什么基金进行定投呢？为了保证上期上涨的高确定性，这里优先考虑国内宽基指数基金，"沪深 300+ 中证 500" 这个组合涵盖了国内沪深市值前

800 名的股票，可以说风险非常分散，长期来看上涨的确定性几乎是 100%。

4.3.2　配置基金组合

我们应该配置部分与 A 股关联性比较低的海外指数基金，一方面可以避免人民币贬值的问题，另一方面可以降低 A 股的长期波动风险。

比如纳斯达克 100，其包含了全球最顶尖的科技上市公司股票，如亚马逊、谷歌、苹果、微软等，未来成长潜力大。

然后配置一份标普 500 指数，其包含了美国的 500 只优质上市企业，与纳斯达克 100 关联度较高，但是行业更加分散，包含金融、地产股等，更加反映全球股市整体的走势情况。

加入纳斯达克 100 和标普 500 指数进入定投标的后，即构成一个"沪深300+ 中证 500+ 纳斯达克 100+ 标普 500"的 1.5：1.5：1：1 或者 1：1：1：1 的组合，即使未来赌错了国运，由于我们的组合关联性低，也丝毫不用慌。

4.3.3　确定投资金额和日期

至于每个月应该定投多少金额，如果是单位职工，养老保险在缴且标准较高的，那么定投占工资的比例可以更低一些，5%~10% 即可，如果自己没有在缴养老保险的，可以调高定投资金占工资的比例，达到 15%~20%。

假设当前工资是 8000 元，每月定投工资的 15%，即 1200 元到养老账户中，如果股市的长期投资回报率为 7%，那么在 35 年退休后可以拿到差不多 213 万元，如表 4-3 所示。

表 4-3　养老基金定投

定投时间（年）	每年定投资金（元）	投资回报率
31	−14400	
32	−14400	
33	−14400	
34	−14400	
35	−14400	
第 36 年取出	总收益 2130000	7.00%

4.3.4 转换债基，分批提取

等到退休后，此时我们追求的不再是资金增值而是保值。因此，我们把指数基金全部转化为稳健型的债券基金或银行理财，再按月或者按年分批提取养老金。

如果计划退休后 25 年内领完，那么每年可以领取 213/25=8.5 万元，按照 3% 的通胀率来计算，届时的 8.5 万元相当于现在的 3 万元。

这意味着现在缴 1200 元 / 月共 35 年，退休后大概率可以拿到按现在购买力的 2500 元 / 月并领取 25 年。

对比社会养老保险，养老保险是每月缴工资基数的 28%，拿到的是退休时当地人均工资的一半左右，如果工资是 8000 元则退休拿 4000 元左右的退休金。

基金定投缴纳工资的 15%，退休拿 2500 元 / 月，社保缴纳 28%，退休拿 4000 元 / 月，看似差别不大，甚至社保更好，毕竟社保是不限领取年限的。

那么为什么要定投养老呢？这里有一个致命问题，养老保险分为国家统筹账户和个人账户，统筹账户一般缴纳 20%，而个人账户只有 8%，如果提前身故那么社保统筹账户是不返还的，就好比社保和基金定投都是"养老保险"，但社会养老保险是消费型保险，身故了只能赔"现金价值"（个人账户部分），而基金定投则是储蓄型保险，你投入的都是自己的。

另外，根据人口普查结果显示，目前中国的平均寿命是男性 72 岁，女性 77 岁，按照男性退休年龄 60 岁，女性 55 岁计算，那么男性平均只能领 12 年养老保险，女性平均只能领 19 年，如果未来延迟退休，那么养老保险领取时间可能进一步缩短。

对于基金定投我们计算的都是领取 25 年的数据，如果换算成更短的领取年限，那么每个月的领取金额就会大大高于养老保险。但话说回来，前述条件成立的前提是，长期定投能达到 7% 的年化收益率。

达到年化 7% 难不难？来看看全球各大股市表现。标普 500 近 30 年涨幅 8 倍，折合年化收益率 7.6%，如图 4-9 所示；纳斯达克 100 近 30 年涨幅 35 倍，折合年化收益率 12.7%，如图 4-10 所示。

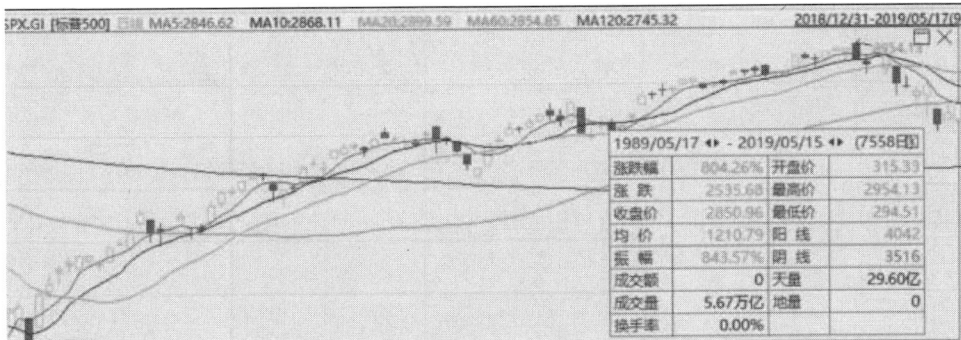

• 图 4-9　标普 500 近 30 年表现

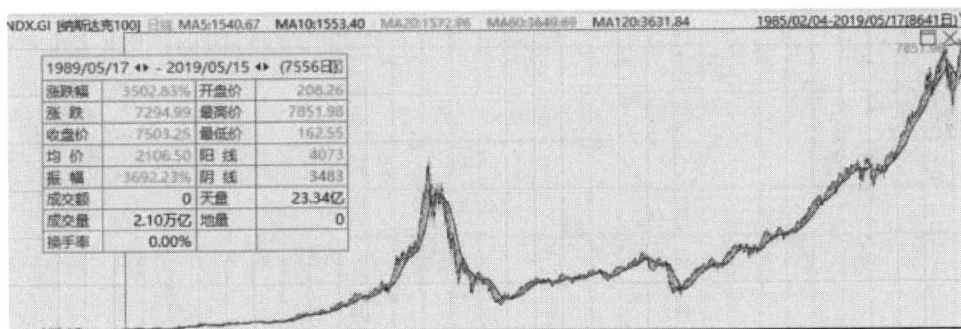

• 图 4-10　纳斯达克 100 近 30 年表现

　　注意：上述两个指数还只是价格指数，不计算股票分红，如果再加上一年股票分红 2%~3% 的数据，那么投资标普 500 和纳斯达克 100 年化收益率将会稳稳地突破 10%。

　　再以 A 股分析，由于 A 股成立时间并不长，这里以最早的沪深 300 指数基金之一博时富裕沪深 300 作为样本，从 2003 年定投至今业绩如表 4-4 所示。

表 4-4　从 2003.8.26 定投至 2019.5.18

指标	投资总期数	总收入（元）	期末总资产（元）	总收益（元）	总收益率	年化收益率
定投	189	189000	407833..14	218833.14	115.78%	9.15%
单笔投资	1	189000	835834.24	646834.24	342.24%	9.91%

　　博时富裕沪深 300 的定投的历史年化可以达到 9.15%，这还是建立在基金年费率高达 1.18% 的基础上。

　　换一个角度来看，其实股市的长期平均表现，理论上 ≈ GDP 增长率 + 通货膨胀率，中国目前的 GDP 增长依然可以保持在 6% 以上，美国过去则一直保持在 3%~4% 的增幅，再结合 3% 左右的通胀率，未来定投大概率还是能实现年化 7% 以上。

总之，基金定投养老的优势有很多，不仅比缴社会养老保险更灵活，长期预期收益也更高，交同样的钱可以获得更高的保障，而且不用担心钱投入了取不回来的问题。

对于已经有养老保险的单位员工，基金定投养老是一种补充老年收入的方式，可以锦上添花，对于不缴社会养老保险的自由职业者，基金定投养老则不失为一种重要的养老保险计划。

定投周期需要数十年的坚持，非常考验投资者的执行力和忍耐力，否则碰到大幅波动就提前卖出就会功亏一篑。

第 5 章

投资策略：掌握方法
实现财富自由

    本章前半部分主要介绍指数基金投资策略、2019 年最盛行的网格交易法和存量基金定投法，后半部分主要针对低风险投资者群、普通白领等不同人群，提供不同的投资策略。当然笔者提供了多样的投资方法与技巧，但指数基金投资不能按图索骥，需要灵活变通。

5.1 常见的基金投资策略

基金投资是一门艺术，不同策略收益可能相差数倍，且风险截然不同。好的策略能在收益上跑出一条优雅的上弧线。下面介绍 3 种最常见的基金投资策略。

5.1.1 估值定投策略

优化的定投策略即实现低码加筹、高码套现，在股市的漫漫长河中追逐一条微笑曲线的过程。

单纯的定投固然能在市场长期为牛市的情况下获得一个股指的平均收益，却难以获得超额收益。比如 2014 年股市 1000 点时是低估值的，而 2007 年股市 6000 点是泡沫化的，刚入门的投资者都能区分。倘若此时我们能对市场结合一些基础的判断，在定投的过程中进行根据估值向下偏离而逐渐加码，向上泡沫而逐渐减码的操作，那么不但可以减少投资的风险，而且可以使预期收益率甚至较普通定投提高 2 倍以上。

根据过往历史回测记录来看，估值定投法具备很高的有效性，但并非完美，缺陷在于我们往往不能预料到人性的疯狂度，2008 年的牛市涨到了 6000 点，而时隔 7 年后 2015 年的牛市则仅仅涨到 5000 点，投资者必须在估值修复之后迅速离场。

因此，投资者几乎永远不可能在股市完美地卖在最高点，这样会损失高风险溢价的机会收益，却收获了低估值带来的高安全垫，我认为对刚入门的投资者而言是利远大于弊的。

5.1.2 股债平衡策略

股债平衡也就是将一笔金额按一定比例（通常股债比是 2 ：8 至 5 ：5 之间，

当今以 3 ：7 为主流）买入股票型基金，而另外部分则买入债券型基金，每隔一段时间进行检验，当相应比例偏差达到阈值时，采用再平衡策略使股债的比例恢复到原先比例的投资方式。

之所以这个策略备受推崇，是因为债券基金和股票型基金两者的较强对冲作用而非同起同落效应，当股市牛市来时股债比会增加，这时会触发再平衡机制，导致股市中的钱逐步赎回到债市中来维持股债比的不变。反之，如果债券市场牛市来时则会赎回一定的钱到股市中。从本质上来说，这个策略和思哲之前所说的熊市定投、牛市定赎是一个概念。

前面所说的"股债比"主要取决于投资者的激进程度，由于长期来看股市的预期收益率要高于债券收益率，所以增加股市的投资比例会提高不少风险，相应也会获得更高的风险溢价。

景顺长城中证 500ETF 与景顺长城稳定收益 A 股债比为 3 ：7 的平衡收益曲线，如图 5-1 所示，我们可以看出，股债平衡策略相较沪深 300 曲线来说，收益更加稳健，回撤更小。

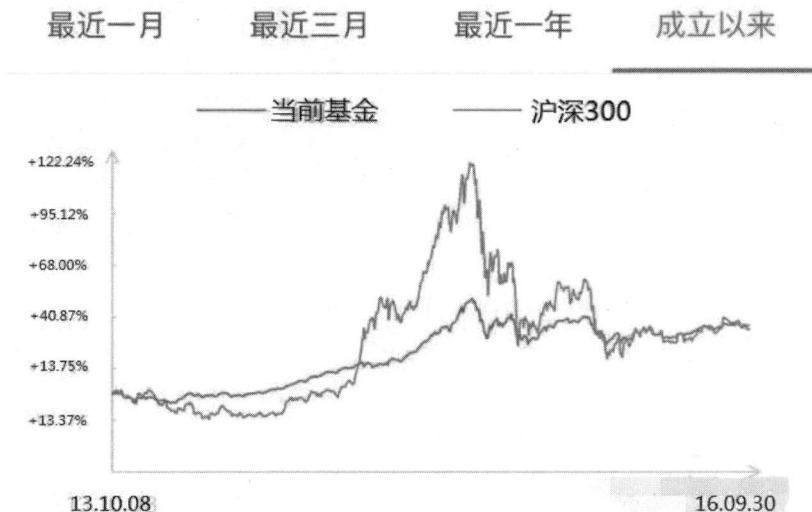

• 图 5-1　景顺长城中证 500ETF 与景顺长城稳定收益 A 股债对比

从 2005 年至今的历史收益回测来看，年化收益为 11%，与当今主流的 P2P 产品的收益率接近，对比 P2P 来说，股债平衡基金不会跑路，没有本金风险，但增加了一些短期波动性风险，由于股债平衡策略的稳健性和较好的收益性，其是目前主流 P2P 的最佳替代产品。

5.1.3　全球化分散投资策略

全球化配置后可以大幅减少单一市场的系统性风险，但收益率可能不会特别高，毕竟全球经济增速已经降下来了。

投资策略说起来容易做起来难，一旦要实践起来投资者往往就束手无策了。那么如何才能更"懒"地实现基金投资的策略呢？某些基金 App 中就有配置好的计划，比如"基金豆"App，它的微笑定投计划很不错，如图 5-2 所示。

• 图 5-2　微笑定投计划

由于不同基金产品的定投收益率相差巨大，而且采取量化策略可以使定投收益更高。结合这两点，"基金豆"推出了一个智能定投功能"微笑定投计划"，该计划通过量化择时和风格轮动策略实现智能定投的功能。

加入此计划的投资者会收到每两周一次的基金投资组合推荐，即两周跟投一笔，每次根据方案选择对应基金买入即可，由于智能定投会根据时点和买入金额进行分析，且在基金方面会综合基金经理的业绩、基金风格和公司管理水平等因素来进行筛选，从而构建一个最优的基金池，达到 30% 收益率的目标后项目退出。

该软件比起其他基金软件来，其界面和功能非常简洁干净，直接打开界面就有关于几个基金智能定投的投资策略，其中就包含了之前思哲所说的股债平衡以及全球分散投资和微笑定投计划等几种策略，通过专业软件买卖可以省去很多自己操作和制订计划的时间，而且由于计划的协议性，更加约束了投资者亏损时放弃的恐惧，实现定投止盈不止损的效果。

其中"稳拿计划"即股债平衡策略，"海投计划"就是全球分散投资配置的策略，"微笑定投"也就是智能定投。"百灵计划"则主要参照"市场热度指数"进行买卖，我们可以将其理解为一款以沪深 300 和债基为标的的量化投资基金。

如果是存量资金，要实现类似P2P稳健收益的目标则更加适合用"稳拿计划"。如果是拿每个月固定工资结余部分去投资，则适合用"微笑定投计划"。如果是大额资金，以追求财富保值为核心目标的人群则更加适合用"基金豆"的"海投计划"，而"百灵计划"则适合有一定存量资金，风险承受能力较高，预期收益较高的人群使用。

5.2 神奇的网格交易法

2019 年，资本市场最热的一种投资策略就是网格交易法，我身边有很多投资者都在用这个策略，甚至有人利用网格交易法实现了年化 50% 以上的收益率。那么网格交易到底好不好，如何操作呢？

5.2.1 网格交易法的本质

网格交易法也可以称为等差数列递增交易法或者等比数列递增交易法，一句话概括就是追跌杀涨，特点是回撤小、风险低。

该方法在震荡市中有着非常好的表现，根据数据统计，A 股过去 80% 的交易时段处于震荡期，而 A 股的特点又恰好是牛短熊长，因此网格交易还是值得一提的。

比如上证红利，如果从 2009 年起投资，那么中途要震荡 5 年才迎来暴涨机会，如图 5-3 所示。

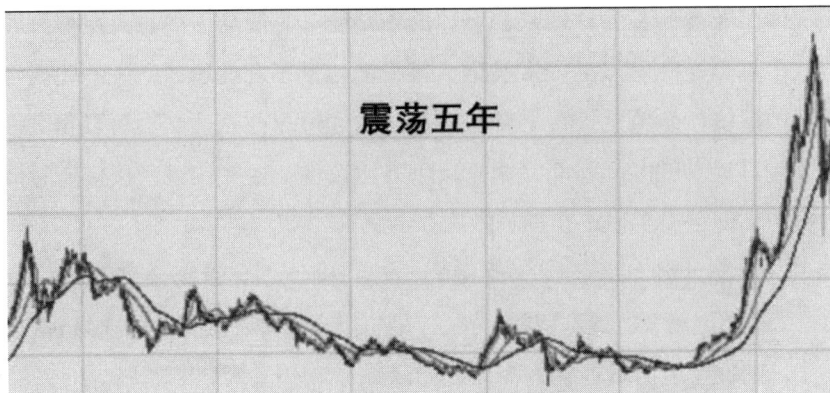

• 图 5-3　上证红利的震荡 5 年

在 2015 年牛市过后，上证红利又开始了长达 4 年的震荡行情，如图 5-4 所示。

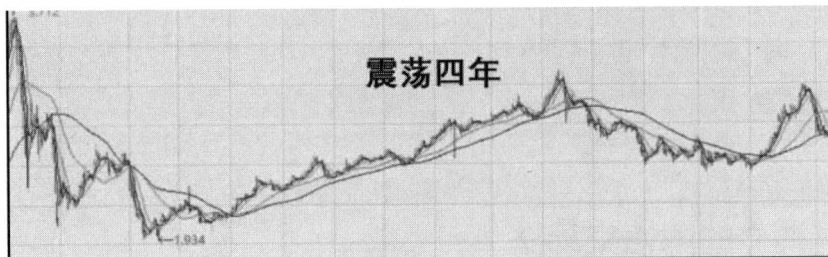

• 图 5-4　上证红利的震荡 4 年

如图 5-5 所示为网格交易法的精髓，网格交易买入时和定投一样，不同的是，网格交易过程中每上涨一格就得卖出一份，就好比定投的同时还要"定赎"，因此网格交易的交易频率比较高，不太适合懒人投资。

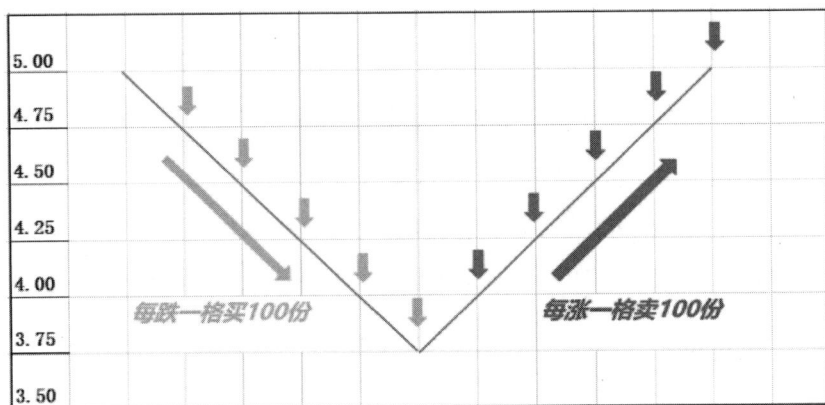

• 图 5-5　网格交易法

网格交易模型具有低位加码、高位减码的特点，因此可以大幅降低投资回撤，且有效提高获得正收益的概率。

5.2.2 网格交易法的操作方法

网格交易的操作攻略分为 5 步：选择标的、建立底仓、设置网格间距密度、确定每格资金量和模拟交易。

1. 选择标的

网格交易最好选择股票账户能交易的标的，因为网格交易要时刻报买单和卖单，以确定价成交，所以场外基金就不是很合适。另外，网格交易还要选择长期上涨确定性高的标的，在单边下行的趋势中任何多头策略都无法盈利。

满足这两个条件最好的标的就是指数 ETF 基金，另外还可以选一些大盘蓝筹股，但我更推荐 ETF，因为指数 ETF 长期上涨确定性比股票更高。

2. 建立底仓

操作网格最好的时机就是熊市，我们首先要建立一个用于网格交易的底仓，其根据市场估值而定，比如现在估值较低则底仓可以达到 40%~60%。

以易方达中证 500ETF 为例，截至 2019 年 5 月，中证 500 的估值处于合理偏低估，假设手头有资金 47 万元，用 25 万元买入收盘价为 5 元的易方达中证 500ETF 5 万份作为底仓，剩余 22 万元暂时不动。

3. 设置网格间距密度

截至 2019 年 5 月，易方达 500ETF 收盘价为 5 元左右，据中证 500 的历史最低点位来看，未来将有 25% 的下跌空间。因此我们设置易方达 500ETF 底部价为 3.75 元，价格间隔为 1.25 元，顶部价则设置为 6.25 元。我们设立上下 5 格，每格等距 0.25 元，建立网格，如图 5-6 所示。

6.25			
6.00			
5.75			
5.50			
5.25			
5.00			
4.75			
4.50			
4.25			
4.00			
3.75			

• 图 5-6　建立网格

4. 确定每格资金量

接下来计算每格的交易量，如果市场单边下跌，那么剩余资金 22 万元可以在收盘价 4.75 元、4.50 元、4.25 元、4.00 元、3.75 元可以各买入 1 万份 ETF。因此我们设置每格交易量为 1 万份 ETF。

5. 模拟交易

先分析第一种情况，市场先上涨，再下跌，如图 5-7 所示。开始先在收盘价为 5.00 元时建仓 5 万份 ETF，如果收盘价从 5.00 元涨到 5.25 元，则抛 1 万份 ETF，并接着挂 5.50 元的 1 万份 ETF 卖单和 5.00 元的 1 万份 ETF 买单。如果收盘价继续涨到 5.50 元，则继续抛 1 万份 ETF，向上挂 5.75 元的卖单，向下挂 5.25 元的买单。后续收盘价一路涨到 6.25 元，于是卖出了所有的网格，随后价格开始下跌，从 6.25 元跌到 6.00 元，于是买入 1 万份 ETF，并挂 6.25 元的卖单和 5.75 元的买单。

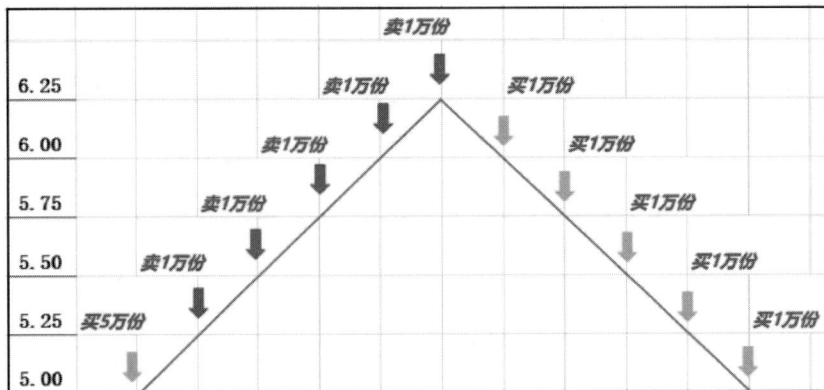

• 图 5-7　第一种市场情形

最终收盘价跌回 5.00 元，累计又买入了 5 万份 ETF，还获得了 5 个格子
（10000×0.25×5=1.25 万元）的利润，如图 5-8 所示为详细交割单。

收盘价	买入份额	持有份额	市值	现金
5.00	50000	**50000**	250000	**220000**
5.25	-10000	40000	210000	272500
5.50	-10000	30000	165000	327500
5.75	-10000	20000	115000	385000
6.00	-10000	10000	60000	445000
6.25	-10000	0	0	507500
6.00	10000	10000	60000	447500
5.75	10000	20000	115000	390000
5.50	10000	30000	165000	335000
5.25	10000	40000	210000	282500
5.00	10000	**50000**	250000	**232500**

• 图 5-8 详细交割单

综上，在持有 ETF 份额不变，且最终收盘价没变的情况下，我们通过网格交
易法获得了 1.25 万元的盈利。

第二种情况，市场先跌，再上涨，如图 5-9 所示。如果市场价先下跌至 3.75
元再反弹到 5.00 元，按照跌买一格，涨卖一格的方法，那么我们依然可以获得 5
个格子 1.25 万元利润。

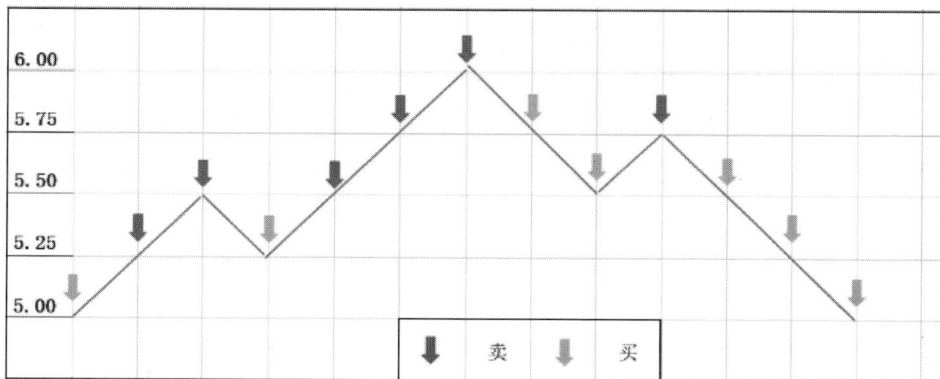

• 图 5-9 第二种市场情形

如图 5-10 所示，交易中总共卖出 6 格，获得 0.25×6=1.5 万元利润。案例中网格交易每卖出一次，便获得一格 2500 元的网格收益。因此从理论上来说，交易频率越高，卖出网格数越多，盈利越高。

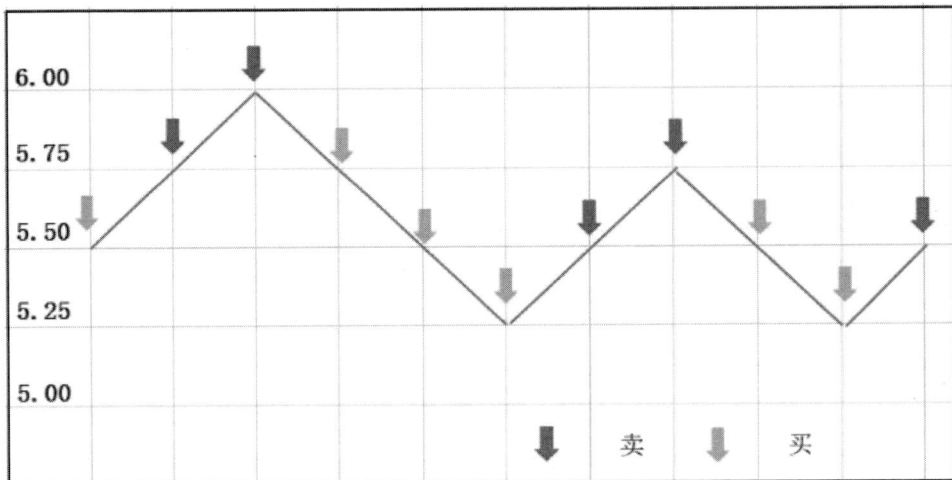

● 图 5-10　计算利润

由于一个指数历史上大部分时间在震荡，这其中要触发数十或上百次网格交易，因此这也给网格交易带来了超高的收益空间，如图 5-11 所示。

不管怎么说，网格交易最基本的要求都建立在长期收盘价至少能持平或者上涨的基础上，因此我们一定要选择长期上涨确定性大的标的进行投资。

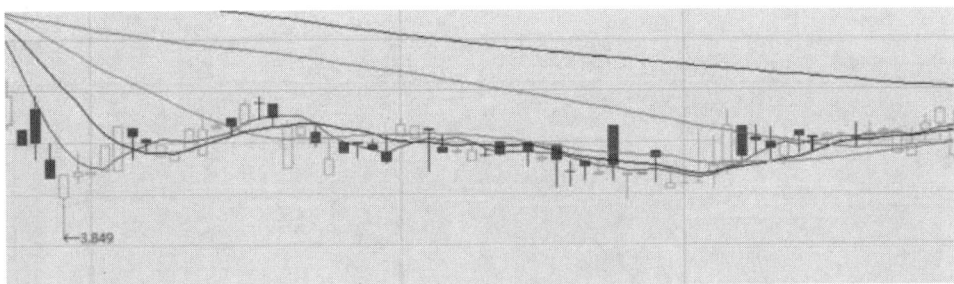

● 图 5-11　中证 500 K 线图

适合做网格交易的标的如下：

（1）宽基指数 ETF

这类指数有中证 500、沪深 300、上证 50、中小板指、创业板指、深证红利、上证红利等。

（2）行业指数 ETF

这类指数有中证消费、医药 300、中证信息技术、中证环保、券商等。

（3）Smart Beta 指数 ETF

这类指数有国信价值、红利低波、500 低波、央视 50、基本面 50 等。

（4）高分红蓝筹股

这类指数有格力、美的、伊利、双汇等。

5.2.3　网格交易法的注意事项

上述案例中的网格交易只是笔者列举的一个最简单的模型，实际上网格交易有无数的变种，比如格子间距可以根据交易频率进行调整，如果从原先的 0.25 下调到 0.1 甚至更低，那么交易频率将大大提高，获利空间也更大，但是我不建议上班族把格子间距做太小，不然根本顾不过来。

另外，网格间距除了等差，还设置成等比，即每上涨或下跌 3%~5% 买卖一格的形式，这样效果更好，但计算也更复杂一些。

在网格交易中一定要学会预估最大跌幅，否则极端行情就很可能会破网，这时能不能稳得住就看个人心态了。

不过我们可以通过同时操作多个网格来避免单网格容易跌破网的尴尬情况，但记得务必要在熊市操作多网格策略，因为在牛市高位操作多网格，可能会全部破网。

阐述了那么多网格交易的优点，并不是说它就是完美的，网格交易缺点也非常明显，即资金利用效率不高，由于是分批建仓，单边牛市肯定跑不过全仓，就和定投一样，可以降低回撤，但要丧失很多的潜在收益。

5.3　如何做存量基金定投

量化投资，也就是定量投资，与定性投资最大的区别在于是否有一个模型。巴菲特因使用定性投资的核心理念而成为股神。

定量投资在西蒙斯的带领下也取得了巨大的成功，著名的文艺复兴科技公司就是用定量投资方法在过去的 20 年内取得了每年 40% 的净收益，而这 40% 的净收益还扣除了 5% 的基础管理费和 40% 的业绩费，可见其巨大的盈利能力。

定量投资的优点在于只根据模型来判断标的是否被低估，即"不以物喜，不以己悲"，一切向数据看齐。

下面介绍的是一种简单的定量投资方法，笔者个人称之为"存量基金定投投资法"，为什么要讲这种投资方法？因为在笔者所见所闻中，经常会发生这种情况：刚炒股的投资者得知隔壁老王炒股赚了不少钱，对方推荐了一只股票，投资者随便观察了一段时间便一拍脑袋全仓杀入了，或者投资者觉得某只股票与互联网高科技挂钩很有前景就大肆买进，结果常是追涨杀跌，亏损惨重。

这种不具备任何风险防范意识的理财观念是非常可怕的，对于股市这种老百姓很难从中赚到钱的地方，我更推荐投资新手运用这种投资手法来降低风险，提高收益。

"存量基金定投投资法"与基金定投的核心理念一样，也是以低位加码买入、高位减码买入来降低持仓成本为核心。接下来讲解如何在波动股市中通过一套基本模型来低价位获取基金份额。

这里重点声明，存量资金的基金定投是一种中长期投机手法，购买的是场内型的指数型基金，例如嘉实 300（160106），相比布局 5 年以上的长远型基金定投，风险更高，预期收益也更高，后文提供的模型仅供参考。

存量资金的基金定投法主要分为如下几个流程：

（1）选择一个场内货币基金作为资金账户。

（2）确定投资股市资金的比例。

（3）确定投资标的。

（4）计算定投基数。

（5）根据模型计算实际投资额。

（6）根据盈利情况决定持有还是部分卖。

（7）制定一个投资日志，坚持履行下去。

5.3.1 选择场内基金账户

由于这种投资法是将资金分批入市的，尚未进行布局的资金闲置在账户中必定是一种浪费，笔者建议把钱先投入灵活的货币基金中，最好选择场内的指数基金作为投资标的。

因为选择场内的货币基金作为资金账户可以随买随卖，实现资金标的的快速转换，比如近来表现优异的货基汇添富收益快线货币 B。

5.3.2　确定投资的标的

指数型基金跟踪的指数也分为很多种，对于国内指数笔者主要推荐沪深 300 指数，其跟踪 A 股 300 只最具行业代表性的股票走势，其市值就占 A 股总市值的 60%，所以走势与上证指数十分接近。

当然，选择中证 500 也可以。有精力的投资者还可以配置跟踪恒生指数的基金或标普 500 的基金。

美国是世界上最大的资本市场，且近来经济有复苏之势，可以在定投的比例上将沪深 300、恒生指数和标普 500 上各分配 60%、20% 和 20%，用以规避单一市场中的阶段性风险以及系统性风险。

5.3.3　计算定投的基数

定投基数就是指投资者每次投资的标准金额，也就是在正常估值点位区间的投资标准金额，常规的资金布局时间应为 2 年，即 24 个月。

如果你每月投一次，那么定投基数 = 总资金量 /24；如果你按周投资，那么定投基金 = 总资金量 /96。

假设投资者拥有 24 万元准备投资股市，总资金量 24 万元除以 24，即每份资金为 1 万元，这 1 万元即为定投基数。假设按周投资，即总资金量 24 万元除以 96，每份 2500 元即为定投基数。

注意：由于股市购买 ETF 基金交易费为 2.5‰，收费起点为 5 元，所以每次交易金额最少在 2000 元才不吃亏，如果按周投资每次只投几百元，那么建议还是选择按月投资。

5.3.4　计算每次实际投资额

为什么刚刚引出一个定投基数的概念，而不称其为每次投资额呢？因为我们要根据上证点位的高低来决定我们该买入多少份额。

举例：假如你选择沪深300指数按月投，如果你这个月定投时上证点位为3150点，如表5-1所示，那么这次你就应该投资定投基数的95%，也就是1×0.95=0.95万元，如果下个月上证指数跌到了2750点，参照表格，这时你的投资额应为1×1.3=1.3万元。

表5-1（1）　上证点数与投资比例

上证点数	2000	2000	2100	2200	2300	2400
	↓	2100	2200	2300	2400	2500
定投基数每次投资比例	200% 加杠杆	200%	190%	180%	170%	160%

表5-1（2）　上证点数与投资比例（续1）

上证点数	2500	2600	2700	2800	2900	3000
	2600	2700	2800	2900	3000	3100
定投基数每次投资比例	150%	140%	130%	120%	110%	100%

表5-1（3）　上证点数与投资比例（续2）

上证点数	3100	3200	3300	3400	3500	3600	3700
	3200	3300	3400	3500	3600	3700	3800
定投基数每次投资比例	95%	90%	85%	80%	75%	70%	65%

表5-1（4）　上证点数与投资比例（续3）

上证点数	3800	3900	4000	4100	4200	4300	4400
	3900	4000	4100	4200	4300	4400	4500
定投基数每次投资比例	60%	50%	40%	30%	20%	10%	0%

5.3.5　根据盈利情况进行操作

由于我们坚持的是越跌越投、寻找价值洼地的理念，存量资金的基金定投法只止盈，而不止损。对于存量布局期间出现浮盈的情况，我建议每当资金账户出现20%浮盈时将账户内20%的基金卖出并转入之前的货币基金账户内，之后继续进行定投，俗称"割韭菜"。

每次浮盈 20% 卖出也是为了规避风险，举例来讲，你在 2007 年 3000 点时开始定投，如果你一直买，那么会涨到 4000 点乃至 5000 点、6000 点，但如果你不卖，则风险会不断增加。

当 2008 年之后跌到 2000 点时你想卖出都没有机会了，而如果你选择每上涨 20% 就将利润部分卖出转入货币基金的账户中；如果你的定投布局处在点位不断高涨的牛市，那么你数次的收割可以使你提前获利了结，避开你处在牛市高位暴跌的风险；如果在震荡市，就是一次低吸高抛的短线操作。

5.3.6　制定一个投资日志

投资者在投资过程中需要养成一个良好的习惯，比如制定投资日志，时时刻刻关注自己的成本和投资金额变化。

1. 制定投资日志

投资者可以选择一周投两次，即每周三和周五，如图 5-12 所示。当然，投资者也可以选择一个月投一次或者一周投一次（需要说明的是，由于场内买入指数基金必须为 100 份的整数倍，所以具体投资金额只能取近似值，图中的具体投资金额并不是整百的）。

嘉实沪深300ETF（160106）联接基金定投日志							
投资时间（每周三和周五）	成本	平均成本	买入份额（每次2000元）	投资金额	持有总份额（总金额20W）	当前市值	当前盈亏
2016.3.1	0.82	0.82	3200	2624	3200	2624	0%
3.3	0.85	0.83	2800	2380	6000	5100	1.92%
3.8	0.86	0.86	2800	2408	8800	7564	2.05%
3.1	xxx	xxx	xxx	xxx	xxx	xxx	xxx
3.15	xxx	xxx	xxx	xxx	xxx	xxx	xxx
3.17	xxx	xxx	xxx	xxx	xxx	xxx	xxx
3.22	xxx	xxx	xxx	xxx	xxx	xxx	xxx

• 图 5-12　投资日志

每次投完后记录一下自己的投资记录，相关记录在自己所用的交易软件中，如同花顺或东方财富等，直接抄下即可。

投资记录重点关注的是自己的平均成本以及当前盈亏，当盈利达到 20% 以上时就立即割 20% 收益，绝不手软。通常只要坚持按照上证点位比例投资表进行投资，投资成本就会越来越低。

关于资金布局期限的问题，存量资金布局时间是指你这笔投资的钱要花多少时间全部进入股市，之前笔者说的是 24 个月建仓，但具体结合到定投比例表后，时间并不一定是 24 个月。

当上证点位越低时，每次投资金额会更多，在总资金量间隔时间都不变的情况下，布局速度会变快；当上证点位处于高位时，布局速度则会下降。具体可以看后面的实例。

2. 历史模拟

假设投资者持有 24 万元资金准备进行基金建仓，以 1 万元每月为定投基数，按照上证点位投资比例进行投资，这里取 3 段时间进行模拟交易。由于时间缘故，这里不计算盈利 20% 与卖 20% 的情形，卖出条件是：定投持有到估值点位时假如持仓成本低于估值点位，且实现盈利 30% 以上时全部卖出（详算数据由于篇幅限制略过）。

（1）2008 年 1 月 4383 点

定投开始于 4383 点，当上证指数为 3412 点时全部卖出，布局时间为 18 个月（每月投一次），投入资金 22.8 万元，卖出时 35.8 万元，平均持仓成本 2276 点，盈利 49.9%，如图 5-13 所示。

● 图 5-13　第一段时间

（2）2007 年 4 月 3841 点

定投于 3841 点，3412 点卖出，布局时间为 26 个月（每月投一次），投入资金 22.6 万元，卖出时 32.74 万元，平均持仓成本 2354 点，盈利 44.9%，如图 5-14 所示。

• 图 5-14　第二段时间

（3）2012 年 12 月 2269 点

定投于 2269 点，3234 点卖出，布局时间为 12 个月（每月投一次），投入资金 23.1 万元，卖出时 34.4 万元，平均持仓成本 2173 点，从 2012 年 12 月 2269 点开始至 2014 年 12 月 3234 点卖出，盈利 48.8%，如图 5-15 所示。

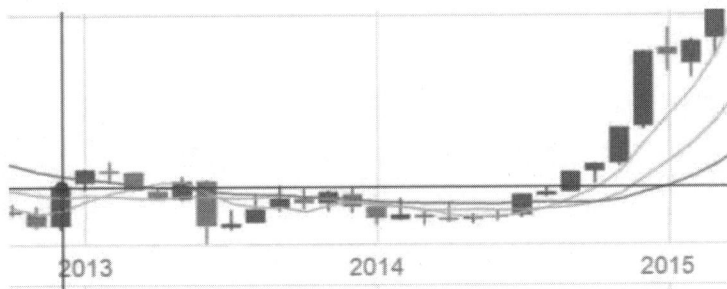

• 图 5-15　第三段时间

同样的 23 万元，第二段时间的布局时间达 26 个月，第三段时间却用了仅仅 12 个月。当上证点位处于低位时，由于低位加码投资效应，资金会很快用完，布局时间会明显缩短，而当上证点位处于高位时，由于高价减码，布局时间则会增长。

那么这种方法综合下来会有哪几种情形？我们来分析一下以下几种情况的可能性：

（1）布局时间内投资点位区间全部处于单边震荡向下的熊市

遇到这种情况非常不幸，你的资金全部布局完了还是没能出现盈利，如果此时你因为要用钱决定赎回且从此不再碰股市，那么你的亏损可就大了。

因为当出现这种情况时你必然已在长时间内以低位吸入了大量基金份额，此时你应该计算你的平均持仓成本，只要你的持仓成本很低，处在历史低位，那么你应该做的就是 "没钱了就放着，有钱了就继续买入"，市场不可能永远处于被低估的水平。

（2）布局时间内投资点位区间处于波峰或波谷

如果遇见了波峰，也就是先上涨后下跌的情形，那么你前期持续的盈利肯定会不断地触发你割韭菜的行为，这时你的持仓份额可能会略有下降，而在下跌过程中点位不断下降，又开始将之前的卖出份额转到货币基金账户的资金，又开始继续买入；波谷同理可得。理论上来讲，波谷投资（先下跌后上涨）是性价比、相对收益最高的。

（3）布局时间内投资点位区间全部处于单边震荡向上的牛市

如果股市不断上涨那么投资者永远是开心的，但存量资金定投的投资者在这种情形下却不能跑赢大盘，因为自身还有很多资金在货币资金账户中没能入场，但有舍必有得，降低了风险，必然会在一定程度上损失高收益的可能性。

（4）布局时间内投资点位震荡波动，半死不活

在震荡波动的股市中，如果波幅大，则由于低位加码、高位减码的理念，对投资者而言是福音。如果波幅小，则整体收益水平会较低。

需要补充的是，关于上证指数与定投比例表格的问题，本节只针对现在上证指数 14 倍 PE 值做出的合理估值是在上证 3000 点，由于中国经济的不断发展，合理的估值点位肯定会不断上浮，建议根据中国 GDP 年增长率同步上调（详查国家统计局），可以在每次资金布局完毕后调整一次（通常是 1~2 年）。

还有一点需要特别说明，当采用上述投资策略时会出现一个问题，比如遇到 2006 年从 1100 点直接一条线冲到 6100 点的情况，这时由于我们的投资策略的缘故，投资收益率会大不如那些在全仓享受牛市的投资者，且由于根据估值点位理论，2006 年的上证合理点位应在 1500 点左右。

因此，当估值超过 150%，也就是估值在 2250 点以上时，我们已经完全离场了，对于 2250 点以上的投机收益，我们并不能享受到，这也是作为一个理性投资者所必须承受的机会损失。但如果你坚持采用了笔者的投资方法，那么从长远来看，你能在这个股市大赌场中战胜 80% 以上的散户。

总而言之，任何一种投资方式都不是稳盈的，即使笔者分享了如此清晰明确的投资方法给大家，仍要奉劝一句："投资需谨慎。"

5.4 如何低风险进行投资

很多投资者手头上有一笔资金，想投资指数基金，却又不想承担太高风险，如何做到？下面我们来具体分析。

5.4.1 选好标的

具体该定投什么呢？可以根据笔者推荐的绿色指数进行定投，也可以自己定投其他指数。

一般宽基类指数在 2~4 只之间即可，太多了其实是累赘，很多是相互重叠的。比如，上证红利与中证红利、恒生国企与上证 50、沪深 300 与上证 180。这些指数的关联度基本都在 80% 以上，所以就不要重复投资了。

笔者认为比较好的一个宽基指数基金组合是沪深 300+ 中证 500+ 上证红利或中证红利，仅供参考。

5.4.2 建好底仓

底仓是指在定投前先将一部分存量资金一次性投资的基础仓位。有了底仓，我们既不会在牛市踏空，又可以在熊市通过结余资金定投来摊低成本。

如果现在定投的指数为低估值，那么我建议一次性建立 30% 的底仓，剩余资金分成 24 批每月定投。

如果现在定投的指数在估值表中为合理估值，那么我建议不配置底仓，总资金分成 24 批每月定投。

如果现在定投的指数为高估值，那么我不建议配置底仓，同时也不建议继续定投。

5.4.3　分批定投

把存量资金配置好 30% 的底仓之后，剩下的资金可以开始分批定投了。

至于为什么不一次性投资低估值指数，而是将剩下的 70% 资金用于分批定投，主要有如下几个原因：

（1）如果市场继续下跌，定投会比直接投资更有优势，那么可以在后续下跌的过程中以更低的成本积攒筹码。

（2）如果市场横盘卧倒，那么这时我们可以分批资金投资，比如创新型银行存款这类活期 4.4% 左右的理财，或者投资年化 8%~10% 的 P2P，这中间我们赚取了资金的时间收益。

（3）如果市场上涨，虽然我们会一部分踏空，但由于配置了底仓，那么依然可以获得不错的超额收益。

5.4.4　设置止盈

止盈的设置有很多种方法，有年化收益止盈、回撤止盈、累计收益率止盈等，其中最简单易行的是累计收益率止盈法。

定投时间为一年以上，两年以内，市值 / 本金 =120% 止盈；两年以上，三年以内，市值 / 本金 =130% 止盈；三年以上，四年以内，市值 / 本金 =140% 止盈……以此类推，每增加一年，目标收益率增加 10%，一旦满足目标收益率，就立即卖出。

这时有的投资者会有疑问，一笔存量资金只有 24 个月定投，如果资金都用光了还没止盈怎么办？这时我们可以拿自身工资的一部分资金继续做定投，只要股市回暖，迟早会触发止盈的。

5.4.5 资金配置

1. 如何配置资金

一旦止盈之后，就会有大量的资金退出，这时我们可以根据市场估值情况继续重复前文 5.4.1~5.4.3 节的操作。具体流程为"确定指数估值、配置底仓、分批定投、止盈、确定指数估值、配置底仓、分批定投……"的循环。

既然指数进入高估值就要停止定投，而指数基金达到目标收益率又要止盈，那么两者是否冲突？其实并不冲突。因为指数从低估值或者合理估值变成高估值之前，基本会达到目标收益率触发止盈，但也存在没达到目标收益率就变为高估值的情况，这时我们应该停止定投，在继续持有达到目标收益率再进行止盈。

2. 实例

小明有 12 万元资金，打算布局沪深 300 指数 + 中证 500 的定投，目前中证 500 与沪深 300 处于低估值状态。因此小明先一次性投资 1.8 万元沪深 300 和 1.8 万元中证 500，将剩下的 8.4 万元分成每月 3500 元共 24 个月来分别定投沪深 300 和中证 500。

假设在定投的第 22 个月，中证 500 投入了 18000+22×1750=56500 元，而此时中证 500 市值达到 67800 元，市值 / 本金达到 120%，则触发止盈，重新布局。但沪深 300 未触发止盈，继续定投。

总结下来，这种先建立底仓，再分批定投的方法，属于典型的进可攻、退可守方案，但因为布局的是股市，投资风险依然是不可避免的。因此在准备将存量资金投资这类基金之前，至少要做好 3 年以上不用这笔资金的打算。

最后送投资者一句话：做好科学的投资计划并坚持执行，剩下的就交给市场。

5.5 普通白领如何做投资

有这么一篇文章写道：一个月薪 5 万元的北京 CBD 白领还不起 3000 元信用卡，去和朋友借钱周转，不是因为他没有钱，而是因为乱投资，资金混乱。

可见擅长投资的人不一定能做好资产配置。学会理财规划，不管是月薪 6000

元还是年入百万元，都是一个必学技能。

那么月薪 6000 元的人如何理财呢？笔者归纳了一下，主要分为保障、保本、保值和增值 4 个板块，下面一一详解。

5.5.1　拿 10% 的钱来做保障

如果没有保险，那么理财的钱随时都会被病魔和意外事故掏空，所以投资理财的第一步毫无例外是先配置保险。

一个齐全的保障方案至少包含重疾险 + 医疗险 + 意外险，再酌情考虑寿险。至于这几个保险为什么要配置，主要有如下四大理由。

（1）百万医疗险：一场重大疾病的治疗至少要花费数十万元医疗费，但是老百姓大病医保额度基本在 10 万元以内，可能无法完全覆盖医疗费用支出，因此需要配置一个百万医疗险。

（2）重疾险：罹患一场重大疾病至少 3~5 年不能再工作，且花费至少 10 万元以上的疗养费，因此成年人购买重疾险主要是用于抵抗 3~5 年不能工作带来的收入损失和疗养费损失，保额一般也是年收入的 3~5 倍。

由于男性在 60 岁之后面临退休，这时有养老金作为收入补充，因此重疾保障年龄在 70 岁以内足够。

（3）意外险：意外身故或者身残，会给家庭带来沉重的负担，所以意外险也是人人必备的保险之一。意外险价格低廉，额度最好在年收入的 5~10 倍。

（4）寿险：有的人买房后身背几十万或上百万元的按揭，怕身故后给家人造成负担，因此需要购买寿险。寿险价格不到重疾的 1/2，是用于增加保额的最好方式。

寿险保额要能够覆盖自身的负债，当然也有的人可能预算有限，没有资金来购买寿险，因此也可以购买带有身故赔付的重疾险。

5.5.2　拿 20% 的钱来做保本

不管投资收益率多么高，我都会拿出一笔资金放在安全、流动性好的资产中，作为储备账户。

一般我的做法是将资金放在创新型银行存款中，比如京东金融富民宝可以享受 4.4% 左右的活期收益，而且由于存款保险制度，这笔钱 50 万元以内是绝对保本的。当然这笔钱也可以用货币基金代替，但是收益性差。

除了富民宝，还有京东的"今日系列"产品，以及百度的智惠存等，都属于创新型银行存款。

5.5.3　拿 30% 的钱来做保值

稳健增值，即长期持有收益率不低于通货膨胀率的理财。最典型的就是债券、P2P、银行理财、保险理财等产品，其中收益较高的就是 P2P 履约保证保险，在承担相对低的风险下，可以做到年化 8% 左右的收益率。

在投资履约险 P2P 前务必要搞清楚：你的钱是借给那些需要更高利息的次级贷款人，他们随时可能不还款。为了防止他们不还款，所以选择 P2P 履约保证保险，当借款人不还款时，由保险公司来偿付你的本金。

其中，要注意如下两点：

1. 保险公司综合偿付率要够高

比如天安财险之前和米缸金融的合作，就因为天安财险的综合偿付率只有 122%，低于 150% 的要求，导致业务被叫停，原先合作的 P2P 公司产品可能就没有履约险了。

2. 投保人是借款人，受益人是出借人

有的履约险平台是自己作为投保人，但受益人是平台。如果平台跑路了，那么借款人的钱也是还给平台，而不是给出借人，采用这种模式的平台典型是黄河金融。

有的履约险是平台作为投保人，被保险人是被保人，比如米缸金融便是采用这种模式，但这种模式存在一些问题，前段时间米缸被爆出债转出现问题，保险公司和米缸互相踢皮球，这样也会严重影响理赔的进度。

所以最好选择借款人为受益人，出借人为投保人的履约险，这样明确责任归属后，风险相对更低，目前采用这种模式的主要是小赢理财、陆金服、宜人贷、厚本金融等。

另外，由于履约保证保险多半到期后需要通过债权转让退出，在极端情况下可能面临债转不出去的风险，那么此时就可能需要将底层 2~3 年的债权持有到期，所以同等收益下，尽量考虑流动性好的大平台。目前市面上主流的履约险平台产品如图 5-16 所示。

履约险P2P	承保产品	期限	利率	保险公司	保险公司综合偿付率
陆金服	慧盈-安e+	36个月	8.4%	平安产险	241%
宜人财富	12月期PICC自助投标服务	12月	6.8%	人保财险	293%
小赢理财	优质网贷众安保险专区	3月	5.8%	众安保险	1135%
玖富普惠	保贝出借标	12月	8.0%	太平财险/人保财险	219%/293%
厚本金融	厚保宝	12个月	8.4%	中华财险	285%

• 图 5-16　目前市面上主流的履约险平台产品

5.5.4　拿 40% 的钱来做增值

目前最适合投资新人，且长期来看大概率能赚钱的投资方式，只有一种——指数基金。

听到指数基金别觉得不行，世界最大的桥水基金公司产品持仓前十名全部为指数基金，可见指数基金有多么受投资者青睐。

对理财新人而言，我们无法判断单只股票有没有跌到底部，又想投资权益类市场，最好的方法就是投资宽基指数，因为它是跟随国家经济发展的，不会退市，股市涨就跟着涨。

投资指数基金的长期收益是非常可观的，即使在现在股市行情如此糟糕的情况下，近十年投资沪深 300 的年化收益率依然有 7%，中证 500 的年化收益率则有 12.1%，两者在 2015 年牛市卖出更是能获得 20% 以上的年化收益率。

具体怎么投资呢？目前最主流的组合是中证 500+ 沪深 300 的 6 ：4 组合。

选择中证 500+ 沪深 300 可以涵盖市场上 80% 的 A 股市值，代表性极强。但目前中证 500 估值更低，因此建议选择 6 ：4 的比例。至于具体的基金选择，这里列举几只跟踪得比较好的基金，如图 5-17 所示。

指数基金			
沪深300		中证500	
名称	代码	名称	代码
景顺长城沪深300	000311	富国中证500	161017
兴全沪深300	163407	建信中证500	000478
天弘沪深300	000961	天弘中证500	000962

• 图 5-17 跟踪沪深 300 与中证 500 的部分指数基金

5.5.5 每月结余资金的投资

假设每月工资是 6000 元，每月结余是 3000 元，那么要如何做投资？

1. 建立工资定投计划

关于定投的原理，其实就好比买大米。大米价格为 1 元每斤的时候，10 元能买 10 斤，但价格为 10 元每斤的时候只能买 1 斤。低位时买入量是高位的 10 倍，结果我花 20 元钱，就买到了 11 斤大米，价格约为 1.8 元每斤。当价格回到 10 元每斤时，我的盈利是 400%，价格跌到 1 元每斤时，亏损是 44%。所以在大米低价时，要赶紧囤；高价时，就少买点。

为什么近两年大家定投没有赚钱？因为市场在探底，一直在 2500~3000 点之间箱体震荡，所以这是一个囤货的好时机，低谷持续的时间越长，我们积累的份额就越多，待股指回暖时，盈利也越多。

为了保证较高的年化收益率，通常我们的目标收益率是递增的，一般前两年目标收益率为 20%，从第二年开始，每增加一年增加 10%，第三年为 30%，第四年为 40%，以此逐步递增，一旦达到止盈点，就立即卖出，重新开始定投。

2. 备用账户

基金定投后剩下的结余工资，我推荐大家放入保本的账户中。这部分资金会随着时间逐渐增长，一旦达到一定数量，就一次性转移出来。如果股市处于估值底部，则配置权益类资产；如果股市处于估值高位，则配置固定收益类资产。

一个比较合理的存量资金分配占比为保险保障：活期：固收：权益类 = 1：2：3：4。我们也可以根据自身风险偏好进行调整，不过不管如何，将鸡蛋在每个篮子里都得放一些。

那些自诩懂股市、加杠杆全仓炒股的，那些自诩不踩雷、加杠杆投资 P2P 的，等等。大部分是血亏。

最后，我建议大家给自己做一张 Excel 表格，梳理一下自己的资产配置占比，看看是否已经失衡。

第6章

买卖实战：看清指数基金交易技巧

前面几章都是广泛而又精细地讲解笔者的交易技巧和方法。南宋诗人陆游曾写过："纸上得来终觉浅，绝知此事要躬行。"指数基金交易也是一样，本章讲解的如何开户购买指数基金，以及如何认购、申购或赎回指数基金等实操技巧都需要投资者亲自实践。

6.1 了解基金的购买渠道

指数基金的购买方式一般包括银行柜台交易、基金公司直销和证券公司代销3种，并且每种方式都有其相应的特点，投资者可以根据自身的具体情况选择合适的基金购买方法。

购买指数基金分为场内渠道购买和场外渠道申购，其中通过银行柜台交易、基金公司直销申购指数基金属于场外渠道申购，通过证券公司代销购买指数基金属于场内渠道购买。下面具体分析这3种常见的指数基金购买渠道。

6.1.1 银行柜台交易

银行柜台交易的优点是银行的服务网点众多，投资者购买方便，并且银行在人们心目中的信誉非常好，直到现在，仍然有投资者认为去银行购买基金踏实、放心。银行是基金销售的最主要渠道，曾经一度占到90%以上的比例。

另外，银行还会同时与多家基金公司合作，代销多种基金产品，如果投资者想要多买几只指数基金做组合投资，那么在银行购买显然比较便利。但是，银行柜台交易的主要缺点体现在如下3个方面：

（1）银行代销的基金品种不多，银行不同，其所代销的基金品种也千差万别。投资者要购买多只不同种类的指数基金，有时很难在一家银行办理妥当。

（2）一般来说，银行只代销一家基金公司旗下的部分基金，投资者以后如果需要办理指数基金转换等业务就会很麻烦。

（3）投资者通过银行购买指数基金，一般来说不能获得申购费的优惠。

6.1.2 基金公司直销

基金公司直销分为两种，分别是基金公司柜台直销和基金公司官网直销。柜台直销是一个传统的销售渠道，以服务 VIP 客户为主，由专业的服务人员提供咨询服务，而且可以获得费率上的优惠和折扣。其缺点是网点很少，且门槛较高，不适合中小投资者。

随着网络的普及，大部分基金公司已开设网上直销服务。网上直销指数基金的优点具体如下：

（1）网上直销只需绑定一张银行卡即可，不受地域和时间（提供 7×24 小时服务）的限制，十分方便。

（2）大部分基金公司的网上直销有费率优惠。

（3）能极大地节省基金公司与代销渠道之间资金流动的时间，投资者赎回指数基金后，其资金可以更加快速地到账。

其缺点如下：

（1）基金公司不同，所要求的结算卡也不尽相同。具体来说，使用建行卡的投资者可以购买华夏旗下的指数基金，但是不能购买广发旗下的指数基金，使用广发卡的投资者可以购买广发旗下的指数基金，但是不能购买上投摩根旗下的指数基金。因此，如果投资者购买多只指数基金，则通常需要办理不同的银行卡，这对投资者来说很不方便。

（2）投资者在不同的基金公司购买基金，最麻烦的是需要在每家基金公司的官网上开户、交易。当投资者要买的指数基金比较多且涉及多家基金公司时，相对证券公司的交易系统，操作是比较费时的。

（3）需要支付银联转账费用。

（4）还有一些基金公司尚未开通网上直销业务，而且并不是所有的基金公司直销都有费率优惠。

6.1.3 证券公司代销

一些证券公司会和某些基金公司进行合作，代销一部分基金产品，如果是股民转投指数基金，那么这种投资方式非常适合他们。普通投资者可持身份证到证券公司开户，开户时需要办理与该证券公司合作的相关银行的银行卡。其优点如下：

（1）一般来说，大型券商代销的基金品种多，数量也多，如国泰君安、银河证券等，指数基金投资者可以通过券商的官方 App 或者官网交易系统，在统一的操作界面下进行指数基金买卖，十分方便。

（2）通过券商购买指数基金可以获得一定的申购费费率优惠。

同时，证券公司代销也存在如下缺点：

（1）相比银行和基金公司，券商对基金这块业务没有那么熟悉，其服务人员普遍缺乏专业知识，投资者获得的基金咨询服务可能不够好。

（2）券商代销渠道有自己的官方 App，其主要缺点在于网点比较少。

（3）有些证券营业部的客户经理不知道变通，从而以固化的股票操作思维误导刚入门的投资者，比如，经常有证券营业部的人员劝导投资者购买净值低的"便宜"指数基金。

6.1.4　选择合适的购买方式

在指数基金的购买方式上，不同的投资者要根据自身情况选择不同的指数基金购买渠道，具体来说包括如下几点：

（1）对有较浅专业能力（包括能对基金产品分析、有条件上网办理业务）的投资者来说，基金公司直销是不错的选择。投资者只要精力足够，就可以通过产品分析比较以及网上交易自己进行基金的投资管理。

（2）对白领阶层或领工薪的上班族来说，证券公司网点的便捷管理更适合他们，只需要一个账户就能实现多重投资产品的管理，利用网上交易或者电话委托进行操作，辅助以证券公司的专业化建议来提高指数基金投资收益水平。

（3）对中老年投资者或者比较保守的投资者来说，他们更信任银行网点及身边的证券公司网点方式，可以利用银行网点众多的便利性完成基金投资，或者依靠证券公司客户经理的建议通过柜台等方式选择合适的指数基金购买。

6.2　开设属于你的基金账户

前文已经提到过，投资者在进行买卖指数基金之前，需要办理基金开户手续，即要开设基金账户和交易账户。

6.2.1 开设基金账户

在银行、基金公司和证券公司开设基金账户的方法如下：

（1）在银行开设基金账户很简单，投资者只需办理一个银行后期存折，带上身份证，需要购买哪个基金公司的基金就开相应的基金账户即可。投资者在开户的同时可以开通网上银行和电话银行业务，便于在家自行操作，不必每次都去银行。

（2）在基金公司开设基金账户也很简单，投资者首先需要带上身份证到银行办银行卡，同时开通网上银行服务，然后在有关基金公司的网站上开通基金账户，即可进行买卖。

如果投资者以前已经在银行或证券公司开立过基金账户，那么此时无须再开设新的基金账户，直接使用旧的即可。

（3）在证券公司开设基金账户相对来说比较复杂，因为其需要先开设资金账户，再开设基金账户。对股民来说比较简单，因为在炒股的时候就已经开设了资金账户，现在只需要开设某个基金公司的基金账户。对仅仅是基民的投资者来说就需要先开设资金账户（在银行办理），然后到证券公司开设基金账户。

6.2.2 开设交易账户

交易账户是销售机构为投资者开立的，用于记录投资者通过该销售机构办理基金交易所引起的基金份额的变动及结余情况的账户。

一个投资者在一家基金管理公司只有一个基金账户，但是可以有多个交易账户。例如，在农行开一个，在某证券公司开一个，两个交易账户都可以进行买卖交易，也可以将基金从一个交易账户转到另一交易账户，也就是转托管。

基金账户和交易账户是一对多的关系，一个投资者在银行只有一个交易账户，但是可以买多个基金公司的基金，这时是一个交易账户对多个基金账户。

6.2.3 开设基金账户的方法

下面介绍指数基金开户的一般流程，以及开户时需要提供的资料。

1. 指数基金的开户流程

因为指数基金属于开放基金，所以它有如下两种开户的方式。

第一，直销柜台开户。投资者首先填写"开放式基金账户申请表"，并提供有效身份证明复印件、同名银行存折，然后传真或者邮寄到直销中心，通过基金公司客服查询基金账号或寄送基金开户交易确认单。

第二，网点柜台开户。投资者首先填写"开放式基金账户申请表"，然后将填好的表格和有效证件提交柜台业务人员，客户自行设置交易密码和查询密码，接着柜台人员回复"开户受理回执"，最后客户于 T+2 日可以通过电话、网络或者前往代销网点查询申请确认结果。

2. 开户需要提供的资料

在柜台开户需要提供的资料根据投资主体的不同可分为如下两种情况。如果是个人开户，则需要持本人有效证件的原件（包括居民身份证、警官证、军官证、士兵证及护照等），以及本人银行卡或者存折。

如果是机构进行开户，除了提供经办人的有效身份证原件及复印件，还需要提供法人代表的身份证复印件、法人授权书 "开放式基金账户申请表"（填写并加盖公司公章和法人代表章）、营业执照或者注册登记证原件及复印件，指定银行账户的"开户许可证"或者"开立银行账户申请表"原件以及复印件等资料。

6.3 选择合适的指数基金品种

俗话说："正确的选择是成功的前提。"指数基金的品种很多，投资者要想正确地选择指数基金，必须了解指数基金的选择原则和依据，掌握基金公司的选择，以及如何选择适合自己的投资方法等。

6.3.1 选择指数基金的原因

如今投资指数基金，投资者通常都是在网上进行的，与传统的投资方式相比，网上投资一般有三大优势，如图 6-1 所示。

快捷的一站式投资服务	在网上投资指数基金，投资者只需要去银行办理具有网银功能的银行卡，就可以在线申请基金账户，甚至可以在网上银行完成基金的投资。
全天候随时交易	在网上投资指数基金，可以24小时随时进行交易，不会错过最佳的买卖时机。
投资成本更低	在网上投资基金，省去了很多交易步骤，证券公司的经营成本也更低，所以不管是购买还是赎回，其费用都会比传统的交易方式更低。

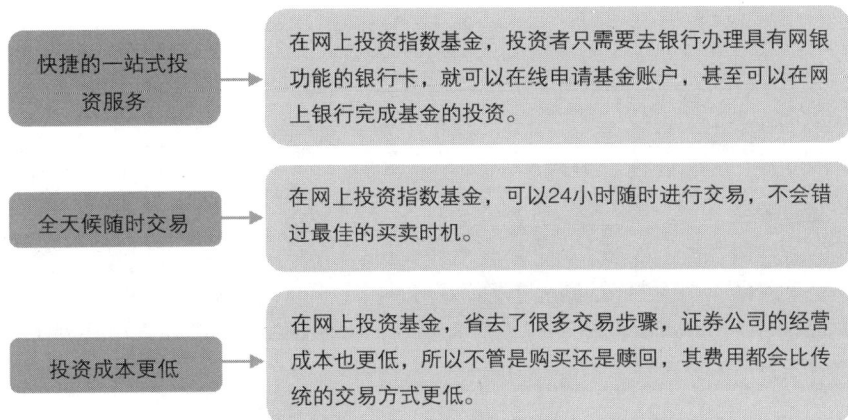

• 图 6-1　网上投资指数基金的优势

6.3.2　挑选合适的基金公司

基金管理公司既是指数基金资金的募集者，也是指数基金的管理方，它的主要职责是根据基金合同的相关约定，对指数基金的资金进行投资运作，并在控制风险的基础上为投资者谋求收益的最大化。

1. 分析基金公司能力

基金公司的选择对指数基金投资至关重要，一个好的基金公司能给投资者带来滚滚红利，而一个能力不强的基金公司则会让投资者血本无归。

选择一家优秀的基金公司是投资指数基金的主要环节。基民在选择基金管理公司时，首先要收集该基金公司的资料，然后对基金公司的能力进行全面分析，看该公司是否有足够的能力管好一只基金。基民只有在对基金公司有所了解之后才会放心购入资金。因此，在此过程中对基金公司进行分析就显得很有必要。

下面以天天基金网为例，重点对通过互联网分析基金公司方法的具体步骤进行一一分解。进入天天基金网首页后，在其左上侧位置单击"基金数据"链接，进入"基金数据"页面后，单击"基金公司"按钮，如图6-2所示。

• 图 6-2　天天基金官网

在展开的列表中单击"基金公司一览"链接，执行操作后，即可查看所有基金公司的成立时间、旗下基金数、管理规模、评级情况等资料，如图 6-3 所示。

• 图 6-3　"基金公司一览"页面

通常来说，基金公司的成立时间越早，代表该公司的经验越丰富，其帮助投资者获取收益的概率相对较大。而旗下基金数越多、管理规模越大则说明基金公司的实力越强。单击"相关链接"列中的"基本概况"链接，可以查看基金公司详情，以及直接查看或购买旗下的热门基金、新发基金等，如图 6-4 所示。

新发基金

基金名称 代码	链接	类型	集中认购期 ↑	基金经理	开放状态	最高认购手续费	操作
天弘鑫利三年定开 008014	详情 吧 档案	定开债券	19.10.29 ~ 20.01.23	姜文婷	认购期	0.05% 详情	购买

| 开放式基金 | 基金净值 | **基金排行** | | 每个交易日16:00-21:00更新当日开放式基金净值 |

全部　股票型　混合型　债券型　指数型　QDII

基金名称 代码	链接	类型	日期	近1周	近1月	近3月 ↓	近6月	近1年	近2年	今年来	成立来	手续费	操作
天弘医疗健康混合A 001558	吧 档案	混合型	10-31	2.92%	3.94%	20.34%	20.83%	52.41%	26.84%	58.80%	6.38%	0.12%	购买
天弘医疗健康混合C 001559	吧 档案	混合型	10-31	2.91%	3.89%	20.21%	20.57%	51.79%	25.86%	58.25%	4.92%	0.00%	购买
天弘互联网混合 001210	吧 档案	混合型	10-31	1.17%	1.88%	15.21%	28.01%	54.58%	11.74%	56.46%	-22.91%	0.15%	购买
天弘文化新兴产业 164205	吧 档案	股票型	10-31	1.41%	10.03%	12.65%	18.93%	76.18%	48.29%	74.80%	90.29%	0.15%	购买

• 图 6-4　基金公司基本概况

2. 考察基金公司业绩

优秀基金管理公司的业绩可能在短期内不是最好的，但是从长远来看，一家好的基金公司能在牛市中尽量获取收益，在熊市中尽量回避损失，给投资者带来持续稳定的回报。因此，投资者应加强对基金管理公司总体水平的评估。评判指数基金业绩的 6 个标准如下：

（1）比较该指数基金的收益与该基金的业绩。指数基金的收益与业绩是指数基金收益最直观的反映，与股票不同，基金是一种中长期投资，所以，在比较收益与业绩时，投资者不能看一时的涨跌幅度，而应该将一段时间的整体情况作为评估标准，只有整体趋势向好的指数基金所在的公司才更值得投资。

（2）比较该指数基金的当期收益与历史收益。指数基金的当期收益即指数基金本期获得的收益，而指数基金的历史收益即指数基金成立以来获得的收益。

当期收益说明的是指数基金当前的运作情况，通常来说，当期收益较高的指数基金，发展势头相对较好。而历史收益则反映的是指数基金的整体运作情况，历史收益较高的指数基金其整体发展态势一般比较好。

（3）比较该指数基金收益与股票大盘的走势。通常来说指数基金的收益与股票大盘的走势之间是具有一定关系的。

对此，投资者在投资指数基金时，需要判断指数基金投资的类别，就需要对指数基金的投资对象进行评估，并从中选择投资对象整体发展态势相对较好的指数基金。

（4）比较该指数基金收益与自己的预期。投资最直接的目的就是获得收益，在投资指数基金之前，投资者通常会有一个收益预期，即希望通过投资获得多少收益。而基金收益与投资者的预期通常难以达到一致，此时，投资者应该对两者进行比较，并决定未来的投资方向。

如果指数基金收益超过了预期，就说明投资以来，指数基金的整体态势良好，但是未来仍具有不可知性。因此，投资者需要决定见好就收，还是乘胜追击。相反的，如果指数基金收益低于预期，则说明指数基金的整体发展状况可能不太理想。此时，投资者就需要决定是否继续持有。

（5）比较该指数基金与同类基金的收益。在每个指数基金的业绩走势图上方，通常都会列出该指数基金的收益率与同类指数基金收益率的均值。通过对两个数据进行比较，投资者可以判断该指数基金收益率是否达到同类均值。对于表现不如均值的指数基金，投资者需要考虑是否继续持有。

（6）参考专业的研究机构的评判。对部分投资新手来说，可能根据自身经验难以对指数基金进行评判。此时，投资者不妨参考专业的研究机构给出的评判。比如，可以通过查看专业机构对基金评级，并选择其中星级较高的指数基金进行投资。

6.3.3　查看指数基金的评级

人们在购买各个金融机构推出的理财产品的时候，往往只会去注意指数基金产品的收益率。其实，投资者在购买指数基金产品的时候，应注意每个指数基金产品的基金评级，它是购买指数基金产品的重要考虑指标。

通过基金评级机构对市场中的指数基金产品进行监管，不仅对基金市场有好处，对基金经理人和基金投资者都有不少好处。

基金评级有 5 个优点，具体介绍如下。

（1）对基金投资者的好处：评级结果是其投资行为的重要参考指标，有利于投资者科学地评价指数基金，挑选适合自己偏好的指数基金。

（2）从基金公司的内部管理角度：有利于基金管理公司评价旗下指数基金的经营业绩，还可以对基金经理人产生约束和激励，方便考核基金经理。

（3）从基金经理人的角度：评级可以反馈市场信息调整策略，有利于基金经理人研发新的指数基金品种。

（4）从市场监管部门的角度：有利于基金托管行更好地发挥监督职责，加强基金信息披露的规范化，增加基金管理公司透明度，方便监管部门监管。

（5）从基金业自身发展的角度：有利于基金研究数据平台的建设，其研究成果可以促进基金市场健康稳定发展。

1. 基金评级机构

国家为了控制金融市场的发展程度，开设了几家基金评级机构，希望通过这种评级机构来让基金产品市场健康发展。

基金评级机构就是为企业公司投资者及大众提供关于基金的数据和相关资料的服务机构。国内三大基金评级机构如表 6-1 所示。

表 6-1　国内三大基金评级机构

（1）晨星	
机构简介	晨星（Morningstar Inc）成立于 1982 年，它成立的初衷是通过财经资讯和分析应用软件工具的提供、基金和股票的分析及评级，给投资者的投资提供便利。它不仅是美国主要的投资研究机构之一，更是基金评级的国际性权威机构之一。2003 年 2 月 20 日，深圳成立了晨星中国总部
评级原理	晨星公司采取计算基金收益评级与风险评级的差额的方式，按照差额的大小将基金评为 5 个不同的星级
（2）理柏	
机构简介	理柏（Lipper）成立于 1973 年，作为国际性的基金研究机构，它致力于基金资讯、分析应用工具及研究服务的提供。它的总部设在美国纽约，现已在包括英国伦敦、日本东京等世界范围内的 18 个主要金融中心设立分支机构

续表

评级原理	理柏根据排名将基金分为 5 档，其中排名前 20% 的为第一档，排名为 21%~40% 的为第二档，以此类推，最差的一档是第五档，即排名为 81%~100% 的基金公司。晨星与理柏评级的侧重点不同，前者侧重于基金本身，而后者则更多的是对基金公司的考察
	（3）银河
机构简介	银河证券基金研究中心于 2001 年 6 月 12 日成立，其为中国银河证券股份公司研究所管理的二级部门，也是国内第一家专业基金研究评价机构。它坚持自主开发基金系统，在公司内部研究部门和信息技术部门组建跨部门的基金系统项目组
评级原理	银河证券根据收益评价指标、风险评价指标及风险调整后的收益指标对基金进行评级，具体操作与上述两家机构相似

2. 查看指数基金评级

对比较懒的投资者来说，通过网上查看指数基金评级不失为一种更快捷的方法。下面以天天基金网为例，介绍通过互联网查看基金评级的方法。

进入天天基金网首页，单击"基金评级"按钮，如图 6-5 所示。

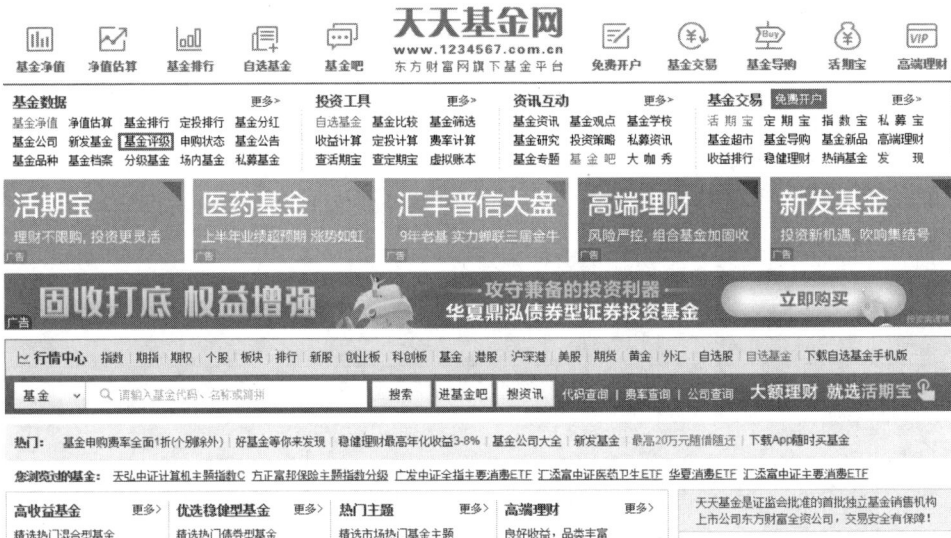

• 图 6-5　天天基金网首页

执行操作后，即可进入"基金评级"页面，默认显示全部基金的评级总汇，如图 6-6 所示。

基金评级　星数越多(最高5星)，评价越好

基金评级总汇　上海证券评级　招商证券评级　济安金信评级

全部 | 股票型 | 混合型 | 债券型 | 指数型 | 货币型

评级汇总分类是天天基金网的分类,各机构分类详见机构评级。 ↑表示评级较上期上升 ↓表示评级较上期下降　基金申购费率 1 折起　--全部基金管

代码	简称	相关链接	基金经理	基金公司	5星评级家数	上海证券 2019-06-30	招商证券 2019-07-19	济安金信 2019-06-30
260103	景顺长城动力平衡	估算图 基金吧 档案	刘苏	景顺长城	3家	★★★★★	★★★★★↑	★★★★★↑
519066	汇添富蓝筹稳健混	估算图 基金吧 档案	雷鸣	汇添富	3家	★★★★★↑	★★★★★↑	★★★★★↑
167501	安信宝利债券(L	估算图 基金吧 档案	庄园	安信	3家	★★★★★	★★★★★	★★★★★
260104	景顺长城内需增长	估算图 基金吧 档案	刘彦春	景顺长城	3家	★★★★★↑	★★★★★	★★★★★↑
320021	诺安双利债券发起	估算图 基金吧 档案	裴禹翔	诺安	3家	★★★★★	★★★★★	★★★★★
200008	长城品牌优选混合	估算图 基金吧 档案	杨建华	长城	3家	★★★★★↑	★★★★★↑	★★★★★↑
110011	易方达中小盘混合	估算图 基金吧 档案	张坤	易方达	3家	★★★★★	★★★★★	★★★★★
000171	易方达裕丰回报债	估算图 基金吧 档案	张清华	易方达	3家	★★★★★	★★★★★	★★★★★
000251	工银金融地产混合	估算图 基金吧 档案	王君正	工银	3家	★★★★★↑	★★★★★	★★★★★
000751	嘉实新兴产业股票	估算图 基金吧 档案	归凯	嘉实	3家	★★★★★	★★★★★	★★★★★
519971	长信改革红利混合	估算图 基金吧 档案	黄韵	长信	3家	★★★★★↑	★★★★★	★★★★★
001182	易方达安心回馈混	估算图 基金吧 档案	张清华	易方达	3家	★★★★★	★★★★★	★★★★★

• 图 6-6　“基金评级”页面

用户可以设置相应条件，查看特定范围内的基金评级，比如单击“指数型”链接，即可查看所有指数型基金的评级，如图 6-7 所示。

基金评级　星数越多(最高5星)，评价越好

基金评级总汇　上海证券评级　招商证券评级　济安金信评级

全部 | 股票型 | 混合型 | 债券型 | 指数型 | 货币型

评级汇总分类是天天基金网的分类,各机构分类详见机构评级。 ↑表示评级较上期上升 ↓表示评级较上期下降　基金申购费率 1 折起　--全部基金管

代码	简称	相关链接	基金经理	基金公司	5星评级家数	上海证券 2019-06-30	招商证券 2019-07-19	济安金信 2019-06-30
160615	鹏华沪深300指	估算图 基金吧 档案	张羽翔	鹏华	1家	暂无评级	暂无评级	★★★★★
470007	汇添富上证综合指	估算图 基金吧 档案	吴振翔	汇添富	1家	暂无评级	暂无评级	★★★★★
240014	华宝中证100指	估算图 基金吧 档案	陈建华	华宝	1家	暂无评级	暂无评级	★★★★★
510310	易方达沪深300	估算图 基金吧 档案	余海燕	易方达	1家	暂无评级	暂无评级	★★★★★
510880	华泰柏瑞上证红利	估算图 基金吧 档案	柳军	华泰柏瑞	1家	暂无评级	暂无评级	★★★★★
519116	浦银安盛沪深30	估算图 基金吧 档案	陈士俊	浦银	1家	暂无评级	暂无评级	★★★★★
510180	华安上证180E	估算图 基金吧 档案	许之彦	华安	1家	暂无评级	暂无评级	★★★★★
510210	上证综指ETF	估算图 基金吧 档案	王保合	富国	1家	暂无评级	暂无评级	★★★★★
320010	诺安中证100指	估算图 基金吧 档案	梅律吾	诺安	1家	暂无评级	暂无评级	★★★★★
510300	华泰柏瑞沪深30	估算图 基金吧 档案	柳军	华泰柏瑞	1家	暂无评级	暂无评级	★★★★★
510010	交银上证180公	估算图 基金吧 档案	蔡铮	交银	1家	暂无评级	暂无评级	★★★★★↑
510130	中盘ETF	估算图 基金吧 档案	刘树荣	易方达	1家	暂无评级	暂无评级	★★★★★
020011	国泰沪深300指	估算图 基金吧 档案	艾小军	国泰	1家	暂无评级	暂无评级	★★★★★
162213	泰达宏利沪深30	估算图 基金吧 档案	刘洋	泰达宏利	1家	暂无评级	暂无评级	★★★★★
510050	华夏上证50ET	估算图 基金吧 档案	张弘弢	华夏	1家	暂无评级	暂无评级	★★★★★
165309	建信沪深300指	估算图 基金吧 档案	梁洪昀	建信	1家	暂无评级	暂无评级	★★★★★

• 图 6-7　查看指数型基金的评级

在“全部基金管理公司”下拉列表中选择指定基金公司，即可查看该公司所

有指数基金情况，比如选择"嘉实基金"选项，即可查看嘉实基金管理公司旗下的所有指数基金评级情况，如图 6-8 所示。

• 图 6-8　查看嘉实基金管理公司旗下的所有指数基金评级情况

单击"上海证券评级"按钮，用户还可以切换查看该评级公司对指数基金的评级情况，如图 6-9 所示。

• 图 6-9　查看评级公司对指数基金的评级情况

6.3.4　关注标的指数

指数基金的核心就是它所跟踪的指数，因此我们挑选指数基金时，了解指数基金对应的市场和变化极其重要。

投资者除了可以了解指数基金对应的市场和变化，还可以通过投资不同的指数基金，来达到资产配置的目的。

当前境内市场的指数日益繁荣，其种类日益增多。当然，我们需要知道的是，不同指数覆盖的市场范围不同，其风险收益特征也不同。

具体来说，上证 180 和深证 100 指数，分别反映上海证券交易所和深圳证券交易所的情况；中证 100 和中小板指数，则分别反映上海证券交易所和深圳证券交易所大盘蓝筹企业与中小企业的情况。

甚至随着跨境 ETF 的推出，同时选择沪深 300 指数基金与投资海外市场指数的指数基金，也是很好的资产配置方向，能够在一定程度上起到分散投资、分散风险的作用。

6.4　指数基金的几种投资实操

先来说指数基金的认购。指数基金认购是指投资者在基金募集期内购买基金的行为，认购价格为基金的单位面值加上少量手续费。

投资者办理认购等基金业务的时间为开放日，具体业务办理时间以销售机构公布时间为准。

通常认购价为指数基金份额面值（1 元 / 份）加上一定的销售费用。投资者认购指数基金应在基金销售点填写认购申请书，交付认购款项。

6.4.1　认购

指数基金的认购流程并不是一成不变的，投资者在实际操作中应该以招募说明书以及发行公告书为准。投资者参与认购的程序如下。

1. 认购

个人投资者提供本人身份证、基金账户卡（当场发放）、代销网点当地城市的本人银行借记卡（卡内必须有足够的认购资金）和已经填好的"银行代销基金认购申请表（个人）"等资料进行基金认购。

机构投资者提供已经填好的"认购申请书"、基金账户卡、划付认购资金的贷记凭证回单复印件或者电汇凭证回单复印件，以及机构经办人身份证原件到直销中心进行认购。

2. 缴款

机构投资者申请认购指数基金，应先到指定银行主动将足够金额认购资金从指定银行账户以"贷记凭证"或者"电汇"方式，按规定划入"基金管理人申购专户"，并确保在规定时间内到账。

除此之外，机构投资者还需要提供已填好的"银行代销基金认购申请表"、基金账户卡，在代销银行存款账户中存入足额的认购资金，以及提供经办人身份证原件到代销网点进行认购。

3. 确认

在基金成立之后，投资者可以向各基金销售机构直接查询自己的认购结果，也可以到各基金销售网点打印认购成交确认单。此外，基金公司将在基金成立之后按预留地址将"客户信息确认书"和"交易确认书"邮寄给投资者。

4. 计算

与指数基金认购相关的计算公式如下：

（1）认购费用 = 净认购金额 × 认购费率。由此可以得出：认购费率 = 认购费用 / 净认购金额，即认购费率就是认购费用与净认购金额之比率。

（2）净认购金额 = 认购金额 − 认购费用。由此可见，净认购金额 = 认购金额 − 净认购金额 × 认购费率，即净认购金额 = 认购金额 /（1+ 认购费率）。

（3）认购份额 = 净认购金额 / 认购当日基金份额面值，基金份额面值通常为 1 元 / 份。

6.4.2 申购

什么是指数基金申购？申购指在基金成立后投资者申请购买基金份额的行为。基金封闭期结束后，若申请购买开放式基金，则习惯上将其称为基金申购，以区分在发行期内的认购，其实基金的申购就是买进。

申购指数基金的一般步骤如下：

1. 开立基金账户和交易账户

投资者先到银行填写个人信息表格，出示个人身份证明及客户印章（或签名），存入一定量的现金来开立基金账户和交易账户。

指数基金一般有最低申购额，通常为 1000 元，基金定投的最低申购额普遍比较低，有的只需要 100~200 元。

2. 确认申购金额

指数基金的申购价格一般是当日基金净值加上一定比例的申购费。为了鼓励申购，有些开放式基金是不收取申购费的。

由于当日基金净值只有在当日股票市场收市后才能计算，所以在这之前申购基金，并不知道能买多少基金单位，只能填写购买金额，待申购日基金净值算出来后，才知道具体申购了多少基金单位。

3. 支付申购款

支付申购款是指将申购资金划入相应的基金管理公司。

4. 申购确认

基金管理公司在交易日后，一般 3 天左右，会为客户提供成交确认书，客户也可以自己通过电话来查询成交情况。

5. 申购费用

目前国内通行的申购费计算公式为：申购费用 = 申购金额 × 申购费率，净认购金额 = 申购金额 − 申购费用。

我国《开放式投资基金证券基金试点办法》规定，开放式基金可以收取申购费，但申购费率不得超过申购金额的 5%。

因此，目前指数基金申购费率通常在 1% 左右，并随申购金额的大小相应减少。

例如，南方稳健成长基金规定的申购费标准如表 6-2 所示。

表 6-2 南方稳健成长基金规定的申购费标准

投资金额（M）/万元	申购费率 /%
M < 100	2.0
100 ≤ M < 500	1.8
500 ≤ M < 1000	1.5
M ≥ 1000	1.0

6. 认购和申购的区别

指数基金的认购和申购是购买基金在两个不同阶段的说法。

（1）在一只基金募集期间，如果投资者购买基金份额，则称为认购，每单位基金份额净值为 1 元。

（2）申购是指在基金募集期结束，基金成立之后，投资者依照基金销售网点规定的手续购买基金份额，此时由于基金净值已经反映了其投资组合的价值，所以每单位基金份额净值不一定为 1 元，可能高于也可能低于 1 元，故同一笔资产认购和申购同一基金所得到的基金份额数将有可能不同。

6.4.3 转换

基金转换即投资者在已经持有某公司发行的开放式基金的情况下，将持有部分或全部基金份额直接转换成该公司旗下的其他开放式基金品种相应份额的一种业务。通过基金转换的方式，投资者可以直接转变基金投资品种，而无须经过先赎回再申购的烦琐过程。

1. 转换的好处

相较于先赎回再申购的基金投资方式，投资者进行基金的转换主要有如下两点好处。

（1）节约时间：如果采取先赎回再申购的方式，则投资者需要等待几个工作日之后，才能对赎回的资金进行再投资。而基金转换则基本实现了"T + 0"交易。

（2）节省费用：如果采取先赎回再申购的方式，则投资者既要在赎回时支付一定费用，又要在申购时再行付费。

2. 转换的条件

进行基金的转换是有条件限制的，通常情况下转换的两个基金品种需要满足如下两个条件。

（1）销售品种要求：需要进行转换的两只基金在销售品种上是有要求的。首先，进行基金转换的两只基金必须是开放式基金。其次，进行基金转换的两只基金必须是在同一销售机构销售的，并且两只基金的注册登记人必须相同。

（2）收费模式限制：需要进行转换的两只基金的收费模式也是有限制的。具体来说，前端收费模式的开放式基金，只能转换至前端收费模式的开放式基金。而后端收费模式的开放式基金则可以转换成前端收费模式或后端收费模式的开放式基金。

3. 转换的技巧

在进行基金的转换时，除了时机的选择，投资者还需要掌握一定的技巧。基金转换的技巧主要包括如下 5 种：

（1）当持有的股票基金回报已达到获利点时，投资者应该考虑是否将股票基金转换为其他股票基金。

（2）当需要将持有的股票基金了结，却无资金使用需求时，投资者可以考虑将股票基金转换为债券基金、货币市场基金等风险相对较小的基金类型。

（3）当持有的股票型基金跌破止损点，却无资金使用需求时，投资者应该考虑是否进行基金的转换。

（4）当相关股票看多时，投资者可以考虑是否要将投资于其他类型基金的持有部分，转换为看好的股票基金的份额。

（5）当经济周期由高峰下滑时，投资者应该考虑及时对持有的股票基金份额进行逢高了结，并将该类基金的持有份额部分或全部转换为债券基金、货币市场基金等其他风险较小的基金类别。

6.4.4 赎回

指数基金赎回是投资者将已经持有的指数基金单位出售给基金管理公司，收回资金的行为。简单地说，指数基金的赎回就是卖出，并且赎回指数基金后，资金需要 3~5 个工作日才能进到投资者的账上。

1. 巨额赎回和连续赎回

巨额赎回是指当指数基金的当日净赎回量超过基金规模的 10% 时，基金管理人可以在接受赎回比例不低于基金总规模 10% 的情况下，对其余的赎回申请延期办理。巨额赎回申请发生时，投资者可以选择连续赎回或者取消赎回。

连续赎回是指投资者对于延期办理的赎回申请部分，选择依次在下一个基金开放日进行赎回。

2. 基金赎回的程序

简单地说，指数基金赎回就是投资者买了指数基金，不想要了，就把它卖给基金公司，其具体程序如下。

（1）发出赎回指令：投资者到银行或者基金管理公司柜台下达赎回指令，或者也可以通过电话、传真甚至互联网下达赎回指令。

（2）赎回价格的确定：开放式基金的赎回价格是当日基金净值减去一定比例的赎回费用。国外有的开放式基金不收取赎回费用。与申购情形一样，只有当日股票市场收市后，投资者才能知道自己赎回基金的价格。

（3）领取赎回款：在交易日后的 3~5 天内，投资者即可领取赎回款项。

3. 基金赎回的条件

基金是中长期投资品种，一般情况下，投资者不要过多地在乎基金一时的价格波动，但长期投资并不是无限投资，投资者最终要通过赎回来实现利益。

投资者赎回基金的一般条件如下：

（1）当基金管理公司发生重大的人事变动时。

（2）当自己的收支状况发生重大变化或需要一笔较大资金时。

（3）当整个证券市场持续大幅下滑时。

（4）当所投资基金的净资产值持续下跌时。

4. 赎回基金的策略

在需要选择赎回指数基金时，可以采取如下策略。

（1）提前准备：如果投资者能预计自己需要现金的日期，那么最好提前一个月便开始考虑赎回计划。如果到期才赎回基金，若遇上市场不景气，基金净值下跌，则赎回价未必是投资者最满意的价格。所以留出一段机动时间对掌握主动权比较有利。

（2）赎回业绩较差的指数基金：如果投资者手中持有多只基金，则应该先赎回表现比较差的基金，因为它的投资组合很可能存在一定问题，而表现好的基金往往是因为有优秀的基金经理和优秀的基金管理公司，其优良表现持续下去的可能性比较大。

（3）转换基金：市场的变化难以捉摸，即使是专业的投资者士也不可能都判断准确，在恐慌的时候可能蕴藏着机会，如果选择赎回，则也许日后要花更高的代价才能买回。因此投资者不妨采取转换投资的方式，即赎回指数基金的同时购买另一只基金。

第 7 章

ETF 基金：特殊的开放式指数基金

ETF 的雏形最早产生于加拿大，而其发展与成熟则主要在美国。截至 2017 年 5 月底，全球 ETF 产品资产总值达到 4 万亿美元，遍布世界各大证券市场，是近 20 年来发展最为迅速的金融产品，已经成为一种大众化的投资工具。

7.1 你真的了解 ETF 基金吗

很多人对 ETF 的理解太过狭隘，只是纯粹地认为买 ETF 就只能买沪深 300ETF、中证 500ETF，显然这是非常错误的。要知道，ETF 不但可以用于买大盘宽基指数，还能买货基 ETF、黄金 ETF、债券 ETF、海外 ETF、行业 ETF 等标的。那么 ETF 到底是什么呢？且看下文的分析。

7.1.1 什么是 ETF 基金

首先要清楚的是，ETF 是一个缩写，第一个字母是交易所（exchange）的首字母大写，第二个字母是交易型（Traded）的首字母大写，第三个字母是基金（Funds）的首字母大写，所以 ETF 的中文全称为交易所交易型基金。

ETF 是放在证券交易所进行买卖的，这让它有了和股票一样灵活交易的功能，ETF 的一手买家通常是证券公司或者创投机构，他们会把 ETF 挂钩一篮子的股票（具体比例提前协定好），那么 ETF 份额就对应了一定数量的股票，而股票也可以随时换回一定数量的 ETF。

在 2000 年之前，ETF 基金虽然已经在全世界生根发芽，但是从总体形势来看，增长速度十分缓慢。直到 2000 年后，随着世界贸易格局的稳定以及全球化进程的加快，使得 ETF 基金进入飞速发展时期。截至 2008 年，美国传统股票型指数基金在股票型基金中的占比一直稳定，而 ETF 基金在股票型基金中的占比却是 1993 年占比的 4.5 倍以上，如图 7-1 所示。

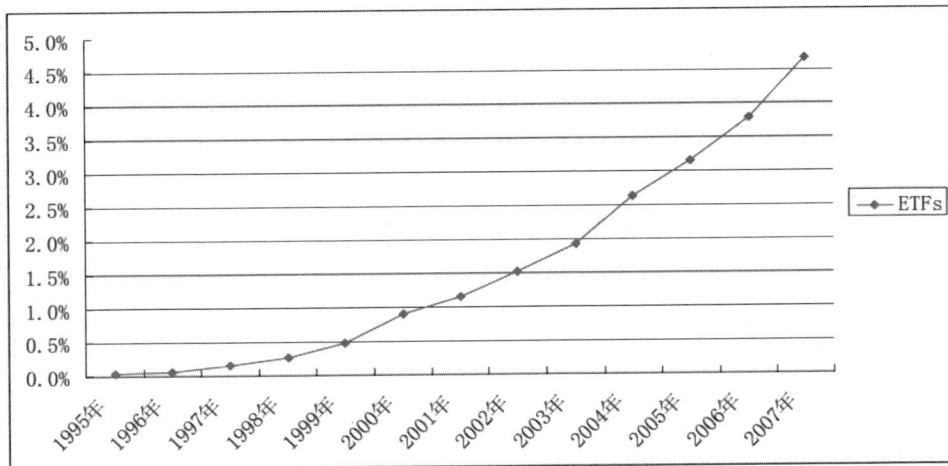

• 图 7-1　美国 ETF 基金在股票型基金中的占比增长趋势

为什么进入 2000 年后 ETF 基金在全球发展如此之快？原因主要有如下 3 点。

1. 科技进步推动了 ETF 基金的发展

自 1980 年以来，随着以计算机为代表的高科技技术的飞速发展，世界各国的证券交易系统因此不断更新换代，不仅提高了基金交易速度，降低了基金交易成本，还扩大了全球交易范围，如图 7-2 所示为 ETF 基金全球分布表。

区域	资产规模 (10亿美元)		ETF数量		日均成交金额 (10亿美元)		ETF管理人		交易所	
	数量	占比	数量	占比	数量	占比	数量	占比	数量	占比
美国	497.12	69.9%	698	43.9%	77.0286	95.8%	18	21.2%	3	7.1%
欧洲	142.82	20.1%	632	39.7%	2.0251	2.5%	29	34.1%	19	45.2%
日本	27.43	3.9%	61	3.8%	0.1692	0.2%	5	5.9%	2	4.8%
亚洲(除日本外)	23.63	3.3%	95	6.0%	0.5278	0.7%	34	40.0%	13	31.0%
其他	20.00	2.8%	104	6.5%	0.6365	0.8%			5	11.9%
全球 (总计)	711.00	100.0%	1590	100.0%	80.3872	100.0%	85	100%	42	100%

• 图 7-2　ETF 基金全球分布表

ETF 基金并不是一个凭空捏造出的新概念，它是基于现有的指数基金的一次大胆而且成功的尝试。ETF 基金深受投资者喜爱，其产品数量和规模不断增长，尤其到 2017 年全球规模高达 4.75 万亿美元，如图 7-3 所示。主要因为它有如下两个特点：一是方便灵活、自由组合的投资配置方式；二是为了降低指数跟踪误差，引入了成熟的申赎和套利机制。

GLOBAL ETP ASSETS¹

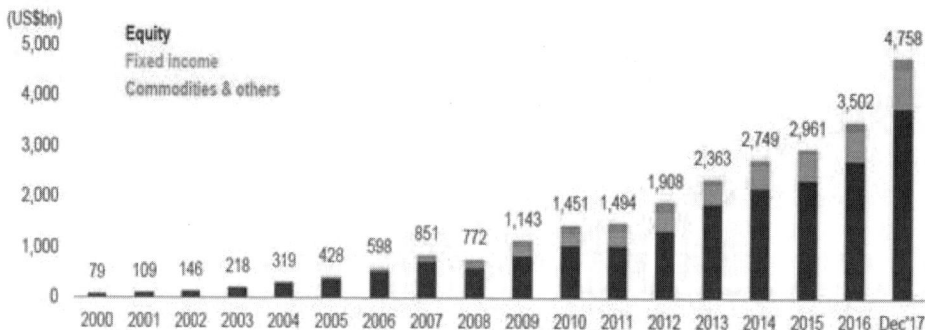

• 图 7-3　全球 ETF 数量和规模

2. 全球化贸易推动了 ETF 基金的发展

在经济全球化和贸易全球化的背景下，世界各国之间的经济关系也日益密切，其中 ETF 基金的快速增长是最为明显的，全球 ETF 机构用户也明显增加，从 1997 年的 200 家，不到 10 年便飞速飙升至 2000 多家，如图 7-4 所示。

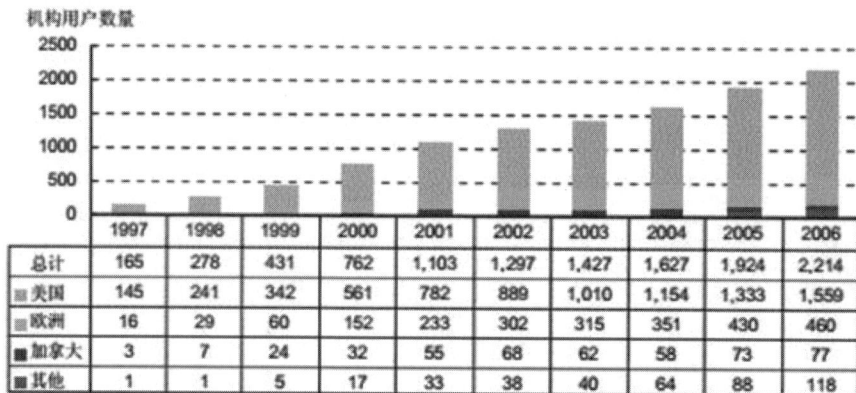

	1997	1998	1999	2000	2001	2002	2003	2004	2005	2006
总计	165	278	431	762	1,103	1,297	1,427	1,627	1,924	2,214
美国	145	241	342	561	782	889	1,010	1,154	1,333	1,559
欧洲	16	29	60	152	233	302	315	351	430	460
加拿大	3	7	24	32	55	68	62	58	73	77
其他	1	1	5	17	33	38	40	64	88	118

• 图 7-4　全球机构用户增长趋势（数据来源：《2008 年全球 ETF 发展报告》）

3. 流动性管理和信息透明助力 ETF 稳步发展

2008 年发生全球金融危机，在全球共同基金以及其他金融产品出现了净赎回的情况下，ETF 基金不仅在美国，甚至在全球都实现了资金持续流入的局面。更令人难以想象的是，在金融危机的影响下，全球 ETF 资金流入仅缩水 10%，如图 7-5 所示。

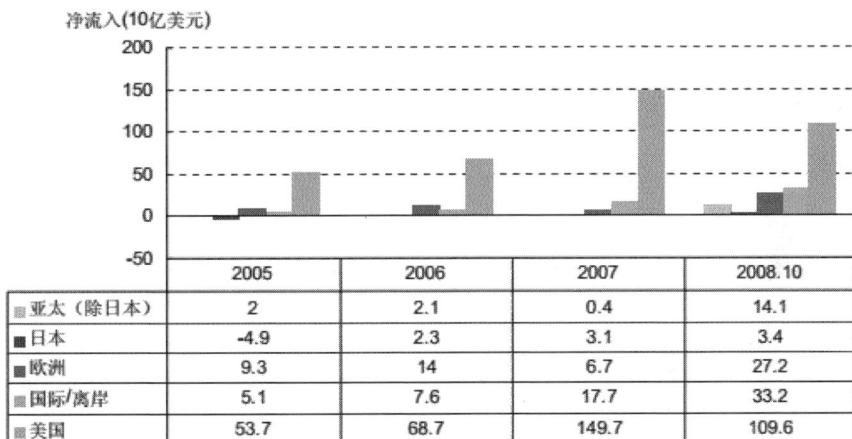

净流入(10亿美元)

	2005	2006	2007	2008.10
▣ 亚太（除日本）	2	2.1	0.4	14.1
■ 日本	-4.9	2.3	3.1	3.4
■ 欧洲	9.3	14	6.7	27.2
▣ 国际/离岸	5.1	7.6	17.7	33.2
▣ 美国	53.7	68.7	149.7	109.6

• 图 7-5　全球 ETF 资金流入趋势（数据来源：《2008 年全球 ETF 发展报告》）

ETF 能在金融危机中如此稳定，主要得益于其流动性管理和信息透明的特点。与其他指数基金相比，ETF 基金每天都会及时公布自己的资产配置，以帮助广大投资者降低风险。

7.1.2　ETF 基金的优点

由于 ETF 就是持仓一篮子股票，其净值等于持仓股票价值，而 ETF 的场内交易价格则由供求关系决定。

1. 与指数拟合度非常高

如果 ETF 的价格大于其净值（股票价值），就会引来套利资金，在二级市场买入 ETF，再在基金公司换成股票卖出。反之，如果 ETF 的价格小于其净值，就会有套利者买入股票再换成 ETF 卖出，直至套利空间到 0 为止。因此 ETF 的净值与其二级市场交易价格几乎不会有过大偏差（笔者开头讲到的场内封闭基金套利，是拿时间换折价修复的套利，因此与 ETF 套利不同）。

该原理被很好地用在了追踪指数上，由于指数都是一篮子股票，而 ETF 的价格又完全取决于这些股票的价格，因此跟踪指数的 ETF，其拟合度可以说非常高。

我们以嘉实沪深 300ETF（159919）、华泰柏瑞沪深 300ETF（510300）和沪深 300 指数的走势进行对比，可以看出，其走势几乎是重叠的，如图 7-6 所示。

• 图 7-6　嘉实沪深 300ETF（159919）、华泰柏瑞沪深 300ETF（510300）和沪深 300 走势

2. 费率极低

场内 ETF 能和股票一样实现实时交易，但为了方便场外投资者购买，ETF 还会设置一个场外 ETF 链接基金供场外投资者认购（场外也就是指像蚂蚁财富、天天基金、官网、银行等证券账户之外的渠道），但它的交易时间与普通基金交易时间一样，比如场内 ETF 是 T+0，而场外联接基金往往是 T+3。

ETF 除了能几乎无缝跟踪指数走势，还有一大优点，就是费率极低。费率低主要体现在如下两点：

（1）交易费率

ETF 由于是在场内进行份额交易，避开了基金公司收取的申购费和赎回费，要知道这块场外指数基金收取的申购费一般按 1.2% 计算，按 1 折算也有 0.12%，赎回费按 0.5% 计算，一起就是 0.62%，这仅仅是一年内的买卖成本。

ETF 由于是在场内交易，可以按照股票交易手续费计算，通常为万二点五左右，双向收费的成本是万 5，仅仅是基金的 1/10 不到。

另外，ETF 相比股票的特点在于，部分券商可以免除 5 元最低限制（回复"开户"可以获得万一点五 ETF 免 5 元股票开户链接），那么场内定投一笔 1000 元的 ETF 基金，只需要收取 0.15 元，而不是 5 元，成本极低。

（2）管理费率

基金公司发行的场外基金管理费率基本在 1%/ 年以上，但 ETF 的管理费率往往只需要 0.5%/ 年。

7.1.3　ETF 基金的种类

ETF 基金是特殊的指数基金，它与传统指数基金相比，具有 4 个不同之处，如图 7-7 所示。

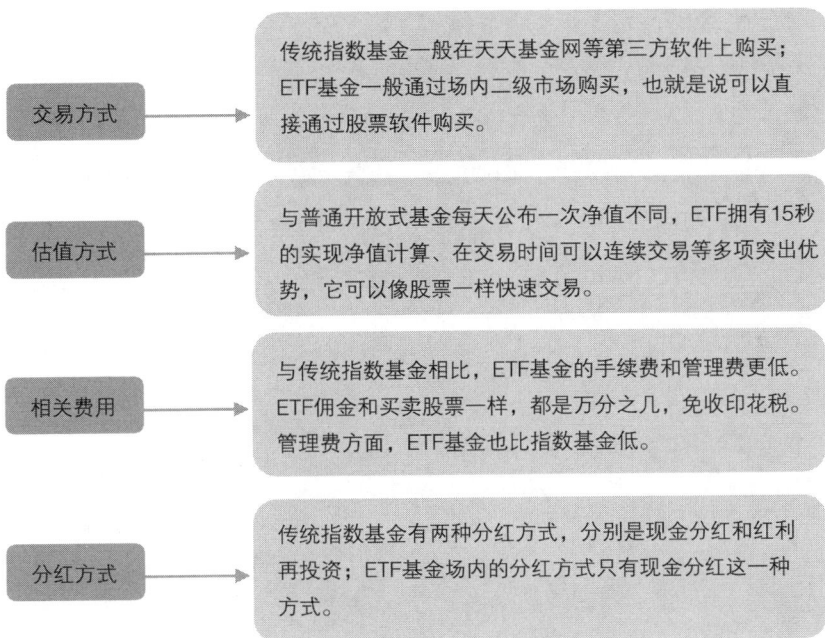

交易方式	传统指数基金一般在天天基金网等第三方软件上购买；ETF基金一般通过场内二级市场购买，也就是说可以直接通过股票软件购买。
估值方式	与普通开放式基金每天公布一次净值不同，ETF拥有15秒的实现净值计算、在交易时间可以连续交易等多项突出优势，它可以像股票一样快速交易。
相关费用	与传统指数基金相比，ETF基金的手续费和管理费更低。ETF佣金和买卖股票一样，都是万分之几，免收印花税。管理费方面，ETF基金也比指数基金低。
分红方式	传统指数基金有两种分红方式，分别是现金分红和红利再投资；ETF基金场内的分红方式只有现金分红这一种方式。

• 图 7-7　ETF 基金与传统指数基金的区别

1. 宽基指数

上海证券交易所推出的上证 50ETF 基金，是上海证券交易所计划推出的第一只 ETF。之后，上海证券交易所还陆续推出上证 180ETF、高红利股票指数 ETF、大盘股指数 ETF、行业 ETF 等指数。

（1）上证 50ETF 基金

上证 50 指数被上海证券交易所授权给华夏基金使用，华夏基金管理公司拔得头筹，成为第一个 ETF 的管理人。如图 7-8 所示为上证 50ETF 基金。

华夏上证50ETF(510050)　　　　　　　　　　　　　　查看相关ETF联接 ›

净值估算(19-10-28 15:00)	单位净值 (2019-10-28)	累计净值
3.0298 ↑ +-0.0002 +0.46%	3.0300 0.46%	4.1160

近1月：1.68%	近3月：1.47%	近6月：5.28%
近1年：22.66%	近3年：39.32%	成立来：359.16%

基金类型：ETF-场内	基金规模：416.62亿元（2019-09-30）	基金经理：张弘弢
成 立 日：2004-12-30	管 理 人：华夏基金	基金评级：暂无评级
跟踪标的：上证50指数 | 跟踪误差：0.05%		

• 图 7-8　上证 50ETF 基金

上证 50ETF 全称为华夏上证 50ETF，基金代码为 510050，是首只 ETF 产品，以上证 50 指数为跟踪标的。有了上证 50ETF，投资者就可以像买卖股票一样轻松买卖上证 50 指数全部成分股，同时也大大分散了风险。如图 7-9 所示为华夏上证 50ETF 历史趋势。

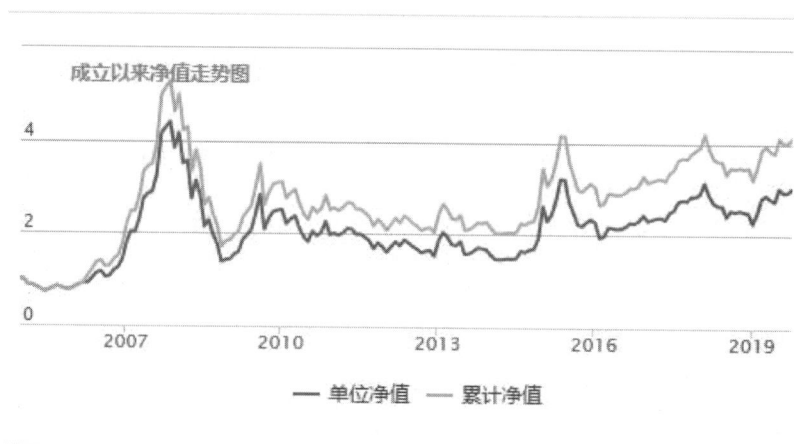

成立以来净值走势图

— 单位净值　— 累计净值

• 图 7-9　华夏上证 50ETF 历史趋势

（2）基金优势

由于以上证 50 指数为跟踪标的，所以上证 50ETF 具备上证 50 指数的优点，还兼有 ETF 基金的优势。

● 买卖便捷

上证 50ETF 基金不仅可以通过指定的 ETF 做市商申购赎回，而且可以在上海证券交易所像股票一样挂牌交易。投资者可以通过证券营业部柜台、网上交易、电话委托等多渠道进行买卖变现，这对投资者来说，不仅方便快捷，还可以更好地掌控自己的买卖价格。

● 费用低廉

上证 50ETF 管理费、托管费和交易费用非常低廉，其管理费和托管费都不到现有指数基金平均费用的一半，更远远低于积极管理的股票基金。而且，二级市场交易费用和封闭式基金一样，不收印花税。ETF 这个优势可以大大降低投资者的交易成本。

● 分散风险

上证 50ETF 对投资者最友好的一点就是，买入一只上证 50ETF 就相当于买入上证 50 指数的 50 只成分股，大大分散了投资风险。由于上证 50ETF 跟踪的是上证 50 指数并且投资其 50 只成分股，所以它的价格走势与上证 50 指数一致。简而言之，上证 50 指数涨多少，上证 50ETF 就涨多少，对入门级投资者来说，上手相对简单，信息相对明了。

● 安心购买

上证 50 指数成分股具有业绩优良、流动性好、市盈率低等特征。买上证 50ETF 就相当于买了一只"大盘蓝筹股"。前面我们提过，大盘蓝筹股有良好基本面，有着长期而稳定的收益。一般来说，投资者可以安心购买。

（3）基金获利

基金获利有不同的渠道，对上证 50ETF 而言，它作为上海市场最具代表性的蓝筹指数，又作为一种创新型基金，其具体获利途径有如下 3 个。

● 伴随指数上涨而获利

投资者可以买入并持有上证 50ETF，当上证 50ETF 上涨时，获得上证 50 指数上涨所带来的收益。

● 赚取短期波段收益

上证 50ETF 上市交易，买卖方便，进出手续费低，特别适合短期投资者赚取指数波段收益。

●　套利收益

当上证 50ETF 的二级市场交易价格与份额净值不一致时，投资者可以进行套利操作，从而获得差价收益。

（4）适合人群

我们综合上证 50ETF 基金的各方面来看，首先 ETF 基金是灵活的指数投资工具，它跟踪上证 50 指数，投资的都是大盘股，稳定性高。加之上证 50ETF 具有透明度高、实物申赎机制、流动性高的特点，它基本可以满足各类投资者的各类需求，如图 7-10 所示。

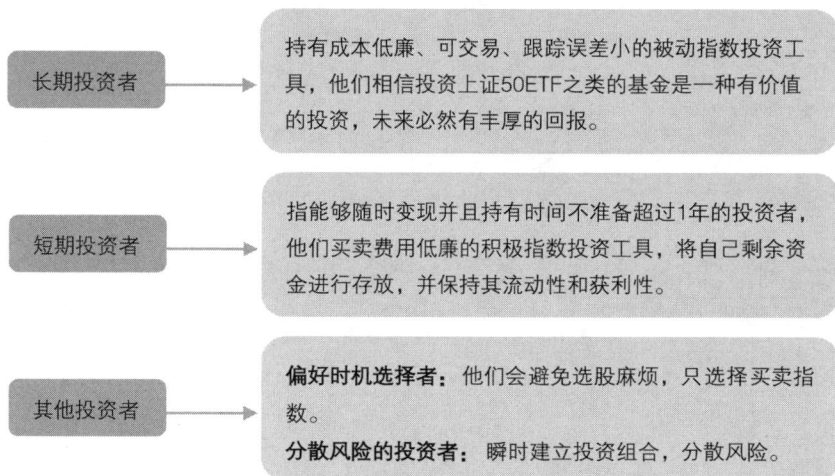

●　图 7-10　上证 50ETF 可以满足各类投资者的需求

2. 其他指数

ETF 除了能投资 A 股的宽基指数，用途还有如下几个方面。

（1）货币 ETF

比如某股票账户中有 100 万元，但只有 50 万元用于炒股，剩下 50 万元空仓，那么留在股票账户中怎么办呢？这时就可以选择场内 ETF 货币基金。

场内货基收益一般和货币基金相差不大，也有年化 3%~4%，这类基金选择不少，如表 7-1 所示。

表 7-1　场内货基

序号	证券代码	证券简称
1	159901.SZ	保证金
2	159903.SZ	招商快线
3	159905.SZ	添富快线
4	511600.SH	货币 ETF
5	511620.SH	货币基金
6	511650.SH	华夏快线
7	511660.SH	建信添益
8	511670.SH	华泰天金
9	511690.SH	交易货币
10	511700.SH	场内货币
11	511770.SH	金鹰增益
12	511800.SH	易货币
13	511810.SH	理财金 H
14	511820.SH	鹏华添利
15	511830.SH	华泰货币

有人曾问笔者，为什么场内货币基金净值一直都不涨呢？

答案是场内货币基金是永远分红再投资的形式，份额会随着时间不断增加，因此赚的是份额，而不是净值。

（2）黄金 ETF

自 2018 年 8 月以来，黄金一直处于一个缓慢上涨的趋势，投资者如果担心中美资本市场受此影响，那么这时买入黄金 ETF 是一个不错的选择，黄金 ETF 挂钩黄金指数，其走势完全取决于金价变化。如表 7-2 所示为目前常见的黄金 ETF 基金。

表 7-2　目前常见的黄金 ETF 基金

序号	证券代码	证券简称
1	159934.SZ	黄金 ETF
2	159937.SZ	博时黄金
3	161226.SZ	白银基金
4	518800.SH	黄金基金
5	518880.SH	黄金 ETF

在中国只有黄金 ETF，但在美国还包含石油 ETF、钢铁 ETF、煤炭 ETF 等品种，手段十分丰富。

（3）债券 ETF

如果投资者想买十年期国债，则可以选择 511310（十年债）、511290（国债十年）和 511260（十年国债），场内交易，随时出手。如果投资者想买城投债，则可以选择 511220（城投 ETF）。除此之外，还有诸如中期信用债、中期国债、产业债等 ETF 可供投资者选择，如表 7-3 所示。

表 7-3　债券 ETF

序号	证券代码	基金简称
1	159926.SZ	嘉实中证中期国债 ETF
2	511010.SH	国泰上证 5 年期国债 ETF
3	511220.SH	海富通上证可质押城投债 ETF
4	511230.SH	海富通上证周期产业债 ETF
5	511260.SH	国泰上证 10 年期国债 ETF
6	511280.SH	华夏 3~5 年中高级可质押信用债 ETF
7	511290.SH	广发上证 10 年期国债 ETF
8	511310.SH	国富中证 10 年期国债 ETF

（4）全球指数 ETF

美股涨得凶，想追高？又嫌弃 QDII 基金申购赎回周期太长；想分散海外的资产，没有门路？海外指数 ETF 可以完美解决这个问题。

目前 ETF 能跟踪的海外指数包括：德国 30（DAX）指数、标普 500 指数、纳斯达克 100 指数、中证海外互联指数等，如表 7-4 所示。

表 7-4　全球指数 ETF

序号	证券代码	基金简称
1	513030.SH	华安德国 30（DAX）ETF
2	513050.SH	易方达中证海外互联 ETF
3	513100.SH	国泰纳斯达克 100ETF
4	513500.SH	博时标普 500ETF
5	513600.SH	南方恒生 ETF
6	513660.SH	华夏沪港通恒生 ETF

序号	证券代码	基金简称
7	513900.SH	华安 CES 港股通精选 100ETF

其中，中证海外互联指数即配置港股、美股上市的互联网科技企业，阿里、腾讯、网易、京东、新浪、爱奇艺等新兴上市公司都包含在内，2018 年 9 月 20 日上市的美团后来也被纳入进去。

（5）主题指数、风格指数 ETF

主题指数、风格指数主要有以下几种基金，如表 7-5 所示。

表 7-5　主题指数、风格指数基金

序号	证券代码	证券简称
1	159905.SZ	深红利
2	159906.SZ	深成长
3	159909.SZ	深 TMT
4	159911.SZ	民营 ETF
5	159932.SZ	500 深 ETF
6	510010.SH	治理 ETF
7	510060.SH	央企 ETF
8	510070.SH	民企 ETF
9	510090.SH	责任 ETF
10	510110.SH	周期 ETF
11	510120.SH	非周 ETF
12	510150.SH	消费 ETF
13	510160.SH	小康 ETF
14	510170.SH	商品 ETF
15	510190.SH	龙头 ETF

讲了这么多，回归本质，投资 ETF 指数怎样才能做到高收益？核心就是做对趋势预判。

ETF 基金都是完全复制指数，所以只要做对了大方向的选择，投资就是稳赚，比如在熊市中，不能确定单只个股是否到底，但只要预判 A 股处于底部，就可以闭着眼买入沪深 300ETF+ 中证 500ETF 的组合。

如果看好美股，则可以卖出 300ETF、500ETF，买入标普 500+ 纳斯达克

100 的 ETF 组合，实时切换；如果需要长期避险，则可以配置债券 ETF+ 黄金 ETF 的组合，稳健过熊；如果需要空仓观望，则配置货币 ETF 随时准备入场。

因此 ETF 绝对是基金投资界的神器，你了解了吗?

7.1.4　ETF 基金的交易机制

ETF 基金又称交易型开放式指数基金，是一种在交易所上市交易的并且其基金份额可变的开放式基金，它兼具股票、开放型指数基金和封闭型指数基金的特色，可以像股票一样在证券公司的交易软件上交易。

1. 如何认购 ETF

ETF 认购这个概念和指数基金认购概念比较相似，它是指在 ETF 基金发行期间投资者购买 ETF 基金的行为。一般来说，ETF 基金认购分为 3 种方式，分别是网上现金认购、网下现金认购和网下实物认购。从本质上来说，网上现金认购和网下现金认购都属于现金认购，通俗来说就是指投资者用现金来购买 ETF 基金的基金份额。网下实物认购是指通过证券公司的营业网点使用股票认购 ETF 基金份额。这里需要注意的是，此处的"网上"不是指通常意义上的互联网、因特网或万维网，而是指网上交易系统。

网上现金与网下现金认购的具体区别如表 7-6 所示。

表 7-6　网上现金与网下现金认购的具体区别

区别之处	网上现金	网下现金
认购时间	一般需要在 ETF 基金认购期的最后 3 天进行	整个 ETF 基金发行期间都可以进行
认购渠道	一般不局限于某几家券商，只要是具有基金销售业务资格及交易所会员资格的证券公司都可以购买。认购路径一般通过场内基金认购页面进行	通过基金公司或某几家有代销的券商机构进行。认购路径一般在 ETF 网下现金认购页面
资金划拨	提交认购指令之后，会立即冻结投资者的认购资金，认购当天清算划扣资金，之后投资者不能撤单	提交认购指令后，认购当天只冻结投资者的认购资金，并不划转，待认购截止日，券商会通过交易所网上系统统一提交认购指令，资金再从投资者账户中划出，划入基金募集专户
认购份额	最低份额 1000 份或其整数倍	最低份额 1000 份或其整数倍

网下现金认购与网下实物认购如图 7-11 所示。

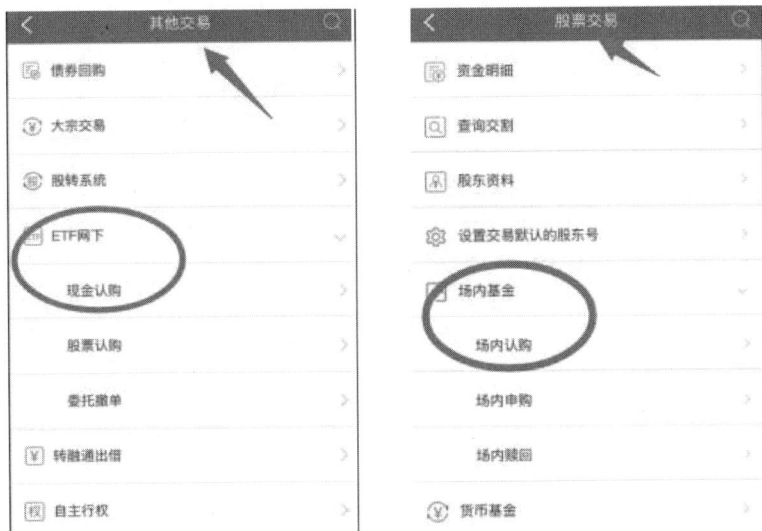

• 图 7-11　网下现金认购与网下实物认购

2. 如何申购与赎回 ETF

申购 ETF 是指投资者用一篮子股票换 ETF 基金份额，通过这种方式获得的 ETF 基金份额可在二级市场进行交易，其具体操作流程如图 7-12 所示。

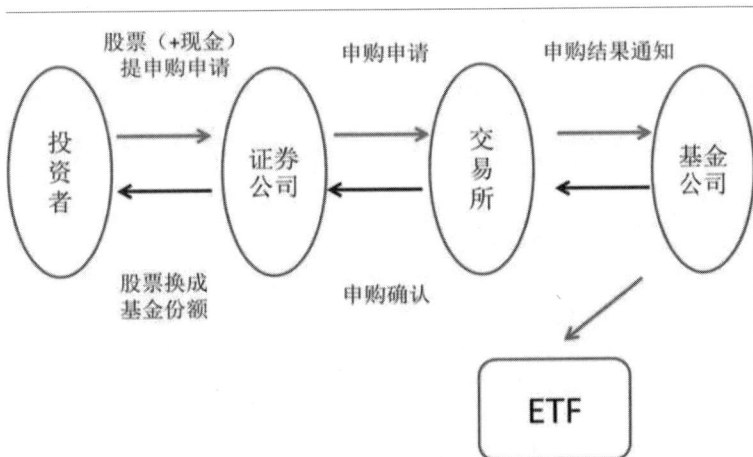

• 图 7-12　申购 ETF

赎回 ETF 是指投资者通过二级市场买入 ETF 基金份额，之后通过赎回操作换成一篮子股票，它与申购 ETF 操作的关系如图 7-13 所示。

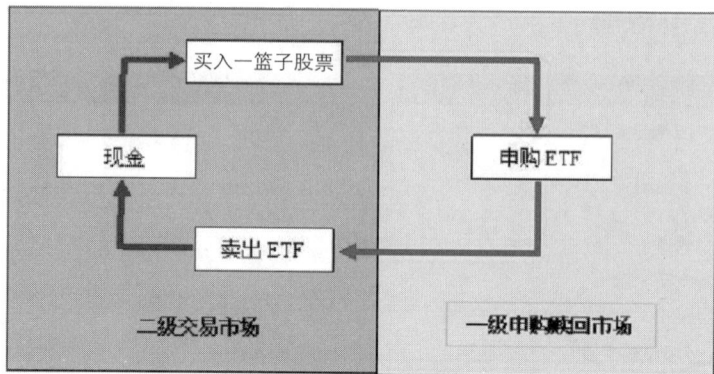

• 图 7-13　赎回 ETF 与申购 ETF 的关系

3. ETF 申购赎回与二级市场买卖交易的区别

（1）起始规模不同

在二级市场买卖 ETF 基金，投资者选择的基金份额为 1 手（1 手为 100 份）即可进行买卖，但是 ETF 申购赎回的基金份额必须在 100 万份以上。

（2）交换对象不同

如果投资者在二级市场进行 ETF 基金买卖，那么买卖双方可以直接交换他们的 ETF 基金份额和现金。换言之，一个投资者可以直接卖掉其手中的 ETF 基金份额，换成现金，而另一个投资者可以通过使用现金将 ETF 基金份额直接买入。

ETF 申购与赎回却是一篮子股票与基金份额之间的交换。换言之，在 ETF 申购与赎回时，只能通过一篮子股票与基金份额交换，不能像二级市场那样可以直接将 ETF 基金份额转换成现金，或者直接用现金转换成 ETF 基金份额。

7.1.5　ETF 基金的交易模式

相信不少投资者已经听说过单市场 ETF、跨市场 ETF、跨境 ETF、ETF 联接基金、货币 ETF、债券 ETF、黄金 ETF 等，其中对部分 ETF 前文已经讲述得很清楚了，那么单市场 ETF 和跨市场 ETF 究竟是什么呢？它们各自的交易机制又是什么？下面进行具体分析。

1. 单市场 ETF

单市场和跨市场在我国的股票市场中占有举足轻重的地位。如果一个指数其中包含的所有股票都是在同一家证券交易所中挂牌上市，那么这样的指数就被称为单市场指数，其中最有名的单市场指数莫过于上证综指。上证综指虽然囊括了众多股票，但这些股票都来自上海证券交易所。

（1）上交所单市场 ETF

什么是上交所单市场 ETF？它是指其跟踪的成分股都是在上海证券交易所挂牌上市的指数。如表 7-7 所示为部分常见的上交所单市场 ETF。

表 7-7　部分常见的上交所单市场 ETF（截至 2017 年 11 月 31 日）

代码	名称	成立日期	标的指数简称	资产规模（亿元）
510050	华夏上证 50ETF	2004.12.30	上证 50	380.85
510180	华安上证 180ETF	2006.04.13	上证 180	200.70
510290	南方上证 380ETF	2011.09.16	上证 380	2.29
510030	华宝上证 180 价值 ETF	2010.04.23	180 价值	2.27
510710	博时上证 50ETF	2015.05.27	上证 50	1.94

（2）深交所单市场 ETF

同理可知，深交所单市场 ETF 是指其跟踪的成分股都是在深圳证券交易所挂牌上市的指数。如表 7-8 所示为部分常见的深交所单市场 ETF。

表 7-8　部分常见的深交所单市场 ETF（截至 2017 年 11 月 31 日）

代码	名称	成立日期	标的指数简称	资产规模（亿元）
159915	易方达创业板 ETF	2011.09.20	创业板指	51.66
159902	华夏中小板 ETF	2006.06.08	中小板指	26.28
159957	华夏创业板 ETF	2017.12.08	创业板指	2.48
159910	嘉实深证基本面 120ETF	2011.08.01	深证 F120	1.58

（3）单市场 ETF 交易规则

① 投资者申购的单市场 ETF 基金份额，当天可以卖出，但是不能赎回。

② 投资者买入的单市场 ETF 基金份额，当天可以赎回，但是不能卖出。

③ 投资者赎回的股票或证券，当天可以卖出，但是不能用于申请单市场 ETF 基金份额。

④ 投资者买入的股票或证券，当天可以卖出，但是不能用于申请单市场 ETF 基金份额。

2. 跨市场 ETF

跨市场 ETF 是指指数中的成分股不是来自上海证券交易所，就是来自深圳证券交易所，最有名的跨市场 ETF 当属沪深 500ETF 和沪深 300ETF。这两个市场对跨市场 ETF 采取了截然不同的结算模式。

（1）上海证券交易所跨市场 ETF 模式强调效率和 T+0

上交所跨市场 ETF 对深交所股票通过现金替代的方式，从而实现 T+0。例如，投资者如果想要申购沪深 500ETF，就需要购买该成分股中 75% 的上交所股票，再交付 25% 的现金给基金公司，基金管理公司就用这 25% 的现金帮投资者实时买入 25% 的深交所股票。

（2）深圳证券交易所跨市场 ETF 模式强调实物申赎

深交所跨市场 ETF 对上交所股票通过实物申赎的方式，采用的是 T+2。例如，投资者在 T 日申赎沪深 500ETF，那么要等 T+2 日才能正式结算清楚。这种结算方式虽然公开透明，但是效率极低。

7.2 ETF 基金的主要投资策略

我们都知道 ETF 基金在海外非常流行，但是在国内起步时间并不长，那么在投资 ETF 基金的过程中我们可以采取哪些投资策略呢？下面主要介绍 4 种常见的投资策略。

7.2.1 长期投资策略

根据长期以来的基金投资经验，基金经理能力和预判再强，也不可能持续跑赢 ETF 基金，而且在长期投资中，指数基金的费用明显比主动基金低，它可以有效降低投资者的成本。

我们可以这么说，普通投资者要想跑赢通货膨胀，保证自己的财富不受到侵蚀，可以选择长期投资策略，享受 ETF 基金带来的增值。

7.2.2　定期投资策略

对投资新手和缺乏投资经验的人来说，可以采用定期投资 ETF 基金。这种定期投资也就是前文提到的"定投"，这种投资方法可以降低指数短暂波动带来的风险，可以淡化择时难题。

当然，在投资 ETF 基金时，投资者可以灵活运用笔者提到过的止盈策略，在享受 ETF 带来的高收益的同时，让这份收益更加稳定。

7.2.3　杠杆交易策略

在上海证券交易市场和深圳证券交易市场目前只有 24 只 ETF 符合融资融券的条件，对投资老手或者深谙投资之道的人来说，可以通过 ETF 的融资融券特性实现杠杆交易，带来极其丰厚的收益。但是这种交易策略存在极其大的风险，投资者稍有不慎就会血本无归。

7.2.4　波段操作策略

波段操作就是我们常说的"高卖低买"的策略，它具体是指投资者在股票价格高的时候卖出持有的股票，在股票价格低的时候买入股票。

对 ETF 基金而言，投资者也可以采用股票交易时用的波段操作策略。这种策略可以给投资者带来可观的波动收益，同时 ETF 的交易费用明显低于股票的交易费用，很明显 ETF 适合用波段操作策略。

7.3　了解一下美股 ETF 基金

开过美股账户的投资者都知道，美股的 ETF 基金有很多。除传统的指数型 ETF 外，美股 ETF 还可以加杠杆、做空各种股指。

7.3.1　沪深 300 两倍做多 ETF

沪深 300 两倍做多 ETF（基金代码为 CHAU）是美股市场推出的一只跟踪

沪深 300 的 2 倍杠杆基金，基金每日涨跌幅是沪深 300 的两倍上下，管理费率为 1.3%，规模为 0.58 亿美元。

2019 年 2 月 ~2019 年 4 月沪深 300 上涨 25.1%，同期 CHAU 上涨 55.4%，如图 7-14 所示。

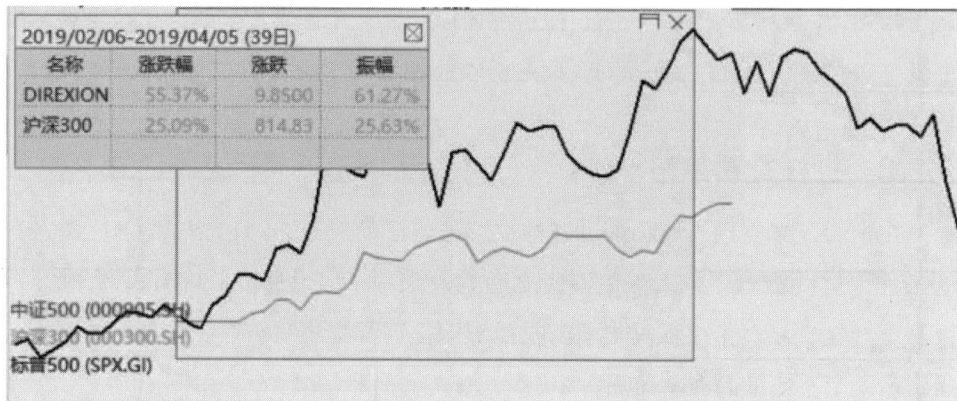

• 图 7-14 2019 年 2 月 ~2019 年 4 月沪深 300 走势

2018 年 1 月 ~2018 年 12 月沪深 300 下跌 29.31%，同期 CHAU 下跌 59.57%，如图 7-15 所示。

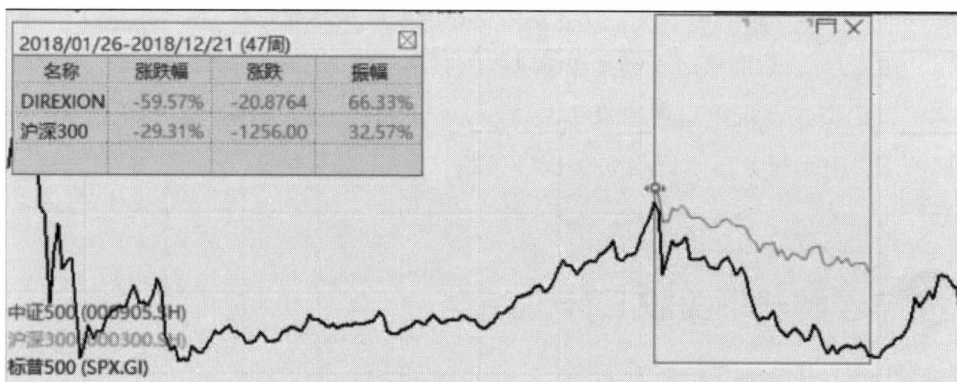

• 图 7-15 2018 年 1 月 ~2018 年 12 月沪深 300 走势

CHAU 这类杠杆基金的缺点在于，基金需要依靠期货期权来实现杠杆化运作，这意味着不低的成本，而且杠杆基金存在损耗问题。因此震荡市中 CHAU 需要承担较高的成本，如果股指长期不涨，则基金大概率要亏钱。比如 2015 年 11 月 5 日 ~2019 年 5 月 8 日沪深 300 涨幅为 1.07%，但两倍杠杆的 CHAU 不涨反跌，竟亏损了 9.6%，原因就在于成本的损耗，如图 7-16 所示。

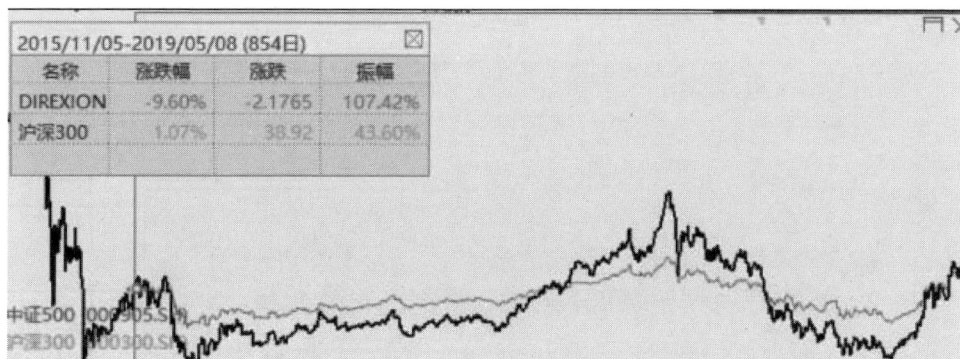

2015/11/05-2019/05/08 (854日)			
名称	涨跌幅	涨跌	振幅
DIREXION	-9.60%	-2.1765	107.42%
沪深300	1.07%	38.92	43.60%

• 图 7-16 2015 年 11 月 5 日 ~2019 年 5 月 8 日沪深 300 走势

综上，CHAU 更适合在上涨确定性较高的行情中短线持有。

7.3.2 沪深 300 反向 ETF

沪深 300 反向 ETF（基金代码为 CHAD）是不带杠杆的做空 A 股沪深 300ETF 的工具，总资本为 1.6 亿美元，流动性非常好，基金管理费率为 0.8%。颇有意思的是，该基金恰好成立于股市 2015 年的高位，随后市场便迎来暴跌，CHAD 一路上涨。

2015 年 6 月 17 日 ~2015 年 8 月 27 日，沪深 300 跌幅为 36.71%，同期 CHAD 上涨 34.71%，呈反向走势，如图 7-17 所示。

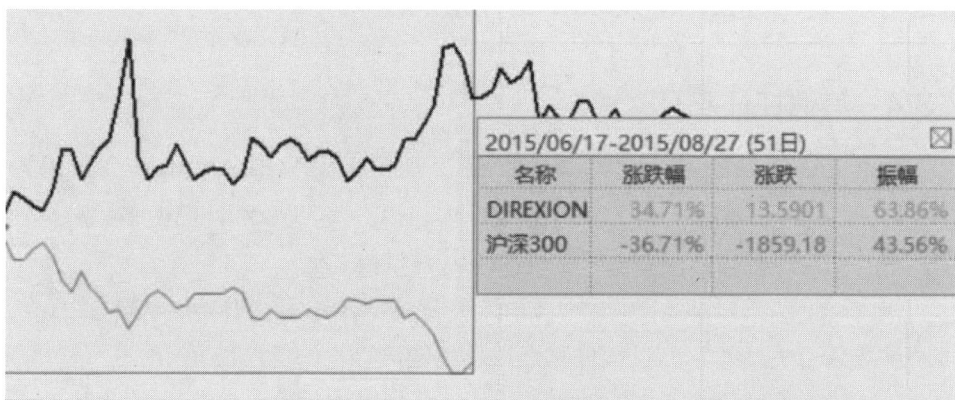

2015/06/17-2015/08/27 (51日)			
名称	涨跌幅	涨跌	振幅
DIREXION	34.71%	13.5901	63.86%
沪深300	-36.71%	-1859.18	43.56%

• 图 7-17 2015 年 6 月 17 日 ~2015 年 8 月 27 日沪深 300 走势

不过 CHAD 同样需要面临长期持有下高昂的成本问题。比如 CHAD 在 2015 年

6 月 23 日~2019 年 5 月 8 日长达近 4 年期间，股指持续震荡，沪深 300 下跌了 20.9%，而做空的 CHAD 却并没有上涨，反而也亏损 24.9%，如图 7-18 所示。

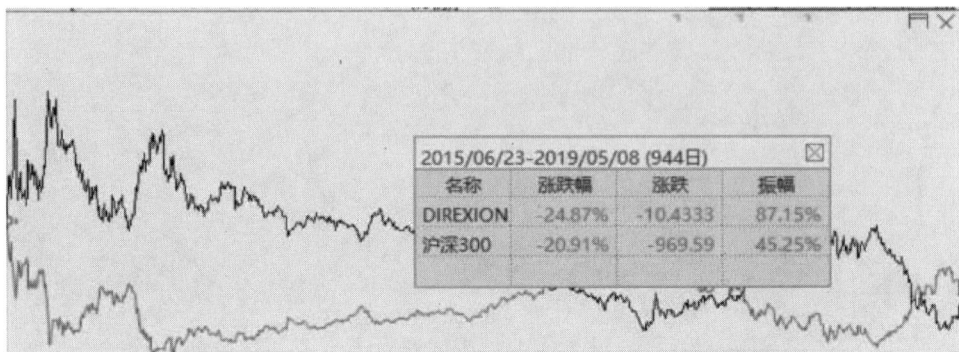

• 图 7-18 2015 年 6 月 23 日~2019 年 5 月 8 日沪深 300 走势

因此 CHAD 并不适合（2 年以上）长期看空持有，只适合短线投机。比如在 2015 年 5000 点高位将沪深 300 卖出，再买入 CHAD，做空高估的 A 股市场。

7.3.3 富时 A50 三倍做多 ETF

富时 A50 三倍做多 ETF（基金代码为 YINN）是 3 倍做多 A 股富时 A50 的 ETF，基金管理费率为 1.02%，富时 A50 主要投资港股上市的前五十大市值的股票，比如腾讯、建行、工行、中国移动等。

该基金自带 3 倍杠杆，不过高杠杆意味着更高的损耗，短期可能大幅跑赢指数，但是长期非常难有好收益，理论上只适合短线赌博式投资。

7.3.4 其他杠杆 ETF

除了上述提到的基金，美股 ETF 还有两倍做空富时 A50（基金代码为 FXP）、三倍做空富时 A50（基金代码为 Yang）、标普 500 两倍做多（基金代码为 SSO）、标普 500 两倍做空（基金代码为 SDS）等。

第 **8** 章

分级基金：将母基金分为多个子份额

　　根据发布的文件来看，将在 2020 年年底前对分级基金进行规范，其中，规模小于 3 亿元的分级基金要进行整改，有人认为分级基金可能会退出历史舞台，有人认为分级基金将会转型，有人认为部分分级基金会仍然存续。至于具体后续变化投资者可实时关注最新政策。

8.1 分级基金是什么

分级基金又叫"结构型基金"，是指在一个投资组合下，通过对基金收益或净资产的分解，形成两级（或多级）风险收益表现有一定差异化基金份额的基金品种。

8.1.1 什么是分级基金

股票（指数）分级基金的分级模式主要有融资分级模式和多空分级模式。债券型分级基金为融资分级；货币型分级基金为多空分级。

融资型分级基金通俗的解释就是 A 份额和 B 份额的资产作为一个整体投资，其中持有 B 份额的人每年向 A 份额的持有人支付约定利息，至于支付利息后的总体投资盈亏均由 B 份额承担。

以某融资分级模式分级基金产品 ×（× 称为母基金）为例，分为 A 份额（约定收益份额）和 B 份额（杠杆份额），A 份额约定一定的收益率，基金 × 扣除 A 份额的本金及应计收益后的全部剩余资产归入 B 份额，亏损以 B 份额的资产净值为限由 B 份额持有人承担。

当母基金的整体净值下跌时，B 份额的净值优先下跌。相对应地，当母基金的整体净值上升时，B 份额的净值在提供 A 份额收益后将获得更快的增值。B 份额通常以较大程度参与剩余收益分配或者承担损失而获得一定的杠杆，拥有更为复杂的内部资本结构，非线性收益特征使其隐含期权。

1. 分级基金的种类

根据分级母基金的投资性质，母基金可分为分级股票型基金（其中多数为分级指数基金）和分级债券基金。

分级债券基金又可分为纯债分级基金、混合债分级基金和可转债分级基金，区别在于纯债分级基金不能投资于股票，混合债分级基金可用不高于 20% 的资产投资股票，可转债分级基金投资于可转债。

根据分级子基金的性质，子基金中的 A 类份额可分为有期限 A 类约定收益份额基金、永续型 A 类约定收益份额基金。子基金中的 B 类份额又称为杠杆基金。

杠杆基金可分为股票型 B 类杠杆份额基金（其中多数为杠杆指数基金）、债券型 B 类杠杆份额基金（杠杆债基）、反向杠杆基金等。

上述引用自百度百科的解释，这种解释是不是很绕？现在我们来简单理解，假设 A 有 1 元钱，B 有 1 元钱，A 把自己这 1 元钱借给 B，这样 B 就有 2 元钱去炒股了。B 每年按约定（目前一般是年化 6%~7%）付给 A 利息，B 炒股亏的和赚的都与 A 无关，但如果 B 炒股把这 2 元钱亏损到了这道红线（1.25 元 +A 当年应计利息），则会触发低折以保护 A 的 1 元钱本金以及相应利息不受损失。

2. 分级基金的特点

换句话说，A 类份额具有保本保收益的特点，B 类份额具有杠杆放大风险和收益的特点。

一年 7% 的利息，而且能保证本金安全，只会买银行理财的投资者看着是不是很激动？且慢，这里有几点需要说明。

（1）利息不是以现金的方式给你，而是以母基金（一般是指数基金）的方式给你。之后你如果赎回母基金，则赎回手续费还需要花掉 0.5%。

（2）A 一旦把钱借给 B 后，就无法以现金形式取回本金了，但可以在证券市场进行交易（通常会折价交易，也就是 A 的净值为 1 元时，交易价格为 0.9× 甚至 0.8×）。

（3）约定的利息通常是以当年 1 月 1 日的银行一年期存款利率为基准加上 3%~4%。假如当年利率发生较大波动，比如类似 2013 年这种情况，虽然存款利率没变，但由于从 6 月开始，资金成本持续走高，再加上余额宝这类产品的冲击，那么对 A 会非常不利，相当于水涨了船却不能高。

看到这里是不是感觉有一盆凉水当头浇下？那么为什么还要玩分级呢？因为除了吃息，分级基金还有下文提及的玩法。

8.1.2　必须了解的几个概念

分级基金分为母基金和子基金。母基金通常是一个指数基金，两份母基金可以转换成 A、B 各一分子基金。A 基金是拿固定收益率的利息，B 基金付 A 基金利息，然后拿 A 基金的钱去投资股市博高收益。A 和 B 的初始净值通常均为 1 元，那么 B 拿 A 全部的钱去炒股，其杠杆就是 2 ∶ 1=2，这样在股市上涨的过程中就可以获得更大的收益，但同时也要承受更高的风险。

不过，提到分级基金就必须了解折价率、溢价率、下折、上折和定折的概念。

1. 折价率

折价率是指二级市场上交易价格低于基金净值的比率，如果是正的则说明该基金目前是折扣价卖出的，低于其实际价值；如果是负的则说明该基金是溢价的，高于其实际价值。

2. 溢价率

溢价率：与折价率反过来即可。

3. 上折、下折和定折

折算是指分级 B 份额净值跌至阈值或者母基金份额净值高于阈值，分级 B、分级 A、母基金净值均被调整为 1 元。

通常来说，下折在 B 类跌至 0.25 元时触发，上折在母基金涨到 1.5 元时触发，调整后各类份额数量按比例增减，分级 B 和分级 A 份额按初始比例保留，配对后的剩余部分将会转化为母基金场内份额，分配给相应份额持有者。简单来说就是净值归 1，把原先多出来的部分全都变成母基金还给你，其他的回到原点。

定折即定期折算一次，把分级 A 调整到 1 元，多出来的部分变成母基金。

8.1.3　分级基金的净值计算

母基金的净值等于该基金中各个子基金与其份额占比的乘积之和，用公式来表述就是母基金的净值 = 分级 A 的净值 × 分级 A 份额占比 + 分级 B 的净值 × 分级 B 份额占比。

1. 分级 A 净值计算

分级 A 的约定收益率 = 一年定期存款利率 +M%，假设一年有 Y 天，分级 A 距离上次折算的时间为 T 天，那么分级 A 的净值计算公式可以表述为：

● *分级 A 的净值 =1+ 分级 A 的约定收益率 ×（T/Y）*

2. 分级 B 净值计算

我们假设分级 A 份额：分级 B 份额为 E：F，根据母基金的净值 = 分级 A 的净值 × 分级 A 份额占比 + 分级 B 的净值 × 分级 B 份额占比可以直接计算出分级 B 的净值：

● *分级 B 的净值 =[(E+F)/E]× 母基金的净值 − 分级 A 的净值*

一般来说，我们假设分级 A 份额：分级 B 份额为 1：1，这时分级 B 的净值计算公式可以简化为：

● *分级 B 的净值 =2× 母基金的净值 − 分级 A 的净值*

3. 分级基金整体折溢价计算

分级基金的母基金并不在二级市场上交易，那么它的折溢价是无法直接计算出来的。不过，它的子基金分级 B 和分级 A 是可以在二级市场流通和交易的，因此我们可以通过计算子基金的折溢价来计算分级基金的整体折溢价：

● *整体虚拟价格 = 分级 A 份额价格 × 分级 A 份额占比 + 分级 B 份额价格 × 分级 B 份额占比*

8.1.4　了解分级基金的杠杆

对于分级基金而言，投资者一开始买入的时候就应该考虑的就是它的杠杆。分级基金的杠杆计算公式虽然简单，但是不同的杠杆却无法真实反映出分级基金的子基金在二级市场上的波动。

分级基金的初始杠杆就是它发行时分级 A 份额与分级 B 份额之和与分级 B 份额的比值，具体可以表述为：

● *分级基金初始杠杆 =(分级 A 份额 + 分级 B 份额)/ 分级 B 份额*

举例说明，富国中证军工分级基金分为 A 类和 B 类，分级 A 与分级 B 的份额相同，即分级 A 份额：分级 B 份额 =1：1，则富国中证军工分级基金的初始杠杆为 2。

除了初始杠杆，分级基金还存在净值杠杆和价格杠杆。因为 A 类子基金每天的收益小，对分级基金整体收益影响较小，于是净值杠杆是指母基金总净值除以分级 B 总净值所得到的数值，具体可以表示为：

- 净值杠杆 = 母基金总净值 / 分级 B 总净值
- 净值杠杆 =（母基金净值 × 母基金份额）/（分级 B 净值 × 分级 B 份额）
- 净值杠杆 =（母基金净值 / 分级 B 净值）× 初始杠杆

价格杠杆将分级基金的折溢价也考虑了进去，它是指母基金的总净值除以分级 B 总市值，具体可以表示为：

- 价格杠杆 = 母基金的总净值 / 分级 B 总市值
- 价格杠杆 =（母基金净值 × 母基金份额）/（分级 B 总份额 × 分级 B 价格）
- 价格杠杆 =（母基金净值 / 分级 B 价格）× 初始杠杆

8.2 如何玩转分级基金

2016 年，监管建议分级基金设立 30 万元资金门槛，由于 80% 的投资者的证券资产达不到 30 万元，所以分级基金流动性下降不少，而分级基金的持有者主要是散户，所以有的投资者认为要赶紧逃离分级基金，但其实完全不用过度担心，因为分级基金是围绕对应跟踪标的进行价值波动的。

此外，投资者也可以通过转化为母基金在一级市场卖出，当然影响也不会没有，笔者认为由于设立 30 万元门槛即拦住了大量的散户投资者，留在场内的以机构大户和部分散户为主，这类人群由于投资经验成熟，所以分级基金市场的套利机会应该会更少，还有分级 B 的溢价率应该相对过去更低，成熟投资者更少会冒着 30% 以上的溢价和高杠杆风险去博反弹。

8.2.1 低风险玩转 A 级基金

目前市场上分级 B 付给分级 A 的利率通常是"3%＋一年期存款基准利率"或者"4%＋一年期存款基准利率"，还有一些甚至是 4.5%＋一年期。整体大概为

5%，收益水平差距不会特别大。

因为 4.5%＋ 的都是溢价销售，而 3%＋ 则是折价，注意修正收益率（包含折溢价在内的真实收益率）收益最高的是深成指 A，隐含收益率为 5.6%，但其利率规则反而为 3%＋。

那么除了这种基本约定收益的方式，我们还有什么玩分级 A 的方法呢？提到此内容，首先要讲解一下折溢价的由来。

当牛市来了，股市的成交量会发生骤增，那么带有杠杆的分级 B 就会大受投资者欢迎，在市场上处于溢价的状态，由于分级 B 和分级 A 份额永远是 1 : 1，市场上的 B 类供不应求。

为了持有更多的 B 类，就会有人买入母基金拆分成分级 A 和分级 B 再把 A 类卖掉，这时分级 A 由于拿固定收益，在牛市无人关注，供大于求，所以就会导致折价。

在牛市，分级 B 类的溢价往往达到 20% 以上，而分级 A 类的折价也保持在 20% 左右。

所以很多投资者买入分级 B 的，如果能及时跑掉，则收益会非常夸张，因为有好几倍的杠杆，但如果没能及时跑掉，则临近下折时也可能被按在跌停板面前一动不动。

事实上太多的投资者过于关注分级 B 而忽视了分级 A，行情好时它被大家丢在一边，没人看它一眼，殊不知牛市过后它也可以实现 30% 的高收益，为什么呢？解释如下。

我们清楚在牛市成交量旺盛，而在熊市成交量就会大幅萎缩，那么当牛市高峰结束之后转为熊市，此时分级 B 就会被大量抛售，大量的分级 B 由于净值越来越低，导致杠杆越来越大，最后可能 B 在 0.3 元左右时，分级 A 还在 1 元左右，此时已经有了 4 倍的杠杆，导致大盘一波动就跌停，甚至要第二天来继续补跌。

因为其高杠杆率，所以反弹起来非常快，何况很多投资者有天生的赌博式投资心理，所以它仍然十分受投资者喜爱。

最大的问题是，分级 B 往往下折后杠杆回到了正常，吸引力就会大幅下降，由于下折原理，B 类溢价部分消失不说，市场一降温，此时它甚至反而会变成折价，A＋B 的价值小于两份母基金的价值，存在套利空间，原先被套牢持有分级 B 的投资者则会通过买入 A 再转化成母基金卖出以减少损失。

套利者也通过直接买入分级 B 和分级 A 再合并套利，外加市场降温后固定收益的 A 类反而比 B 类更加具备吸引力，供求关系的转变使 A 类供不应求，所以导致分级 A 反而出现溢价。

分级 A 从 20% 的折价到 15% 的溢价，中间就会出现一个 30% 左右的超额收益的空间。4 张图为沪深 300A 和沪深 300B 分别在 2015 年 6 月 30 日和 2016 年 9 月 21 日的价格，如图 8-1 和图 8-2 所示。

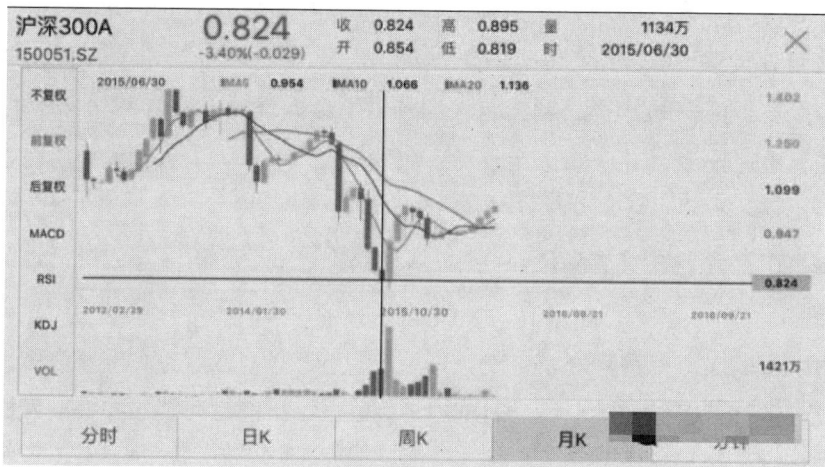

• 图 8-1（1）　2015 年 6 月 30 日沪深 300A 价格

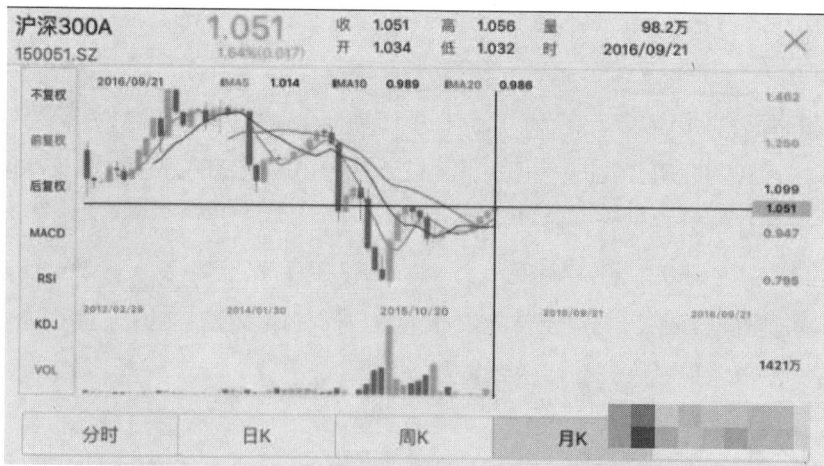

• 图 8-1（2）　2016 年 9 月 21 日沪深 300A 价格

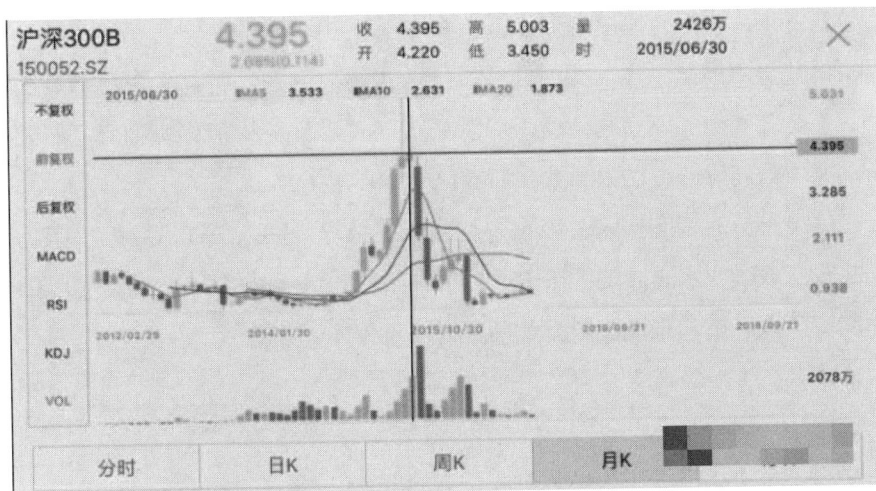

• 图 8-2（1）　2015 年 6 月 30 日沪深 300B 价格

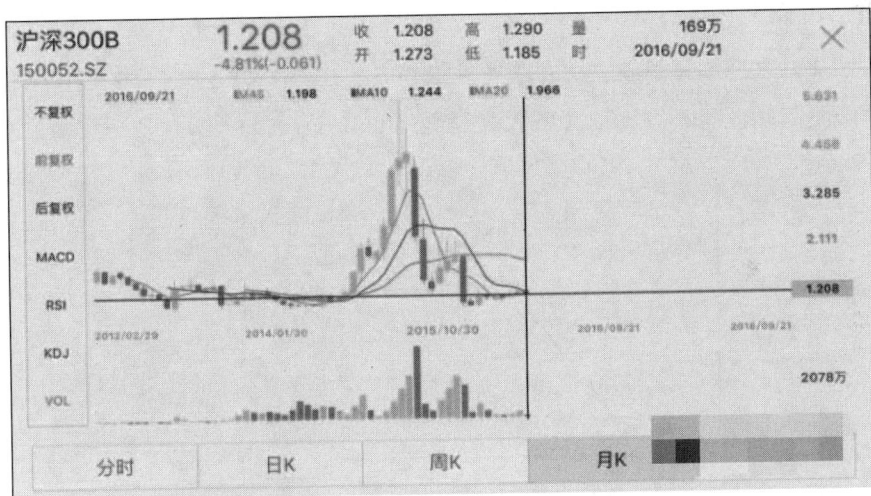

• 图 8-2（2）　2016 年 9 月 21 日沪深 300B 价格

　　300A 从 2015 年 6 月 30 日的 0.824 元到 2016 年 9 月 21 日的 1.051 元取得了 28% 的收益率，在 2015 年年中买入分级 A 类的投资者，大部分年化收益率超过了 20%，而这只 300B 的表现则从 4.395 元跌到了 1.208 元，亏了接近 300%。

　　过去在牛市最高点时，分级 A 的隐含收益率甚至已经达到了年化 7%。在牛市中往往分级 A 会有很大的折价，那些高折价的分级 A 类品种，一般来说是稳健型投资者的"好菜"。

总结下来，什么时候是购买分级 A 的最好时机呢？

答案就是牛市最高点。此时往往其折价也是最大的，所以投资者如果在牛市顶端之前全部卖出股票获利结清，那么之后直接全部买入分级 A 即可，如果不赎回，那么牛市高位还留在里面就会血亏。

在牛市高位时赎回买入分级 A，相当于继续享受别人正在散场的牛市。等牛市彻底转变成了死水一般的熊市时，分级 A 的溢价往往很高，之后就可以把分级 A 再卖掉买入股市，股市投资就此循环，永不停歇。

投资者在牛市最高点时有如下 4 种情形：

（1）不赎回。

（2）赎回放现金账户。

（3）赎回投 P2P。

（4）赎回投分级 A。

这 4 种方式则有着截然不同的 4 种收益曲线，如图 8-3 所示，在牛市后期从股票或股指基金退场买分级 A 的收益是最高的。

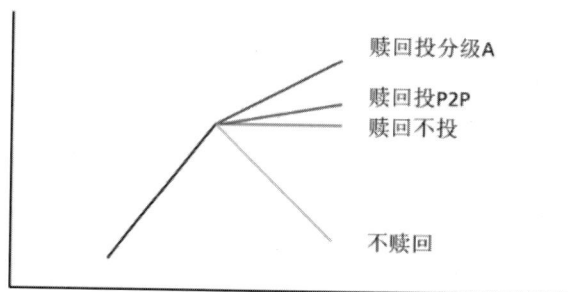

• 图 8-3　4 种方式收益曲线对比

由于判断什么时候是牛市顶点是很难的一个问题，所以当股市处于牛市时，可以采取分批赎回的方法，即和定投相似的"定赎"——每涨 20% 赎回 20% 利润部分，那么赎回的利润部分即投入分级 A 类中。

此时既能及时结清利润，又可以享受牛转熊的收益，这就叫双重保险，笔者做过一个数据回测，利用这种无脑的方法可以轻松跑赢大盘。

当然即使是定赎，但本金一直留在场内，如果股市处于高泡沫阶段则必须出场，不然本金留在里面熊市来了本金就会大幅缩水，即使跑赢了大盘也无法获得较高预期收益，因此必须得设定一个彻底离场的区间，笔者认为当上证指数 PE

高于 30 倍以上即可清仓。

分级 A 虽是宝，但也要运用得当，如果你从牛市开端买入，那么它只会一直下跌，但由于其每年定期折算的原理，只要长期持有，它最终就可以拿到其约定收益率，所以它相比股票安全得多，因为它是保值的。

8.2.2　用 B 级基金博取高收益

上折是分级基金不定期折算方式之一，本质相当于在母基金实现较大涨幅时，对 B 份额进行收益分配。

在牛市，由于 B 份额上涨很快，而 A 类上涨速度跟不上，导致 A 和 B 的净值比越来越小，从而杠杆减少，为了保证分级基金中杠杆能维系在一定数值上，通过向上折算，使母基金与 A、B 份额的净值相等，B 份额恢复交易功能，同时也为 B 份额提供有效的退出机制，从而实现大部分净值收益的变现。

根据大数据研究表明，在母基金上折 T−5 或 T−10 日买入分级基金 B，并持有在 T+5 卖出分级 B 大多能获得 10% 左右的超额收益的成功率高达 81.58%。

同时通过历史上折数据显示，上折前如果分级 B 低估，那么它在上折期间获得超额收益的概率比较大，且平均收益率也明显偏高。不过若投资者在触发上折阈值后进入市场，则获得超额收益的概率将大大减小，如图 8-4 和图 8-5 所示。

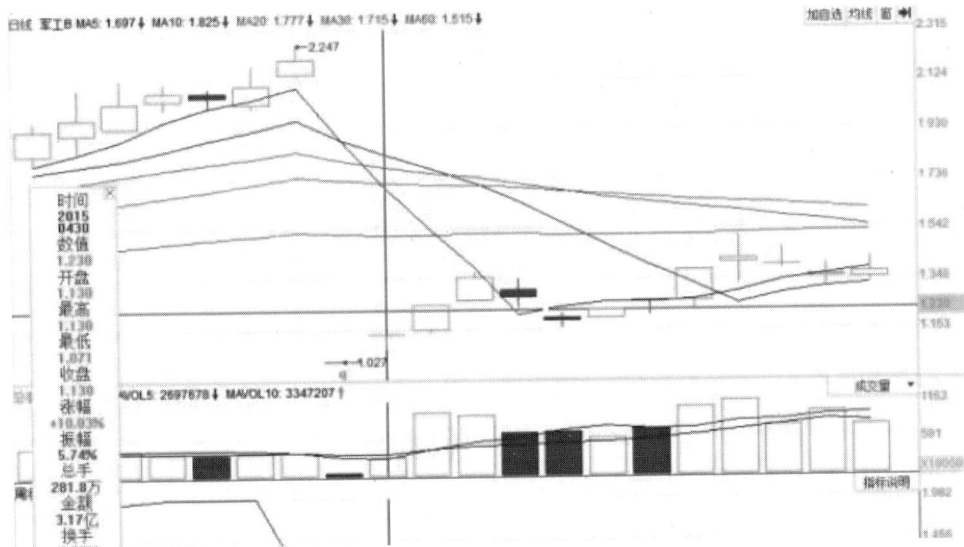

• 图 8-4　地产 B 上折后 K 线图

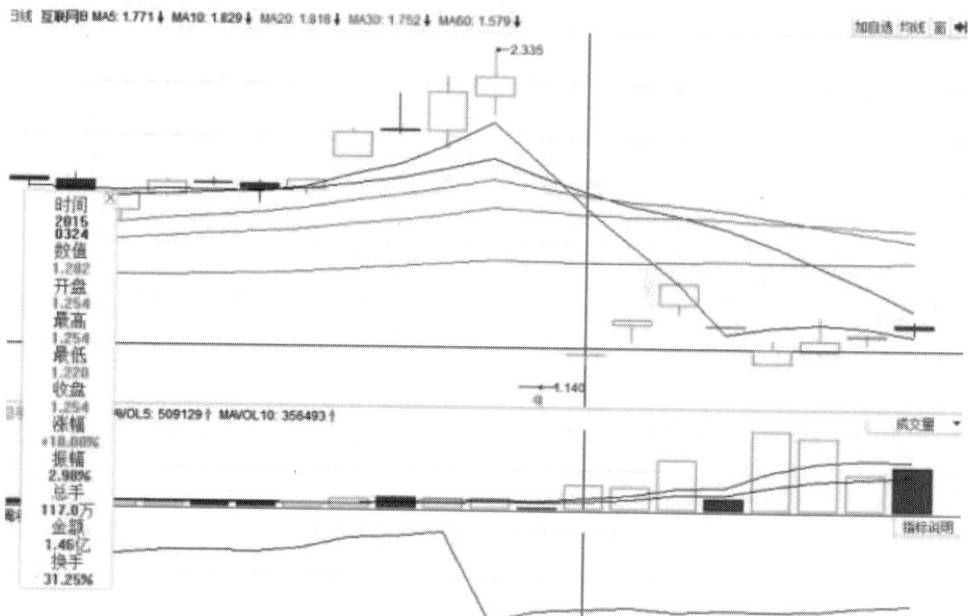

• 图 8-5　传媒 B 上折后 K 线图

其收益主要来源于如下 3 个方面：

（1）指数上涨收益。

（2）B 份额杠杆恢复后吸引力提升，带动溢价上升的收益。

（3）A 份额的价格变动收益。

8.2.3　分级基金的高效套利方法

分级基金折算是使得子基金份额获得可以按照净值赎回的母基金形式的分红，从而保证交易价能体现净值的价值。

如果某分级基金在某一阶段的子基金份额都没有折算得到母基金的分红，那么对它们进行任何净值的赋值都是一个"名义"上的数字，而不能得到实质性的兑现。例如，在申万收益净值≤ 1 元时申万深成指分级没有折算，此时申万收益和申万进取两个份额净值都失去意义。

一般来说，折算分为到期折算、定期折算和不定期折算。

到期折算是有分级期限和循环分级的，分级基金到期 A、B 份额都按照净值折算为母基金。

定期折算是 A 类份额净值超过 1 元的部分定期折算为母基金份额的形式得到的约定收益，多数 B 类份额不参与定期折算，只有双禧 100、嘉实多利、南方消费、同庆 800 分级的定期折算 B 类份额在净值超过 1 元的部分也折算为母基金份额。

不定期折算又称为"到点折算"，分为向上折算（上折）和向下折算（下折）。

发生向上折算时，A 类的上折和定折相同，得到净值超过 1 元的部分以母基金份额得到的约定收益，B 类份额净值超过 1 元的部分折算为母基金。上折对 A 类无影响，但会使 B 类恢复为较高的初始净值杠杆。

下折比上折复杂一些。假设 B 类下折为 B 净值 ≤ 0.25 元，发生向下折算时，下折日 B 类净值为 0.242 元，A 类净值为 1.036 元，母基金净值为 0.639 元。则每 1000 份净值为 0.242 元的 B 类，折算为 242 份净值为 1 元的新的 B 类；每 1000 份净值为 1.036 元的 A 类，折算为 242 份净值为 1 元的新的 A 类和 1036－242=794 份净值为 1 元的新母基金；每 1000 份净值为 0.639 元的母基金折算为 639 份净值为 1 元的新母基金。

由于 A 类净值超过 75% 的大部分折算为母基金，而母基金可以按照净值赎回。所以原先折价交易的 A 类在接近下折时折价率减小（价格上涨），B 类溢价率减小；原先溢价交易的 A 类在接近下折时溢价率减小（价格下跌），B 类折价率减小。

向下不定期折算套利的前提条件如下：

（1）由于 A 类子基金约定收益率低于市场债券收益率而折价交易，那些约定收益率较高而溢价交易的 A 类下折时交易价会下跌。

（2）B 类子基金有净值下跌到某一值时触发不定期折算条款。

（3）母基金距离向下折算点的跌幅要小于 10%，且市场环境中母基金所跟踪的指数大概率会下跌超 10%。当条件满足时，就可以选择买入 A 类子基金，或者场内申购母基金进行拆分，抛售 B 类子基金，保留 A 类子基金。

等待 B 类子基金净值下跌到触发不定期折算而得到折算红利。如果大盘反弹，则也有可能存在套利不成功的风险。

上述引用自百度百科的解释。太专业看不懂？我们还是以 A 类视角来阐释下折。下折（或者称低折）实际上就是 A 类兑现折价的过程。前面提到"A 类通常会折价交易，也就是 A 的净值为 1 元时，交易价格为 0.9× 甚至 0.8×"，那么下折就是把这百分之几或者百分之十几的折价大部分兑现的过程。

我们以低折时的银华金瑞为例。

以 2013 年 12 月 20 日银华金瑞（A 类）的收盘价（套利基金在确认了肯定会发生下折后给出的价格）1.025 元作为套利介入价格来试算套利收入。

假设投资者买入了 1000 份，成本为（1.025×1000）×1.0005（万五手续费）=1025.5 元。

2013 年 12 月 23 日为银华金瑞（A 类）的低折基准日，这天银华金瑞（A 类）的净值为 1.063 元，银华鑫瑞（B 类）的净值为 0.243 元，母基金银华资源的净值为 0.571 元。

那么，1000 份银华鑫瑞（B 类）将被低折为 243 份新银华鑫瑞（B 类），新银华鑫瑞的净值为 1 元；1000 份母基金银华资源也将被折算为 571 份新母基金银华资源，净值也为 1 元；1000 份银华金瑞（A 类）则被折算为 243 份净值为 1 元的新银华金瑞（A 类）和 820 份净值为 1 元的新母基金银华资源。这 820 份新母基金可以赎回（手续费率为 0.5%）为现金。

份额折算过程如表 8-1 所示（可以看到 3 类份额的变化，只有 A 类份额的资产变化是最具有收益性的）。

表 8-1　份额折算过程

12 月 23 日实际数据	折算前		折算后	
（以持有 1000 份为例）	净值	份额数	净值	份额数
母基：银华资源	0.571	1000 份	1	571 份新银华资源份额
A 类：银华金瑞	1.063	1000 份	1	243 份新银华金瑞份额 +820 份新银华资源份额
B 类：银华鑫瑞	0.243	1000 份	1	243 份新银华鑫瑞份额

再保守假设净值为 1 元的新银华金瑞（A 类）上市首日折价 8%，即交易价格为 0.92 元。我们现在来计算收益，如果接下来两天大盘不涨不跌，赎回费率为 0.5%，则获得的 820 份母基金银华资源（T+2 日才可赎回）的收益为（820×1）×（1-0.005）=815.9 元；如果接下来两天大盘跌 1%，则 815.9×0.99=807.74 元；如果接下来两天大盘跌 2%，则 815.9×0.98=799.58 元。

以此类推，获得的 243 份净值为 1 元的新银华金瑞（T+2 日可卖出）为

243×0.92（折价 8%）×0.9995（万五手续费）=223.45 元。

也就是说，接下来资源指数不涨不跌的情况下，套利收益为 815.9+223.45-1025.5=13.8 元，收益率为 13.8/1025.5 =1.35%。

当然，如果资源指数之后两天大跌，那么除非有很好的对冲机制，否则套利资金将会亏损。最后归纳一下我的理解，下折就是大幅消灭 B 类的溢价，给付 A 类的折价和利息。

第 9 章

其他基金：更多投资方式全面解读

基金具有分散风险、由专家理财的优势，是普通人适合的理财工具。但是与存款不同，投资基金是一门学问，并不是所有的基金都能带来同样的收益。本章主要介绍更多其他基金的交易要点，帮助投资者了解这些基金交易方式与规则。

9.1 股票型基金，风险和收益并存

基金投资其实就是一些散户把钱凑给基金经理来投资，这个钱既可以投股票，也可以投债券、银行存款，还可以投黄金。

由于是大伙凑钱，所以十元八元的都可以参与，基金存在的最大意义在于专业管理，且降低了投资的门槛。

目前国内已经成立了很多种类的基金，比如主要投股票的叫股票基金，投债券的叫债券基金，投货币市场的（比如余额宝）叫货币基金，投大宗商品的（比如黄金、白银）叫商品基金。

9.1.1 什么是股票型基金

股票型基金是指 60% 以上的基金资产投资于股票的基金。

有的基金经理投资能力强悍，就募集好资金自己选股投资，这种方式叫主动股票基金。

当年的基金经理一哥王亚伟在他操盘的 6 年多时间里，华夏大盘精选净值翻了 12 倍，投资者如果能押中这种基金岂不有的赚？不过更多的基金业绩表现平平，选主动管理的基金，不仅是技术活儿，更是运气活儿。

比如，蚂蚁财富首页推荐的业绩一年上涨好几十个点的基金，如图 9-1 所示，都是股票型基金。注意：这些基金的业绩可不代表未来，虽然它最近一年涨了好几十个点，但下一年就开始跌个不停也是很有可能的。

• 图 9-1　蚂蚁财富首页推荐

9.1.2　股票型基金的种类

根据不同的分类标准，股票型基金可以分为很多类型，常见的分类标准有投资对象、基金投资分散化程度和基金投资目的。

1. 根据投资对象划分

按照投资对象划分，股票型基金可以分为优先股基金和普通股基金，具体信息如图 9-2 所示。

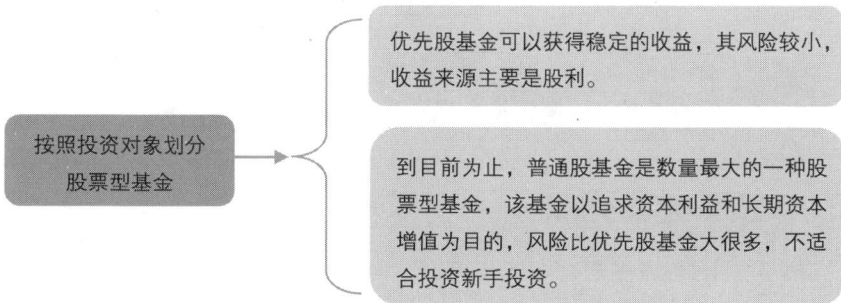

• 图 9-2　按照投资对象划分股票型基金

2. 根据基金投资分散化程度划分

按照基金投资分散化程度划分，股票型基金可以分为普通股基金和专门化基金，具体信息如图 9-3 所示。

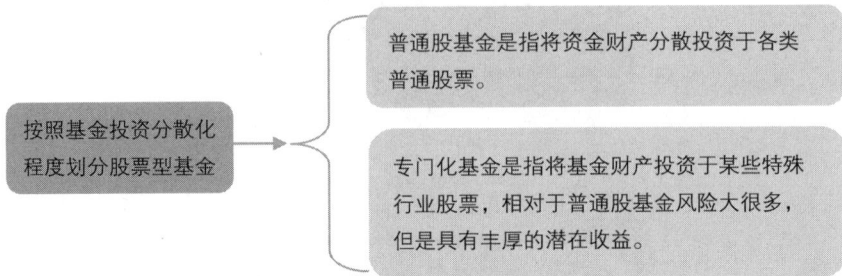

• 图 9-3　按照基金投资分散化程度划分股票型基金

3. 根据基金投资目的划分

按照基金投资目的划分，股票型基金可以分为资本增值型基金、成长型基金和收入型基金，具体信息如图 9-4 所示。

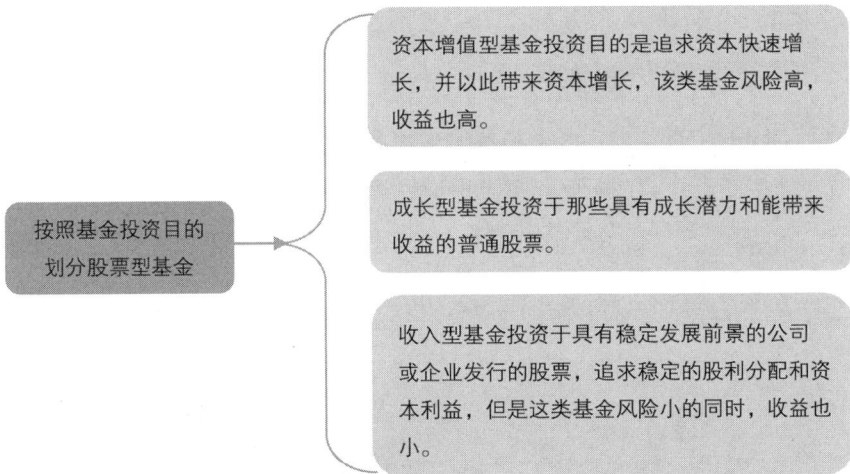

• 图 9-4　按照基金投资目的划分股票型基金

9.1.3　股票型基金的特点

股票型基金的特点主要有如下 4 点：

（1）与其他基金相比，其投资对象具有多样性，投资目的也具有多样性。

（2）与投资者直接投资于股票市场相比，股票基金具有分散风险、费用较低等特点。

（3）从资产流动性来看，股票基金具有流动性强、变现性高的特点。

（4）对投资者来说，股票基金经营稳定、收益可观。同时，还具有在国际市场上融资的功能和特点。

9.1.4　股票型基金的筛选要点

随着互联网金融的普及，基金更为频繁地出现在了我们的生活之中，股票型基金能规避个股的非系统性风险，并且由专业的投资者进行管理，很适合不太懂股票的理财小白进行投资。

那么如何才能正确选择一只股票型基金呢？下面可以跟着笔者整理的要点来筛选股票型基金。

以笔者的经验，认为选择一只股票型基金主要需要考虑如下六大因素：

（1）股票型基金的过往业绩。

（2）股票型基金的投资风格。

（3）基金的技术统计资料。

（4）基金的资产配置比率。

（5）基金公司的管理水平。

（6）股票型基金的基金经理的操作水平。

那么如何了解这些因素呢？登录晨星基金网，点开基金工具一栏即可进行查看，首先选"基金龙虎榜"，如图 9-5 所示。

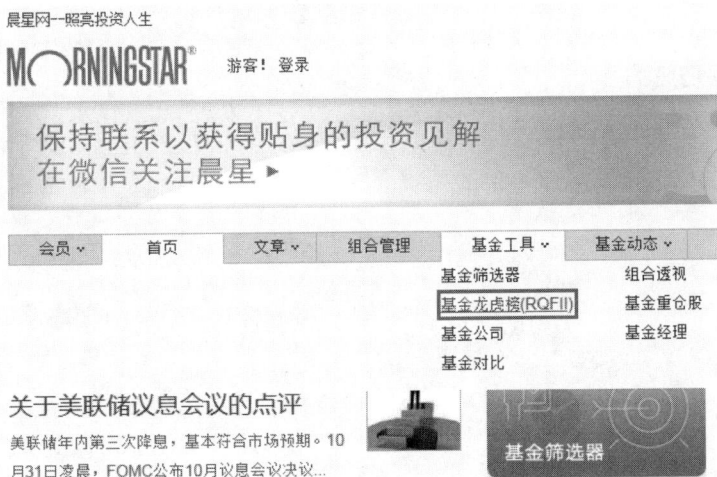

• 图 9-5　基金龙虎榜

1. 过往业绩评级

在基金龙虎榜中，排名靠前的都是三年评级和五年评级为五星的基金。

晨星评级主要是根据基金往年业绩来评定的，按业绩排名划分为5个档次，业绩前10%的基金为5星，紧接着22.5%为4星，中间35%为3星，而后的22.5%为2星，排最后10%为1星。

选择基金当然优先选五年评级是5星的，有些基金可能存在年限没有达到5年则可以参考三年评级，在投资相似标的的情况下，笔者推荐选择年限长的基金，因为有业绩评判标准，如图9-6所示。

历史最差回报（%）						2019-10-31
最差三个月回报						-32.29
最差六个月回报						-30.17

➕ 晨星评级 💬						2019-09-30
		三年评级		五年评级		十年评级
晨星评级方法论		★★★★★		☆☆☆☆☆		☆☆☆☆☆

➕ 风险评估 💬						2019-09-30
	三年	三年评价	五年	五年评价	十年	十年评价
平均回报（%）	4.95	-	-	-	-	-
标准差（%）	32.21	-	-	-	-	-
晨星风险系数	19.06	-	-	-	-	-
夏普比率	1.12	-	-	-	-	-

➕ 风险统计 💬						2019-09-30

• 图9-6 晨星评级

2. 投资风格

在晨星的基金对应栏的股票投资风格箱中可以看到投资风格，如图9-7所示，股市将市值按从大到小的股票以一定比例区间划分，分为大盘股、中盘股和小盘股。

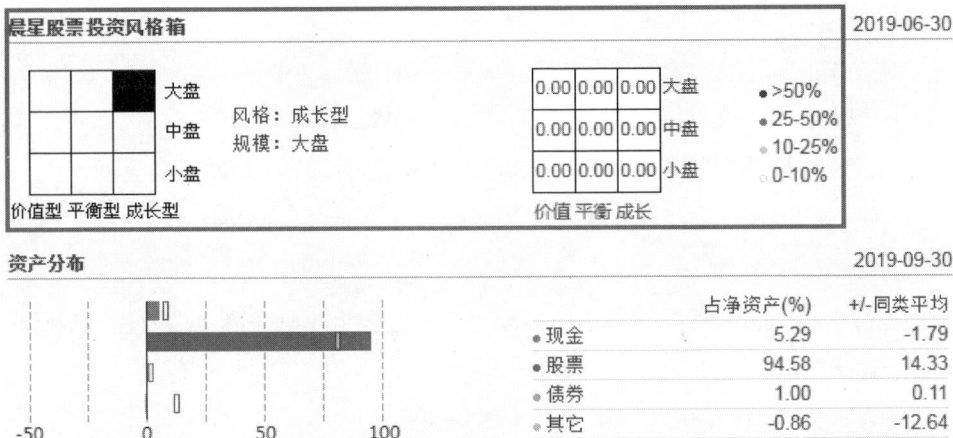

晨星股票投资风格箱 2019-06-30

	大盘
	中盘
	小盘

风格：成长型
规模：大盘

0.00	0.00	0.00	大盘
0.00	0.00	0.00	中盘
0.00	0.00	0.00	小盘

价值型 平衡型 成长型

价值 平衡 成长

● >50%
● 25-50%
● 10-25%
○ 0-10%

资产分布 2019-09-30

	占净资产(%)	+/-同类平均
● 现金	5.29	-1.79
● 股票	94.58	14.33
● 债券	1.00	0.11
● 其它	-0.86	-12.64

• 图 9-7 投资风格

同时，基金投资的类型还分为价值型和成长型，在短期波动（风险）程度上，小盘成长＞大盘价值＞大盘成长＞小盘价值。当然如果打算长时间持有或者进行基金定投，那么从历史角度来看，对于长期平均回报率，也是小盘成长＞大盘价值＞大盘成长＞小盘价值。

3. 技术统计资料

技术统计资料在基金的对应栏中也可以看到，如图 9-8 所示，主要有如下几个：平均回报、α 系数、β 系数、R 平方、夏普比率和晨星风险系数。

风险评估 2019-09-30

	三年	三年评价	五年	五年评价	十年	十年评价
平均回报（%）	4.95	-	-	-	-	-
标准差（%）	32.21	-	-	-	-	-
晨星风险系数	19.06	-	-	-	-	-
夏普比率	1.12	-	-	-	-	-

风险统计 2019-09-30

	+/-基准指数	+/-同类平均
阿尔法系数（%）	28.78	32.06
贝塔系数	1.41	1.60
R平方	39.90	55.50

风险评价 2019-09-30

二年	三年	五年	十年
☆☆☆☆☆	☆☆☆☆☆	☆☆☆☆☆	☆☆☆☆☆

• 图 9-8 技术统计资料

平均回报：当然越大越好。

α 系数：反映能跑赢大盘的程度，也是越大越好。

β 系数：比如上证指数本身的 β 是 1，如果股票型基金的 β 为 2，那么其涨跌的幅度就是上证指数的两倍，波动大，意味着高风险、高收益。

R 平方：代表与大盘的相关性，为 1 就是完全相关，如果和 1 差很多，则贝塔系数就不是那么有代表性。

夏普比率：指每承受一单位总风险，会产生多少超额报酬，在收益或风险相近时，越大越好。

晨星风险系数：该值越大基金价格下行风险越高。

4. 基金资产配置比例

有的偏股型基金是股票、债券混合配置的，如图 9-9 所示。从长远来看，股票的收益率高于债券，所以如果投资者进行长远价值投资或者基金定投，则优先选股票比例高的。

• 图 9-9　基金资产配置比例

5. 基金公司管理水平

基金公司的管理水平主要体现在其旗下基金的业绩在同类基金中的整体排名情况以及基金经理的留职率等，依次点开基金工具、基金公司、星级分布可以看到，如图 9-10 所示。

快照	基金经理	星级分布	最佳业绩	业绩分布	资产分布	重仓股票	重仓债券	基本信息

序号	基金公司	城市	成立日期	▼基金规模(亿元)	旗下基金(只)	在职基金经理(人)
1	天弘基金	天津	2004-11-08	6657.10	62	25
2	华夏基金	北京	1998-04-09	5870.92	172	53
3	易方达基金	广州	2001-04-17	5636.73	175	55
4	工银瑞信基金	北京	2005-06-21	4239.50	141	53
5	嘉实基金	北京	1999-03-25	3277.80	171	58
6	广发基金	广州	2003-08-05	3147.73	203	46
7	建信基金	北京	2005-09-19	3054.88	117	34
8	南方基金	深圳	1998-03-06	2642.52	205	51
9	中银基金	上海	2004-08-12	2578.90	115	36

• 图 9-10 基金公司管理水平

比如，华兴全球基金和华商基金的几只已获取评级的基金中四星以上基金占比相对高于其他基金公司，虽样本数较小，但能做到这样的成绩实属不易。

再来看基金经理一年的留职率（依次点开基金工具、基金公司、基金经理），笔者大致统计了一下，在一年基金经理留职率低于50%的10只基金中，仅华润元大基金公司的基金业绩在同类排前50%基金的数目是多于一半的，留职率高说明公司运作稳定，管理自然也更好。

6. 基金经理的操作水平

基金经理也是决定你这只基金是否更有潜力的重要的因素之一，有时对于一只新的基金或许不能查询到其过往业绩水平，但对于基金经理的过往业绩是可以查询的，依次点开基金工具、基金公司、基金经理，输入你想查询的基金经理就会出现其所有曾经运作过的基金的收益情况。

至此，有人可能想问，这么多筛选要点到底选哪个呢？如果单纯地选择股票基金投资，那么从考虑因素的先后顺序来看：过往业绩评级 > 基金经理的操作水平 > 投资风格 > 资产配置比例 > 基金公司管理水平 > 技术统计资料。

也就是首先看往年业绩与同类比好不好，如果好则再看基金经理往年业绩，看看其是运气好还是有真本事。接下来看投资风格是不是你喜欢的，长远投资更利于小盘成长型。再看资产配置比例，其如果是混合了债券的，那么长远来看收益通常会低于股票比例更高的。接着看基金公司业绩，如果该基金公司推出的大部分基金业绩优于同类型基金公司，则说明其管理基金的能力更强。如果基金经理留职率高，平均任职时间长，则说明公司运作更加成熟稳定。最后根据技术统计资料进行比较后筛选得出你心目中的"好基"。

最后补充一点，股票型基金的投资业绩更多还是与大盘指数有关系，毕竟股票型基金投资单只股票的比例不得超过10%，所以会投资十只股票以上的股票，因此大盘涨了它通常会涨，大盘跌了它也基本上跟着跌，你很难期待它能像某些股票一样逆市上涨。

9.2 债券型基金，给你稳稳的幸福

债券型基金运作模式与股票型基金类似，即基金经理买入一篮子的债券，并保证债券投资金额达到一定比例的基金类产品。

9.2.1 什么是债券型基金

什么是债券型基金？债券型基金是一种以债券为投资对象的证券投资基金，它通过集中众多投资者的资金，对债券进行组合投资，寻求较为稳定的收益。

债券型基金主要用于投资债券，但是债券和股票不同，债券是债务，它是有约定收益的，股票却没有，因此债券型基金的风险和波动会比股票小得多。股票型基金和纯债型基金的曲线往往有天渊之别，如图9-11所示。

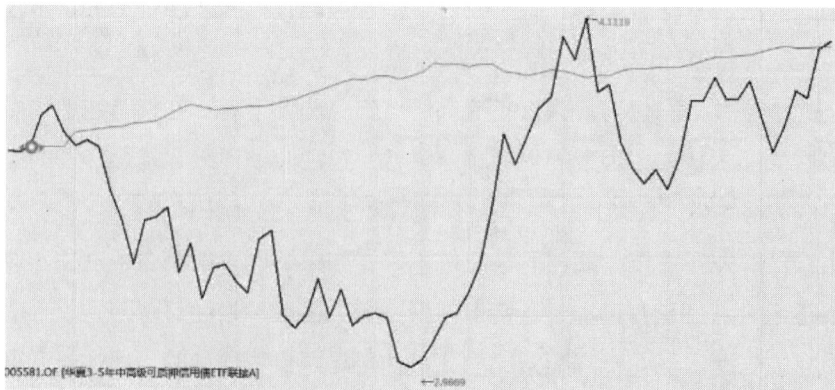

• 图9-11　股票型基金（白线）和纯债型基金（黄线）的曲线对比

9.2.2 债券基金的类别

债券基金其实也分为很多种，下面主要介绍两种分类方法。

1. 债券基金分类

（1）普通分类

债券基金持有的债券各式各样的都有，比如国债、企业债、可转债等。

如果这个债基主要用于投资国债，就不用指望能有太高收益，国债本身的利率只有 3% 左右，所以投资国债的债基长期持有大概率只有 3%~4% 的年化收益率。

如果主要用于投资企业债，那么收益可能会更高些，比如招商产业债重仓的淮南矿业（国企），票面利率就是 5.5%，而债券基金如果长期持有这一篮子的企业债，则未来也可以取得近似 5%~6% 的收益水平。

当然如果是主要投资可转债，那收益和风险就高一些。可转债类似于一个包含看涨期权的债券，如果发债公司的股价走高，则可转债可以按约定价转股；如果股价低迷，由于债券到期还本付息的属性，也能保护可转债价格不至于过分下跌，则持有到期还能获得约定年化收益。

可转债的缺点是，其利率往往比债券要更低，只有不到年化 2%，而债转股的价格一般也比发行时的股价高出 20%，因此可转债上涨时跑不过股票，下跌时跑不过债券，属于风险介于两者之间的品种。

所以我们可以看出，可转债基金的风险介于纯债基金和股票基金之间。

（2）根据晨星基金网分类

根据晨星基金网债券基金的分类主要是：激进债券型基金、普通债券型基金、纯债基金和短债基金。

● **债券基金多种多样**

激进债券型基金主要分为一级债基和二级债基，两者都可以投一定股票，但一级债基投资的是一级市场的股票，即打新股，二级债基投资的则为二级市场的股票，此类基金筛选的债券风格也都较为激进，会配备一些可转债，整体风险偏高，但股市进入牛市时收益率也比较高。

普通债券型基金，基本不投资股票，通常以买入普通企业中长期债券为主，也可以投资可转债等其他品种。

纯债基金，限制只能买入普通中长期债券，所以选择范围相对小很多（对于有些打着纯债基金名头买可转债的，比如某富通，最好看一下其基金持仓）。

短债基金，限制只能买入企业短期理财债券，因此收益率偏低，波动较小。

风险收益水平从高至低为：激进债券型基金＞普通债券型基金＞纯债基金＞短债基金。

● 利用纯债基金怎么投资

纯债基金虽然收益率不如网贷高，但是却能让人安心，2018 年中债综指上涨了 8.15%，虽然不如网贷，但至少没有本金风险。

纯债基金投资的底层资产是国债、金融债、高等级公司债等，这类信用等级良好企业发行的债券，安全性自然远远强于 P2P 借款人。

由于 A 股信用债的发债利率一般为 4%~8%，所以长期持有此类债券基金，预期收益率也在 4%~8% 之间，是一种用于长期保值的投资资产。

债市和股市一样，也有牛熊之分，以博时信用债为例，基金在 2014 年和2015 年收益率分别高达 12.83% 和 11.55%，但在 2016 年和 2017 年收益率分别只有 4.23% 和 1.47%，如表 9-1 所示。

表 9-1　博时信用债历史业绩

年份	自 2019 年以来	2018	2017	2016	2015	2014	2013	2012
总回报（%）	1.29	7.61	1.47	4.23	11.55	12.83	2.29	—

是什么因素影响了债券基金的走势？债券牛市的延续，主要取决于市场利率的下行预期，熊市则相反。比如 2013 年是债券熊市，利率上行，债券基金能保持不亏就算很不错了，那时银行理财的收益率纷纷提高 5%，3 年定期存款利率也很高，导致本身利率差不多的债券无人问津，由于市场无风险利率的提高，导致债券的风险溢价减少，价格下跌导致亏损。

因此历年以来债券基金的净值走势，与市场利率的变动呈负相关。

比如 2014 年和 2015 年十年国债利率不断下降，债券便迎来大牛市，而自2016 年、2017 年开始国债利率触底反弹，债券便进入熊市，如图 9-12 所示。

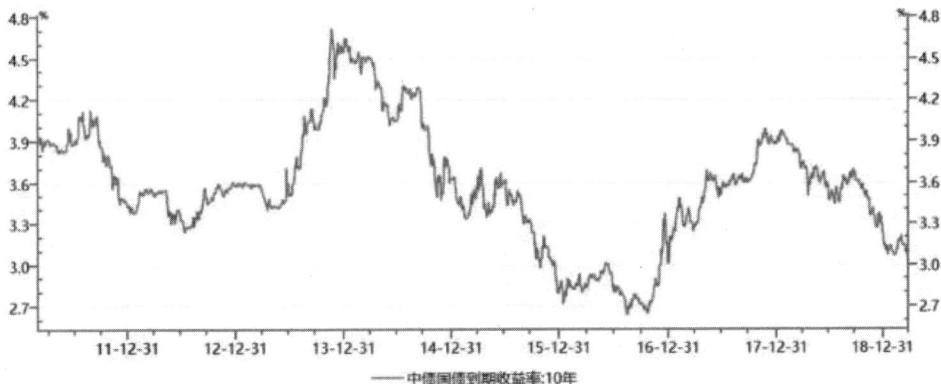

• 图 9-12 国债利率走势

因此投资债基也是一件有风险的事情，以博时信用债为例，从 2013 年至 2018 年的 6 年里，就有 4 个季度是负收益，其中 2013 年、2016 年、2017 年收益都跑输余额宝，如图 9-13 所示。

时间	1季度涨幅	2季度涨幅	3季度涨幅	4季度涨幅	年度涨幅	同类平均（年度）	同类排名（年度）
2019年	1.38%	---	---	---	---	---	---
2018年	2.33%	0.95%	2.17%	1.95%	7.61%	4.56%	203|1542
2017年	1.21%	1.13%	0.56%	-1.41%	1.47%	2.54%	661|1334
2016年	1.39%	0.75%	2.79%	-0.74%	4.23%	0.34%	39|650
2015年	2.72%	2.41%	3.34%	2.62%	11.55%	11.16%	245|570
2014年	2.76%	4.29%	3.30%	1.91%	12.83%	20.06%	321|494
2013年	3.58%	3.20%	-0.39%	-3.93%	2.29%	0.69%	79|335

○ 季/年度涨幅明细

截止至：2019-03-29　　　　　　　　　风险提示：收益率数据仅供参考，过往业绩不预示未来表现！

• 图 9-13 博时信用债收益

总结下来，投资纯债基金的方法无非如下两种：

（1）长期持有，不进行择时，获取债券票息。

（2）短线投机，在利率高位买入，随着市场进入降息通道，实现超额收益。

关于未来利率走势的预判，笔者认为处于震荡向下的可能性比较大，美联储现已暂停加息，这样就没有必要再跟。

结合目前的经济形势，宽货币低利率刺激经济的模式依然非常有必要，所以未来一年，继续降准概率比较大，降息也是有一定可能的，但加息可能性不大。

　　所以对于债基投资，不说有大机会，但表现也不会太差。当下有哪些纯债基金可以考虑呢？首先就是主动管理的纯债基金。

　　挑选债券基金，一方面是参考基金评级，比如晨星基金五星评级的，说明其历史业绩在同类排名靠前；另一方面是关注基金的费率，在评级比较好的前提下，挑选低费率的债基。这里列举几只三年晨星评级为五星的债券基金供参考，如图9-14所示。

	代码	基金名称	基金分类	▼晨星评级(三年)	晨星评级(五年)
1	001578	博时裕瑞纯债债券	纯债基金	★★★★★	☆☆☆☆☆
2	001776	中欧兴利债券	纯债基金	★★★★★	☆☆☆☆☆
3	000186	华泰柏瑞季季红债券	纯债基金	★★★★★	★★★★☆
4	000419	摩根士丹利华鑫优质信价纯债债券A	纯债基金	★★★★★	☆☆☆☆☆
5	050027	博时信用债纯债债券A	纯债基金	★★★★★	★★★★★
6	000187	华泰柏瑞丰盛纯债债券A	纯债基金	★★★★★	★★★☆☆
7	000420	摩根士丹利华鑫优质信价纯债债券C	纯债基金	★★★★★	☆☆☆☆☆
8	519152	新华纯债添利债券-A	纯债基金	★★★★★	★★★★★
9	000736	诺安聚利债券A	纯债基金	★★★★★	☆☆☆☆☆
10	001299	兴业添利债券	纯债基金	★★★★★	☆☆☆☆☆

• 图9-14　三年晨星评级为五星的债券基金

　　除了选择主动管理类的债券基金，还可以选择被动型的债券指数类基金。

　　指数型债基的优点在于费率便宜，管理费率加托管费率一年在0.4%以内，而主动债基费率在0.9%左右，债基预期回报本来就不高，所以费率对收益影响很大，我们应该尽量挑选低费率的债券基金，如表9-2所示。

表9-2　低费率的债券基金

基金名称	基金代码	跟踪指数	管理费率	托管费率	近1年收益
华夏信用债A	005581	上证3~5年期中高等级可质押信用债指数	0.25%	0.08%	—
银华AAA信用债A	003995	中债银华AA信用债（全价）指数	0.20%	0.08%	6.67%

续表

基金名称	基金代码	跟踪指数	管理费率	托管费率	近 1 年收益
中证兴业中高等级信用债	003429	中证兴业中高等级信用债指数	0.30%	0.10%	7.10%

最后强调一下，纯债基金的配置是我们资产长期用于保值的一块。从收益性的角度来看，它自然无法和指数基金相比，而且短期持仓是有可能出现亏损的，但是债基的优势在于 1~2 年内上涨确定性极高，是防守型资产的重要一环，而且持有周期比指数基金更短，更加灵活，保守型投资者更适合高仓位配置。

2. 债券基金收益

债券基金因为是固定收益，所以费率方面影响还是很大的，比如我们搜索基金诺安纯债，会出来诺安纯债 A（163210）和诺安纯债 C（163211），两者区别在哪里？

答案是，主要是费率不同，通常后面带 A、B、C 的，对 A 前端收费，对 B 后端收费，对 C 不收申购费。如果是 A 和 B 的，即 A 是前端或后端，则对 B 不收申购费，申购费率一般为 0.8%。不过不收费不代表捡了便宜，不收申购费的都另收每年 0.4% 的销售服务费，而且是每年都收，所以持有两年以上才划算。

另外，债券基金的托管费和管理费在这里需要接近 1% 每年的固定成本。所以算上一起债券型基金一年成本差不多为 1.4%，普通的债券约定收益只有 5%~6%，费率这块就占了足足 20%。

激进型债券基金因为持有股票，所以平均收益率通常要高些，但债券基金的年化收益通常是 6%，而 A 级债大部分收益也是在 6% 左右。

其区别就在于债券的收益是固定给付的，而债券基金的收益是浮动给付的，债券通常是 5 年期或者 3+2 年，3+2 年是指 3 年后企业可以回购债券。论流动性的话，企业债券在二级市场交易，场内现价交易，而债券基金通常为场外基金，在场外申购赎回，当然场内也有少量债券基金。

其实债券基金的收益都差别不大，因为在企业不违约的情形下，大部分债券的收益是差不多的，当然也有个别债券基金年化收益特别高。

拿纯债基金来说，截至 2017 年市面上被晨星评为三年 5 星的纯债基金仅有 5 只，银华信用四季红债券（000194）在 2014 年和 2015 年的年化收益分别达到了 16.15% 和 12.76%，2016~2017 年由于降息以及市场环境的缘故，全年收益显然不及预期。

广发纯债债券 A（270048）和广发纯债债券 C（270049）这两只三年评级达 5 星的债券型基金同样远跑赢纯债指数，但是走势没有银华信用四季红债券来得稳健，同被评为 5 星的还有易方达投资级信用债债券 A（000205），大成景旭纯债债券 A（000152）等。

9.2.3　债券基金的买入时机

买入债券基金有没有时机之说呢？当然有。债券也有牛熊市，牛市的延续主要得益于市场利率的下行预期，熊市则相反，所以 2014 年和 2015 年这两年不断降息，债券基金的收益就很高。

反观 2013 年则是债券熊市，债券基金能保持不亏就算很不错了，那时银行理财的收益率纷纷提高到 5%，3 年定期收益也很高，导致本身利率相差不多的债券无人问津，由于市场无风险利率的提高，导致了债券的风险溢价减少，价格下跌从而导致亏损。那么具体是怎么算的呢？

假设市场先前给此债券风险级别定的公允利率是 7%，原先 100 元的债券，7% 的利息，投资者 100 元购进，但由于现在市场加息，同样风险下债券要求的公允利率变成了 10%，那么该债券的价格就相应地要下跌，使其到期收益率达到 10% 市场才会平衡，到期值 107 元的债券下跌后的价格就应该是 107/（1+10%）=97.27 元，投资者的实际亏损则为 100/97.27−1=2.8%。

还有就是持仓债券出现违约情况，虽然有债券违约的情况发生，但最后一般还是承兑了，不过难免会碰到违约无法偿还这种情况。那么，债券型基金还有什么用途呢？听过二八轮动的读者应该知道，二八轮动也就是将八成金额买入债券型基金，而将两成金额买入股票型基金。当相应比例偏差达到阈值时，采用再平衡策略使二八的比例恢复到平衡。

这个策略备受推崇的核心缘故是债券基金和股票型基金有着一定程度的互补作用，股债双杀的概率历史上只出现过两次。所以采用此策略可以用来替代中长期的固定收益产品。根据历史回测，其收益率远高于银行理财、定期存款等产品。由于二八平衡策略的最大回撤很小，风险相对较低，所以很适合做 P2P 这种中高收益固收产品的替代品。

单纯的债券型基金就好比一个每日计价浮动收益的理财产品，其收益曲线从长期来看是震荡向上的，预期年化收益将在 6% 左右。由于其短期会面临震荡，所以适合手上有闲钱、对流动性要求不是特别高且没有特定要求到期期限的人士，如果是经商且要几个月之后能回款的这种投资者就不太合适投资单纯的债券型基金。

9.2.4 债券基金的特点

债券基金更适合短期投资，它的主要特点有 4 个，如图 9-15 所示。

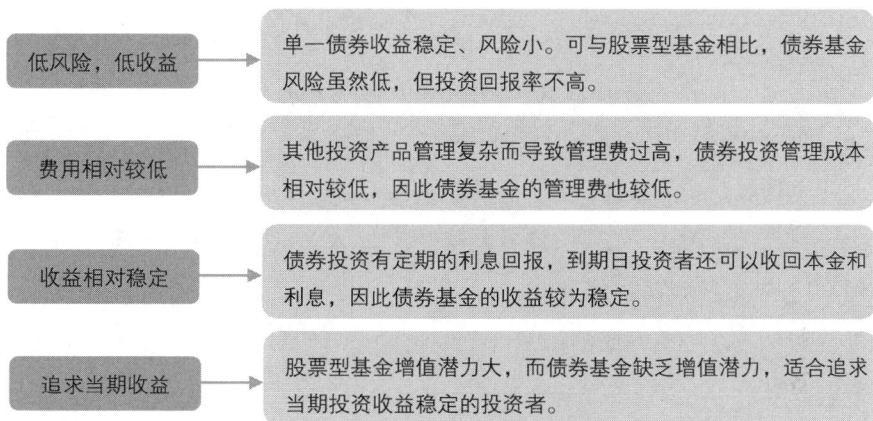

低风险，低收益	→	单一债券收益稳定、风险小。可与股票型基金相比，债券基金风险虽然低，但投资回报率不高。
费用相对较低	→	其他投资产品管理复杂而导致管理费过高，债券投资管理成本相对较低，因此债券基金的管理费也较低。
收益相对稳定	→	债券投资有定期的利息回报，到期日投资者还可以收回本金和利息，因此债券基金的收益较为稳定。
追求当期收益	→	股票型基金增值潜力大，而债券基金缺乏增值潜力，适合追求当期投资收益稳定的投资者。

• 图 9-15 债券基金投资特点

与直接投资债券相比，投资债券基金具有如下优势。

（1）风险比债券低：债券基金将投资者的资金集中之后，投资于一篮子不同的债券，和某一个投资者投资单一债券相比，能有效分散风险。

（2）门槛比债券低：如今债券投资种类日益增多，对一般投资者而言，没有足够专业的知识研究债券，或者难以利用利率走势等宏观经济指标，在债券投资上难以大展拳脚，而投资于债券基金则可以分享专家经营带来的成果。

（3）流动性相对强：投资非流动性债券只在到期日才能收回本金，而债券基金是投资于一篮子债券，由于不存在明确的到期日，其流动性高，可随时转让或赎回。

债券基金中最具代表性的应该是华安稳固收益债券 A，基金代码为 002534，2017 年它曾冲上债券基金收益排行榜，而且截至 2019 年年底，该债券基金已经连续 3 年蝉联涨幅排名榜首，如图 9-16 所示。

华安稳固收益债券A (002534)　📱 用手机查看　　　　查看业绩 >>

债券型　中低风险　晨星评级：暂无

单位净值	涨跌幅排名	近3月涨幅排名	近1年涨幅排名	近3年涨幅排名
1.1260	1017/1211	724/1136	510/815	1/312

数据日期：2019-11-13

成立日期：2016年03月22日　　最新规模：22.71亿　　管理人：华安基金　🔴 公司微博
累计单位净值：1.7190元　　累计分红：0.593元　　基金经理：郑可成 石雨欣

• 图 9-16　华安稳固收益债券 A

通过概念我们可以知道，债券基金作为投资一篮子股票的基金，这是与债券最大同时也是最重要的区别，其具体区别主要有如下 3 点。

（1）稳定性不同：如果投资者购买利率基本固定的债券，则购买后即可获得相对稳定的收益，在债券到期时投资者可以收回本金。债券基金是投资于一篮子债券，虽然它在固定时间给投资者分发收益，但债券基金的收益是不稳定的，有时升有时降。

（2）到期日不同：债券一般有明确的到期日，债券基金是篮子债券，而且其中的每一只债券到期日都不尽相同，所以债券基金没有一个明确的到期日，但是可以计算债券基金中所包含的所有债券的到期日，得出一个平均到期日。

（3）投资风险不同：对单一债券而言，到期日越近其风险也越低，而债券基金到期日不明确，其债券的平均到期日决定了利率风险。但是一般来说，其平均到期日相对明确，利率风险常常会保持在一个相对稳定的水平。单一债券是投资一只债券，信用风险相对集中，而债券基金是投资一篮子债券，可以有效降低或分散信用风险。

9.3 货币型基金，安全的高流动品种

随着余额宝为代表的余额理财产品崛起，货币基金已成为公募基金的中坚力量，且正成为银行活期存款的有力竞争对手。

9.3.1 什么是货币基金

货币市场基金投资的范围都是一些高安全系数和稳定收益的品种，在通常情况下能获得高于银行存款利息的收益，但货币基金并不能完全保障本金的安全。

一般来说，货币基金资产主要投资于短期货币工具（一般期限在一年以内，平均期限为 120 天），如国债、央行票据、商业票据、银行定期存单、政府短期债券、企业债券（信用等级较高）、同业存款等短期有价证券。

9.3.2 货币基金的相关信息

货币基金的相关信息如图 9-17 所示。

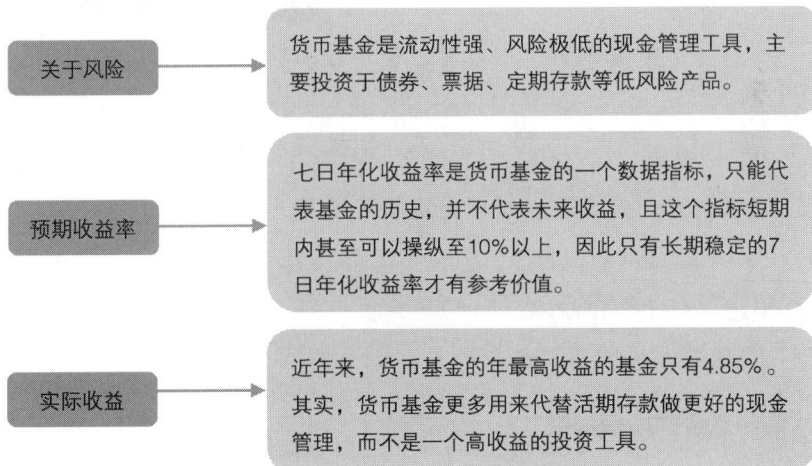

关于风险 → 货币基金是流动性强、风险极低的现金管理工具，主要投资于债券、票据、定期存款等低风险产品。

预期收益率 → 七日年化收益率是货币基金的一个数据指标，只能代表基金的历史，并不代表未来收益，且这个指标短期内甚至可以操纵至10%以上，因此只有长期稳定的7日年化收益率才有参考价值。

实际收益 → 近年来，货币基金的年最高收益的基金只有4.85%。其实，货币基金更多用来代替活期存款做更好的现金管理，而不是一个高收益的投资工具。

• 图 9-17 货币基金的相关知识

1. 货币基金的相关数据

在货币基金投资中，有两个非常重要的数据，即七日年化收益率与每万份收益，这两个数据域基金的收益息息相关。下面就来认识一下这两个数据。

（1）七日年化收益率：指货币基金最近7日的平均收益水平，进行年化以后得出的数据，如图9-18所示。因为七日年化收益率表示7天内基金的收益值，所以它只能表示一种短期指标，通过它可以大概参考近期的盈利水平，但不能完全代表这只基金的实际年收益率。

• 图9-18　南方现金通E七日年化收益率

（2）每万份收益：指把货币基金每天运作的收益平均摊到每1份额上，然后以1万份为标准进行衡量和比较的数据。因为货币基金的每份单位净值固定为1元，所以每万份单位收益通俗地说就是投资1万元当日获利的金额。

如今，很多基金网站或者投资机构不仅会给出基金的七日年化收益率，还会相应地计算出3日年化收益率、14日年化收益率、30日年化收益率等，这些数据可供不同期限的投资者进行参考。

2. 债券基金的投资误区

现金管理工具主要有活期存款、短期定期存款和货币基金，其中最出色的莫过于货币基金。以余额宝为代表的T＋0如今基本上已经取代了银行活期存款和短期定期存款。

但是，对普通投资者而言，如果不了解现金管理背后的现金使用行为和投资，就会出现如下投资误区。

（1）把所有钱都存在货币基金中：货币基金年收益为 3%~5%，如果仅用于现金管理，由于货币基金具备极强的流动性，则收益不会太高。投资者应将主要的投资资金放在其他更有较大收益的理财产品中，这样的投资才更科学合理。

（2）只看到投资收益：一些投资者眼中只有货币基金的低风险，认为收益比储蓄高的货币基金是十分值得投资的，因此往往忽略了资金流动性的问题。

（3）频繁更换平台：如果投资者只有少量钱放在货币基金中，则余额宝、理财通等投资工具无疑是最好的选择，一旦选定了平台，无论收益高低都不应频繁更换平台，而应将更多时间用在其他投资工具的研究和使用上。

9.3.3　选择货币基金的心得

货基的收益虽然普遍不高，但也是有差别的，有的货基年化收益可以达到 5.5%，有的货基年化收益却不到 2%。比如曾经年化高达 7% 的余额宝，现在也只有年化 2.5%，跌落神坛了。

选对一个能长期陪伴自己的货基，能提高不少长期投资的收益率。千万不要小看能多出的 0.5% 的收益，可能你的综合投资收益长期来看就是 8%，多争取一点，投资回报就能更上一层楼。

关于要如何挑选收益率更高、更安全的货基，笔者分享几个心得。

1. 规模 50 亿元以上

我们要清楚货币基金的投资标的是银行协议存款、国债、政策性金融债、央行票据、同业拆借等资产。

其中大部分是银行协议存款，而协议存款与资金量有着非常大的关系，如果一个货基规模太小，就没有和银行谈判的"资格"，那么自然就拿不到较高的协议存款利率。所以从利率角度来看，基金规模越大，越有议价空间。

笔者做了一下统计，发现货基收益前 50 名的平均规模是 64 亿元，收益后 50 名的货基平均规模是 4 亿元。

这进一步表明，货基的规模太小时，会很大程度影响货币基金的收益率，因此对于 50 亿元以下的货币基金，原则上不作考虑。

2. 规模不超过 500 亿元

货基规模太大了也不行，一旦一只货基规模过大，资产调整速度就会变得很慢。

比如利率上行时，无法将短债快速转化为收益更高的协议存款，而利率下行时，又无法将资产及时调整为短债等，显然船小好调头。

另外，规模过大的货基，其资金更加分散，所以只能被迫去选择各类大型银行协议存款、国债、政策性金融债，以及央行票据等，而这类资产收益性可能相对不如中小银行的协议存款。

典型的比如规模为 1.3 万亿元的天弘余额宝，近一年收益为 3.64%，排在 643 只基金中的第 430 位，只能算中等偏下。

根据数据统计，500 亿元规模以上的货基近一年七日年化收益均值为 4.22%，而 50 亿 ~500 亿元规模的七日年化收益均值为 4.46%，相对更加出色。

3. 散户持仓至少 50% 以上

机构通常申购赎回频繁，而且持仓占比很高，一旦市场利率变动或者金融风险来临，就可能对货基造成挤兑。

由于货基的底层资产也是有到期日的，一旦被挤兑，那么会造成资产价格被抛售用于及时兑付，从而导致亏损或者无法及时赎回的风险。

因此机构持仓占比过高的货基流动性风险要远高于散户持仓占比高的货基。

4. 年费率越低越好

货基本身收益就不高，因此年费率能省则省，货基的主流年费率是 0.68%（0.33% 的管理费率 +0.1% 的托管费率 +0.25% 的销售服务费率），但是也有不少能做到 0.5% 以下的货基，省出来的费率就是超额收益。

5. 历史业绩比较好的基金

一只历史业绩更加优秀的货币基金，说明基金经理更加熟悉货币市场，善于理货配置。

综上，根据上述 5 条法则，我们就可以自行筛选货币基金。笔者自己筛选了 4 只符合上述条件的货基，如表 9-3 所示。

表 9-3　笔者筛选的符合条件的货基

基金名称	基金代码	基金规模（亿元）	机构投资者占比	年费率	近 1 年收益
国金金腾通货币 A	000540.OF	122.62	8.83%	0.25%	4.01%
富国富钱包货币	000638.OF	144.27	0.20%	0.57%	4.15%
汇添富和聚宝货币	000600.OF	165.83	0.30%	0.56%	4.05%
嘉实活期宝货币	000464.OF	87.43	14.39%	0.60%	3.96%
对比					
天弘余额宝货币	000198	13232	0.04%	0.63%	3.64%

优质的货币基金也是可以不断轮动的，隔段时间就调仓优质的货基，但我们不必这么折腾，确定好一只合适的货币基金后，就可以长期陪伴（至少一年）。

9.3.4　玩转货币基金的技巧

对大多数工薪族来说，若将 10 万元投入互联网理财产品，一年差不多能获得 6000 元收益，这无异于涨了一次工资。并且，货币基金的主要投资标的是国债和银行间市场，等于把钱借给了国家和银行，其风险程度与存款并无区别。

虽然货币基金投资稳定，但在具体产品的选择上，还是有技巧可言的。总的来说，货币基金投资主要有如下 4 个技巧。

1. 多关注基金的过往业绩收益

通常，七日年化收益率较高的货币基金，获利能力也相对较高。需要注意的是，该指标具有一定的局限性：因为如果某一天的收益特别高，那么含有这一天的七日年化收益就会被拉抬上去，所以只能做一个选择产品的参考指标。笔者认为，重要的还是要看过往的历史业绩和评价。

2. 优先考虑老基金

这些老基金都经过一段时间的运作，其业绩变得十分明朗，而新发行的货币基金能否取得良好的业绩却需要时间来验证。同时，投资者应尽量选择年收益率一直名列前茅的高收益的货币基金类型。

3. 参与基金分红

货币基金的分红方式只有一种——"红利转投"，所以每个月基金公司会将投资者累计的收益转化为货币基金份额，直接分配到投资者的基金账户中，同时货币基金赎回费率为 0%，没有手续费。

4. 节假日前可提前申购

与指数基金不同的是，货币基金在节假日和周末也是有收益的，所以遇到长假，可以提前在放假前的两个工作日前进行货币基金的申购，来获得假期的收益。货币基金一般在月末、季末和年末这些时段中，其收益率是全年最高的。

9.3.5 投资便利的余额宝

目前，互联网投资理财产品出现了百家争鸣的场面，腾讯、支付宝、百度等互联网公司纷纷推出了自己的理财产品，比较热门的有如下 9 种：阿里余额宝、微信理财通、百度"百发"、工银薪金宝、天天基金网活期宝、苏宁零钱宝、网易现金宝、华夏薪金宝和京东小金库。

余额宝内嵌在支付宝 App 中，它是一个会挣钱的电子钱包，如图 9-19 所示。

• 图 9-19 "余额宝"首页

余额宝是阿里巴巴旗下的支付宝为用户打造的余额增值服务。用户把钱转入余额宝后，即默认购买了由天弘基金提供的增利宝货币基金，可获得收益。另外，余额宝内的资金还能随时用于网购支付，灵活提取。

余额宝的性质是支付宝为个人用户推出的服务，它通过余额进行基金支付。用户只要把资金转入余额宝，即向基金公司等机构购买投资理财产品，余额宝的收益便来自所购买的理财产品的赎回收益资金。余额宝的具体收益计算与规则如下。

1. 每天的收益计算公式

当日收益 =（余额宝已确认份额的资金 /10000）× 每万份收益。假设用户已向余额宝转入资金为 30000 元，当天的每万份收益为 1.20 元，代入计算公式，则用户当日的收益为 3.6 元。

2. 余额宝的收益结算规则

余额宝的货币基金收益是每日结算，当天的收益会在第二天下午 3 点左右到账。其中，没有收益的有两种情况：消费支付（实时到账）或快速转出（2 小时内到账）的资金当天没有收益；普通资金转出日自资金到账日期间没有收益。

3. 余额宝转入金额限制规则

一般来说，支付宝余额直接转入余额宝是没有额度限制的，用银行卡、信用卡、借记卡等将资金转入余额宝，其额度以支付宝官方提示为准。

4. 余额宝转出至银行卡到账时间

实时到账仅 4 家银行支持，分别是中信银行一卡通、光大银行一卡通、平安银行一卡通和招商银行一卡通，其转出最大限制额度以银行签约为主。

9.3.6 理财通

与支付宝的余额宝相同，腾讯微信理财通也是一款货币基金理财产品，合作伙伴有 4 家基金公司，分别是华夏、易方达、广发和汇添富。该产品于 2014 年 1 月 15 日上线，七日年化收益率曾一度高达 6.4350%，换算过来相当于活期存款的 16 倍以上。

理财通现阶段只能在手机端操作，在微信 App 依次点击"我的""支付""理财通"即可进入理财通，用户只要完成银行卡绑定手续后，即可购买理财通。

至于微信理财通优势，主要有如下 4 点。

1. 便捷

余额宝的入口在支付宝中，面向的用户群就是支付宝用户。与之类似的是，理财通的入口在微信中，面向使用微信聊天与支付的用户群，加之人性化设置的理财功能，通过反复的人工实验得出最优的体验界面，以及完整的投资选择，能让用户体验到理财的便捷。

2. 稳健

从微信钱包或银行卡支付环节到财付通投资环节，再到用户收回本金环节，腾讯理财通拥有完整的投资交易过程保障，不会出现任何风险。

3. 收益

腾讯运用大数据和金融科技，使得理财通投资理财产品的收益面向用户更透明。

4. 应用场景广

与支付宝一样，微信支付除了线下实体店支付，也开始和滴滴打车、猫眼电影、大众点评等合作，已经覆盖线下多个支付场景，进一步推动微信平台和微信理财通上的资金流动。

第10章

风险防范：投资有道，确保安全增值

　　相对于股票而言，尽管指数基金和其他基金投资较为稳健，但是基金投资也存在一定的风险性，所以投资者在掌握和熟练运用投资技巧时，也应该谨记投资风险。在投资之前，了解一下基金投资的风险性可以做到心中有数，进而最大限度地降低自身的投资风险。

10.1 了解和控制投资的风险

假如你选择了一家"全球最大保险集团之一"的保险公司，客户经理告诉你公司发行了一款投连险，预期年化为 9%~12%。

万一你一时心动投资了，结果没隔多久你被告知这个理财产品亏损了 95%，你会做何感想？

2019 年 6 月，安盛旗下的投连险突然一夜亏损 95%，导致 200 多名投资者合计亏损达 4 亿港元，笔者的朋友圈已经被这则消息刷屏了。

事情其实是这样的，某家第三方理财公司告诉客户某基金公司发行的 HKIF 基金预期收益高达 9%~12%，而且产品背靠安盛非常稳健，让客户以自己的名义要求安盛将该基金纳入自己的保单。

不少客户出于对安盛的信赖，纷纷选择投资。结果自 2018 年以来基金净值暴跌 95%，面临清盘，投资者血本无归。

我们来看产品宣传是怎么说的，"收购及改造有潜质的物业，提升价值，保证租金收益 4%"，似乎意思是产品保底至少有 4% 的年化，这种保本保收益的宣传就有点违规了。然后是宣传产品历史年化达 9%，近一年年化收益为 15.92%，中国香港银行业按揭业务延伸 18%~24% 的年收益，让投资者以为下有保底，上不封顶。

怎么看都是一个稳赚不赔的好项目。但是，我们认真思考一下，发行公司的主要收入来自香港地区物业租金、楼宇抵押利息以及收购或重建物业，靠收租怎么可能实现 10% 以上的年化收益呢？

因此，基金要达到预期目标，就要收购和重建新的物业获取资产增值，但是物业资产属于股权投资范畴，要面临资产价格的大幅波动，因此相应风险就开始激增。保险公司的产品未必就一定安全，搞清楚底层资产非常重要。

2018 年，银保监会主席郭树清曾告诫投资者："高收益意味着高风险，收益率超过 6% 就要打问号，超过 8% 就很危险，10% 以上就要准备损失全部本金。"

有句话说得很有道理，从当前市场来看，几乎没有任何一个理财在获得 10% 以上收益的同时，还可以承受低风险。

如果你买的是货币基金、银行理财，那么不要嫌它收益太低，因为它投的就是国债、央行票据、存款等，底层资产风险几乎为零，所以收益也就是 2%~4%。

如果你投资的是债券基金，那么你也不要看不起那些买货币基金的，虽然你年化确实达到了 4%~7%，但企业的债券风险实打实比货币基金来得高。

我们看看美国次贷危机就明白了，高等级企业债照样暴跌无疑。次贷危机时美国投资级企业债基金（BBB 以上级别）一个月就暴跌了 19.6%，如图 10-1 所示。

2008/09/10 ↔ - 2008/10/10 ↔ (23日) ⊠			
张跌幅	-19.61%	开盘价	90.6997
张 跌	-17.9294	最高价	91.6893
收盘价	73.4990	最低价	68.4161
均 价	82.3138	阳 线	11
振 幅	25.46%	阴 线	12
成交额	0	天量	289.29万
成交量	1513.42万	地量	20.78万
换手率	0.00%		

• 图 10-1　美国次贷危机

这时真正能扛住不跌的只有美国国债。所以才会有那么多人去投资利率低得可怜的国债。

因为当极端风险来临时，才知道谁在裸泳。在看到收益率之前，我们一定要把资产的风险类别辨别清楚再投资。

比如，前段时间宁波某老板投资了 5.5 亿元的私募债，买时承诺保底 5.5%，甚至资产管理方给出了差额补足协议，结果还是惨遭暴雷，本金遭受巨额损失。

其背后的原因就在于，资金最终流向了垃圾债，底层资产不行，风险还是很高。

笔者之前做私募时，很多客户喜欢投资签署保本保收益协议的股权基金，想着有下有兜底、上不封顶的好事。结果怎么样了呢？

大家可以去查查 A 股的 ST 保千里，股价从最高 30 元跌到现在的 1 元，濒临退市，当时就是保千里实控人庄敏拿着基金的钱去搞并购，做股权投资，结果现在人都跑路了。

所以今后如果听到朋友和你说项目保底年化 15%，这没有意义，重点是他拿这笔钱投资的是什么理财产品，投股票，还是放高利贷？那么，你投资的钱也可能血本无归。

那么市场这些投资品的风险到底是怎么区分的呢？笔者排了一个大致顺序，如下。

T0：国债、银行存款（50 万元以内）、货币基金，波动预期 ±3%。

T1：年金险、短债基金，波动预期 ±5%。

T2：AA 级以上企业债券、债券基金、信托理财，波动预期 ±10%。

T3：可转债、可转债基金、私募债，波动预期 ±30%。

T4：股票型基金、商业住宅（非自住）、商铺，波动预期 ±40%。

T5：股票、PE 股权、高利贷（垃圾债），波动预期 ±50%。

T6：期货、期权、虚拟货币、VC 风投，波动预期 ±99%。

T7：旁氏骗局，波动预期 ±100%。

如果你的资产过于集中在某一个档位上，那么可能并不是一件好事。特别是那些喜欢高风险的投资者，T4 以上的风险资产绝对配置不要超过 60%，如果你全部投资 T5 级别以上的资产，那么更是分分钟都可以让你破产。

最后要说的是，投资肯定是循序渐进的，如果你连 T0~T3 的资产一点都没有配置，那么就是激进过头了。

10.1.1 投资指数基金的主要风险

前面已经提过指数基金虽然通过跟踪标的指数可以降低风险，但是它和其他投资方式一样，仍然不可避免地存在一些风险。同时前文也零零碎碎提过某些类型的指数基金的风险及其应对方法，下面对整个指数基金投资风险进行总结。

1. 金融市场风险

政治、经济或者上市公司的经营情况的变化都会影响到有价证券价格的变动，如果有价证券的价格由于受影响而下降了，就会导致金融市场风险，也就会给指数基金投资者带来损失。金融市场风险主要包括 4 种类型，分别是权益风险、汇率风险、利率风险和商品风险。

上述 4 种类型的风险中，汇率风险和利率风险的影响尤为突出，也是投资者需要重点关注并防范的金融市场风险。

其中，汇率风险主要表现在如下两个方面：

（1）外汇交易风险。

（2）外汇结构性风险。

利率风险则表现在如下 4 个方面：

（1）重新定价风险。

（2）收益率曲线风险。

（3）基准风险。

（4）期权性风险。

2. 流动性风险

指数基金投资者不存在通常意义上的流动性风险。只有当指数基金出现某些极端情况时，如巨额基金赎回，投资者才可能无法以当日单位基金净值全额赎回，如选择延迟赎回，就可能要承担单位基金资产净值下跌的风险。

影响开放式基金流动性风险的因素比较复杂，主要的防范策略有以下几点，如图 10-2 所示。

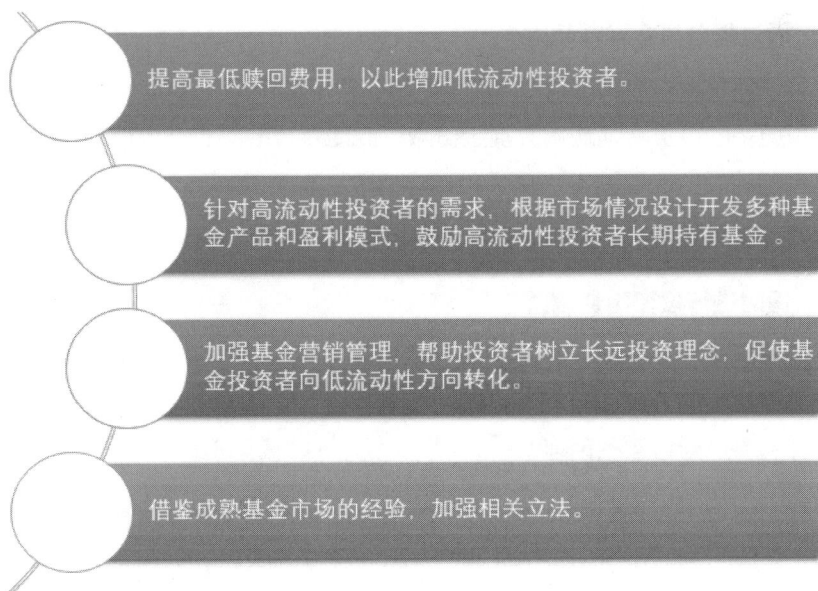

提高最低赎回费用，以此增加低流动性投资者。

针对高流动性投资者的需求，根据市场情况设计开发多种基金产品和盈利模式，鼓励高流动性投资者长期持有基金。

加强基金营销管理，帮助投资者树立长远投资理念，促使基金投资者向低流动性方向转化。

借鉴成熟基金市场的经验，加强相关立法。

• 图 10-2　流动性风险的防范策略

3. 申购赎回风险

指数基金的申购数量、赎回金额按照基金交易日的单位基金资产净值加减有关费用计算。

基金投资者是无法进行即时的基金单位交易的，在对基金单位进行申购或赎回操作时，并不能按照当前的单位资产净值进行结算，而是要参考上一个基金交易日的数据。这样的赎回机制使得指数基金上一个交易日到当前交易日之间的净值变化脱离了投资者的控制，因此投资者在申购、赎回时无法知道会以什么价格成交。

10.1.2　化解指数基金投资风险的途径

虽然所有投资者都知道"基金有风险，投资需谨慎"，但是只有少数投资者能够做到根据自身风险承受能力合理配置投资风险。

1. 用分红基金稀释风险

当证券市场发生震荡时，高比例分红基金可以通过低成本建仓的方式，稀释基金的风险。而建仓的增加，就意味着有更多的投资者共同承担基金风险，这无形之中就降低了投资风险。

2. 通过拆分基金稀释风险

基金拆分并不会对基金资产产生实质性影响，但由于以 1.00 元的低成本拆分，将会吸引更多的投资者踊跃购买基金份额，而使基金的原有仓位得到稀释。

同样的情况，如果是在震荡的市场环境下，拆分基金为投资者带来稀释基金风险的效果就更为直接、显著。

3. 适时进行投资组合调整

组合投资是降低基金投资风险最有效也是最广泛的投资方法，这种方法之所以具有降低风险的效果，是因为各种投资者标的间具有不会齐涨齐跌的特性，即使齐涨齐跌，幅度也不会相同。

因此，当集中投资组成一个投资组合时，其组合的投资报酬是个别投资的加权平均，其中涨跌的作用也会相互抵消，从而降低风险。

4. 采用灵活的分红方式

在具体行情下采用对应的分红方式，可以达到保证收益或降低风险的效果。

当行情看好时，选择红利再投资的方式，可以将分红直接进行投资，进而增加投资的收益。

当行情震荡或看跌时，采用现金分红的方式，则可以保住投资的既得利润。

10.1.3 指数基金投资风险的测评工具

风险评测是科学投资决策的重要一环，使用风险测评工具，投资者可以对自己的风险承受能力有一个相对客观的评价，从而能选择更加适合自己的投资产品。

目前，常见的风险评测途径有两种，如图 10-3 所示。

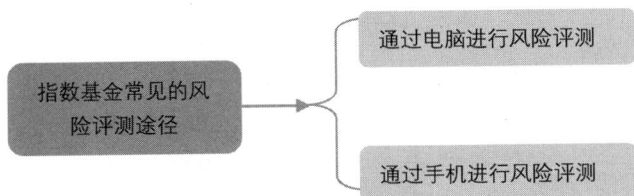

• 图 10-5　常见的风险评测途径

1. 通过电脑进行风险评测

随着基金发展日趋成熟，人们对基金的风险程度越来越看重，因此网络上除了专门的基金交易工具，还出现了很多专业性很高的风险测评工具。

一个好的风险测评工具要求容易操作且相对客观。下面以博时基金为例，介绍通过电脑进行风险评测的操作方法。

步骤 01 进入博时基金主页，单击"博时投资汇"链接，如图 10-4 所示。

步骤 02 单击"博时投资汇"菜单栏中的"理财在线"按钮，如图 10-5 所示。

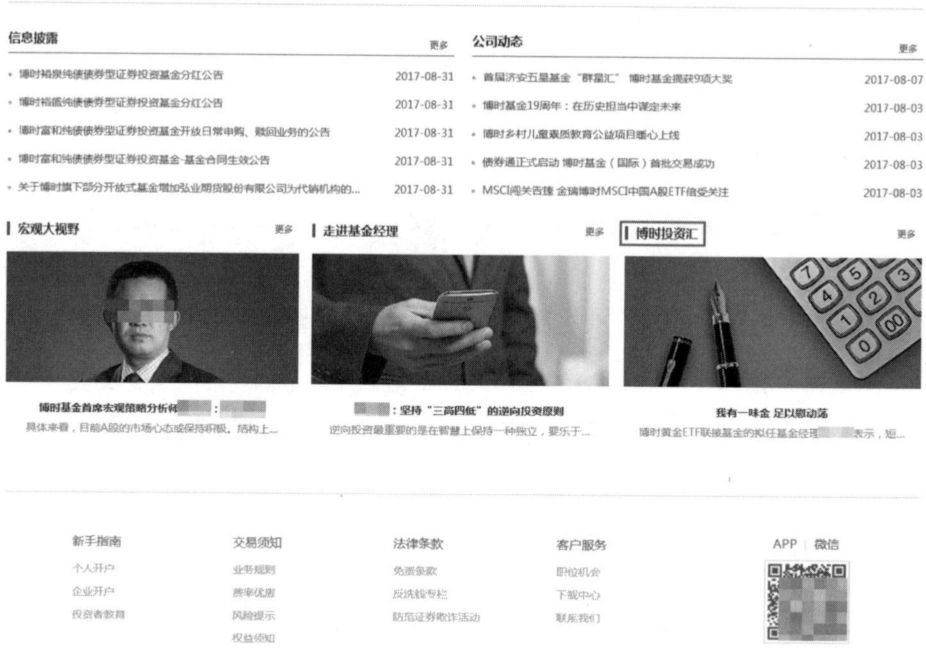
信息披露
更多
博时裕泉纯债债券型证券投资基金分红公告 2017-08-31
博时裕晟纯债债券型证券投资基金分红公告 2017-08-31
博时富和纯债债券型证券投资基金开放日常申购、赎回业务的公告 2017-08-31
博时富和纯债债券型证券投资基金-基金合同生效公告 2017-08-31
关于博时旗下部分开放式基金增加弘业期货股份有限公司为代销机构的... 2017-08-31
公司动态
更多
首届济安五星基金“群星汇” 博时基金揽获9项大奖 2017-08-07
博时基金19周年：在历史担当中谋定未来 2017-08-03
博时乡村儿童素质教育公益项目暖心上线 2017-08-03
债券通正式启动 博时基金（国际）首批交易成功 2017-08-03
MSCI闯关告捷 金瑞博时MSCI中国A股ETF倍受关注 2017-08-03
宏观大视野
更多
走进基金经理
更多
博时投资汇
更多
具体来看，目前A股的市场心态或保持积极。结构上...
：坚持“三高四低”的逆向投资原则
逆向投资最重要的是在智慧上保持一种独立，要乐于...
我有一味金 足以慰动荡
新手指南
个人开户
企业开户
投资者教育
交易须知
业务规则
费率优惠
风险提示
权益须知
法律条款
免责条款
反洗钱专栏
防范证券欺诈活动
客户服务
职位机会
下载中心
联系我们
APP | 微信

• 图 10-4 单击“博时投资汇”链接

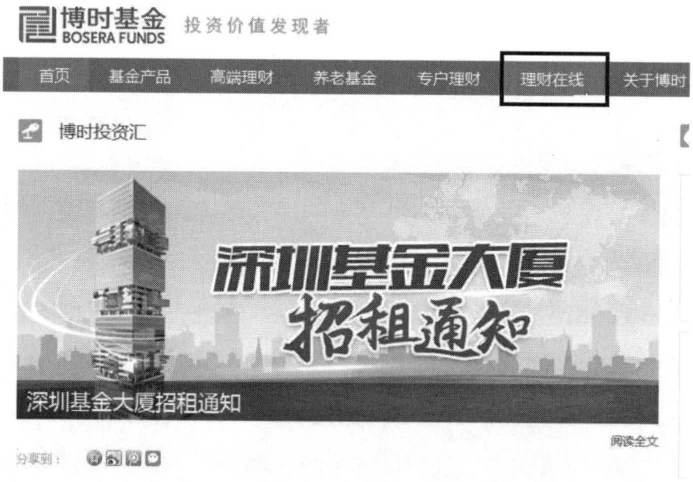
博时基金
BOSERA FUNDS
投资价值发现者
首页
基金产品
高端理财
养老基金
专户理财
理财在线
关于博时
博时投资汇
深圳基金大厦
招租通知
深圳基金大厦招租通知
阅读全文
分享到：

• 图 10-5 单击“理财在线”按钮

步骤 03 单击“理财在线”菜单栏中的“基金工具”按钮，如图 10-6 所示。

步骤 04 执行操作后，进入“基金工具”页面，单击“测试我的风险类型”按钮，根据实际情况进行风险评测，如图 10-7 所示。根据引导完成风险测评，然后单击下方的"确定"按钮。

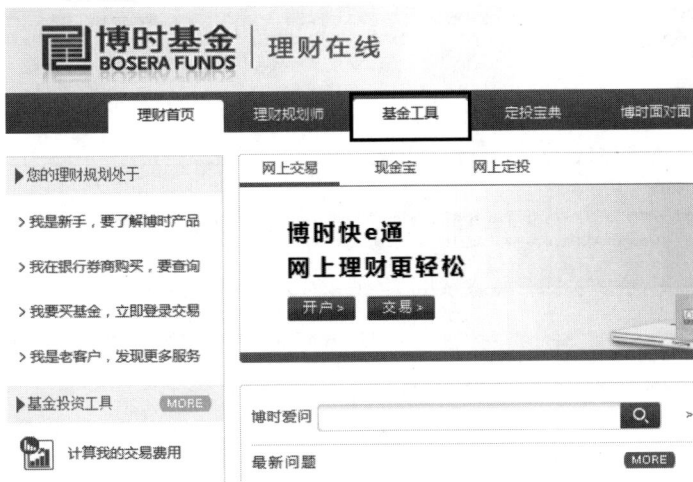

• 图 10-6 单击"基金工具"按钮

• 图 10-7 单击"测试我的风险类型"按钮

步骤 05 执行上述操作后，即可显示评测结果，如图 10-8 所示。

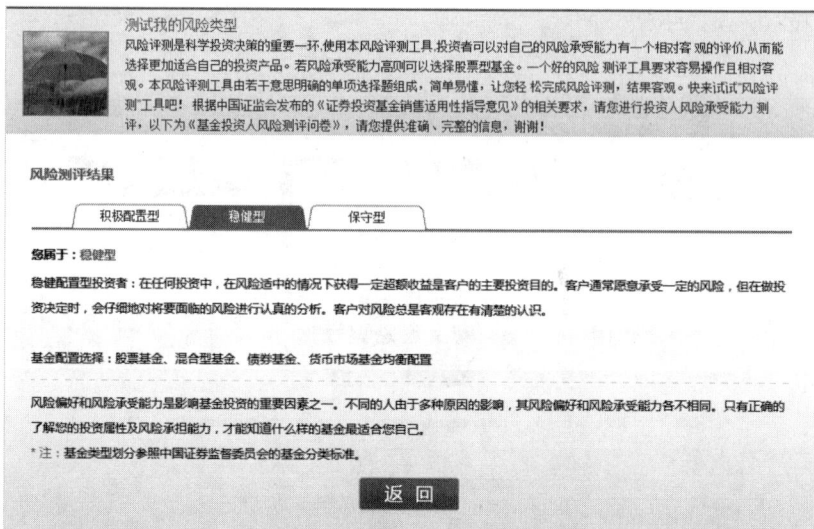

• 图 10-8　评测结果显示

2. 通过手机进行风险评测

多数手机银行 App 在用户选择理财产品之前，必须要进行风险能力评测，帮助用户找到适合自己投资的类型。下面以中国工商银行的手机银行 App 为例，介绍通过手机进行风险评测的操作方法。

步骤 01 登录中国工商银行手机 App，点击"我的"按钮，如图 10-9 所示。

• 图 10-9　登录中国工商银行手机 App

步骤 02 点击"我的"界面中的"手机电话"按钮，如图 10-10 所示。

• 图 10-10　点击"我的"界面中的"手机电话"按钮

步骤 03 点击该页面中的"风险能力评测"按钮，如图 10-11 所示。执行完操作后，页面将转至"风险能力评测"界面，如图 10-12 所示。在该界面完成评测，并点击"确定"按钮。

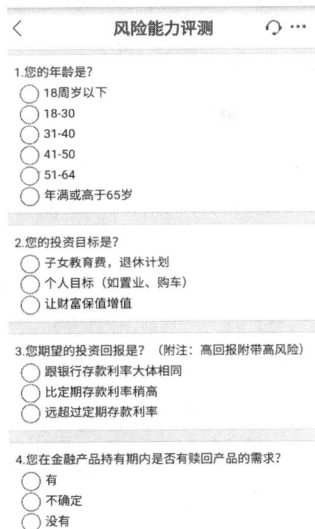

• 图 10-11　点击"风险能力评测"按钮　　• 图 10-12　"风险能力评测"页面

步骤 04 完成上述操作后，便可以得到风险评测结果，如图 10-13 所示。

● 图 10-13　风险评测结果

10.1.4　防范指数基金投资风险的方法

投资者分析指数基金时，在关注其回报的同时还要注意如何去衡量风险。具体可以从如下几个方面进行分析。

1. 衡量风险

（1）指数基金的投资风格是投资者衡量基金风险的一项重要指标。总体来说，大盘价值型基金的投资风格比较保守，其风险偏低，而小盘成长型指数基金的投资风格相对比较激进，其风险较高。

（2）指数基金的持股行业比例可以通过指数基金的行业集中度来反映，其表示指数基金是否大量持有某一行业的股票。当该行业的指数出现大幅波动下降时，指数基金也会随之受到连锁影响，行业集中度越高，影响也就越大。

（3）指数基金的持股分散度也是衡量基金风险的一项重要指标，大量持有某几只股票的指数基金的风险会比分散投资的基金高。

（4）指数基金的过往最差业绩可以让投资者清晰直观地看到投资该基金可能会受到的最大的风险损失，指数基金投资者要好好权衡自身可以承受的风险程度，再做选择。

（5）风险评级机构提供的信息是指数基金投资者很好的参考标准。基金评级机构能为指数基金投资者提供详细的基金信息和数据分析，为投资者规避风险提供了帮助。

2. 基金定投

基金定投是降低投资风险的有效方法。目前投资者只需选择一只指数基金，向代销该基金的银行或者券商提出申请，选择设定每月投资金额、扣款时间以及投资期限，办理完相关手续后就可以坐等基金公司自动划账。

其主要特点就是起点低、成本平摊和风险低。进行指数基金定投每月只需几百元即可，不必筹备大笔资金，利用每月的少许闲置资金来投资，不会造成经济上额外的负担，长期坚持会积少成多。同时，其长期的获利远超过定存利息所得，并且投资期间越长，相应的风险也越低。

需要注意的是，投资者必须保证其指定的基金定投扣款账户在接受定投扣款时有足够完成扣款的资金，这样基金定投才能够顺利进行。

3. 投石问路

试探性的"投石问路"投资是新基民降低投资风险的好办法，把握不好最合适的指数基金交易时间常常是新入市的投资者在指数基金投资中最常出现的问题。因此在不好把握交易时机时，投资者可以先将少量资金作为购买指数基金的投资试探，然后根据结果判断是否要大量购买，这样可以减少基金买进过程中的盲目性和失误率，从而降低投资者的投资风险。其进行投石问路的方法如图10-14 所示。

根据风险承受能力选择。风险承受能力较高的，可以选择偏股型基金。反之，则可以选择混合型基金。

选择2~3家基金公司的3~5只基金，以分散投资风险。

选出好公司中表现优秀的基金。

买基金后要坚持做功课，关注基金的涨跌，并与指数变动作比较，以此提高对基金业绩的研判能力。

• 图 10-14   "投石问路"投资法

4. 分散投资

各种投资标的很少齐涨齐跌，分散投资正是利用这一点来有效降低风险的，即使各标的齐涨齐跌，幅度也不会相同。因此，当几种投资组成一个投资组合时，其组合的投资报酬是个别投资的加权平均，其中涨跌的作用也会相互抵消，从而降低风险。在进行分散投资时需要注意以下几点，如图 10-15 所示。

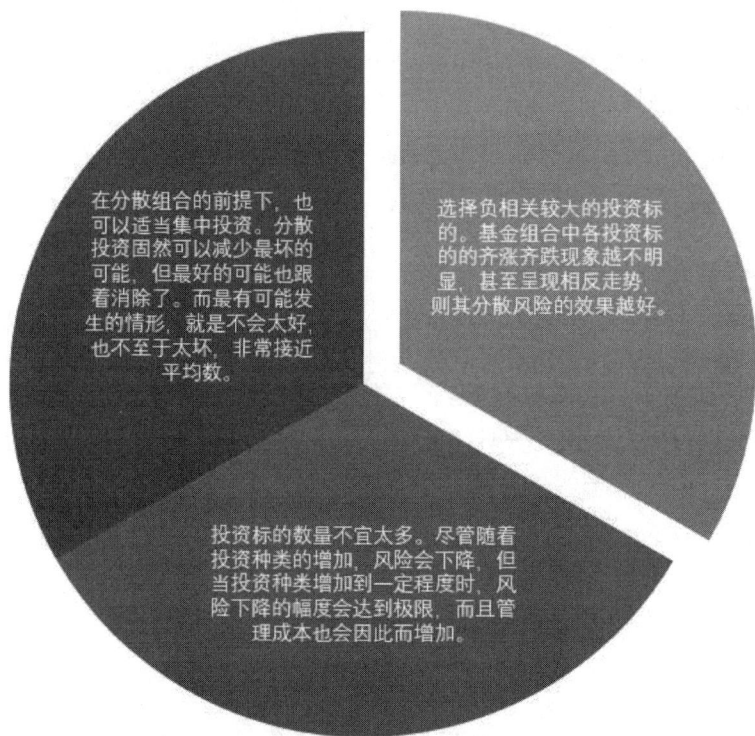

● 图 10-15 分散投资的注意事项

尽管指数基金投资通过跟踪标的指数分散了投资风险，投资相对较为稳健，但并不意味着指数基金投资绝无风险，所以投资者在基金投资入门之前要充分了解指数基金投资相关知识，并意识到指数基金投资的风险性，主动通过选购不同类型的指数基金进行组合投资，以分散投资风险。

除此以外，大型的投资者还可以搭配一份合适的理财险，进而为构建完善的投资方案增添一道资金安全防护墙。

5. 长期持有

长期持有基金的好处有以下两点，如图 10-16 所示。

- 申购、赎回一个基金一般要承担1.5%～3%的费用，是比较大的成本，而长期持有可以避免频繁操作的交易成本，更减免了赎回费用，无形之中给投资者更多的回报。

操作成本较低

- 根据相关实证研究显示，过去投资股市，以持有一个完全分散风险的投资组合而言，持有时间越长，发生损失的概率就越小。持有一天下跌的可能性是45%；持有一个月下跌的可能性是40%；持有一年下跌的可能性是34%，持有5年下跌的可能性已经降至1%，如果持有10年以上，则完全没有发生损失的可能性。

投资者不必犯难选时的问题

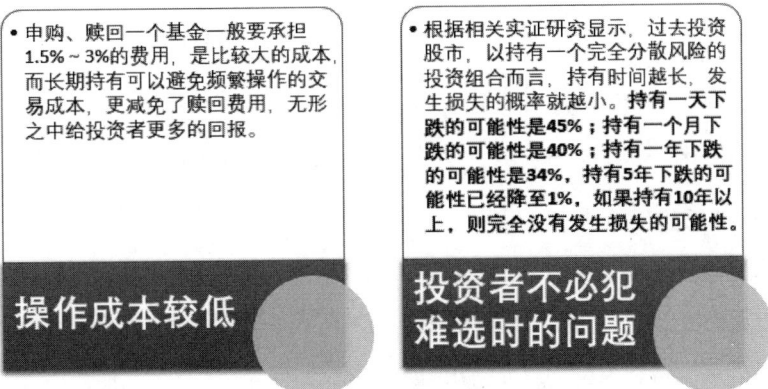

- 图 10-16　长期持有的好处

10.2 通过投资优化降低风险

有些基金投资者屡屡亏损，一个重要的原因就在于思维方式的钝化，总是以经营门店的逻辑来推导基金市场，以致养成了许多不良投资习惯，这无疑会在很大程度上影响投资回报，所以必须加以剖析和批判。

10.2.1　改掉投资的不良习惯

归纳起来，投资者在进行基金投资时主要有如下 6 种不良习惯：

1. 饥不择食

部分投资者发现牛市行情降临，价格大幅上涨，由于担心错失机会，慌忙买进，结果不是买的基金有问题，就是买的时机出差错，有时甚至在强势基金的阶段性顶部位置介入，因而很难获利。

2. 喜低厌高

对于"喜高厌低"的投资者而言，他们对开放式基金有偏见，甚至觉得基金有"贵贱"之分，凡是基金都问净值高低。而事实上，在某个时间点上，所有基金都是站在同一起跑线上的，基金管理人的综合能力和给投资者的回报率才是取舍的依据。

3. 追杀涨跌

这类投资者惯性思维比较严重，在市场行情上升时全力追涨，在市场行情下跌时急忙"割肉"，结果使得市值在反反复复的操作中不断缩水。

4. 炒股思维

把基金等同于股票，以为净值高了风险也高，用高抛低吸、波段操作、追涨杀跌、逢高减磅、短线进出、见好就收、买跌不买涨等股票炒作的思路来对待基金，常常既赔了手续费，又降低了收益率。

5. 卖涨留跌

行情走好时，大多数投资者会选择将获利的基金卖出，将被套的基金继续捂着。结果，获利卖出的基金仍在继续上涨，而捂在手中的被套基金却依然在低位徘徊。

6. 跟风赎回

很多投资者没有主见，看到别人赎回，唯恐自己的那份资产会受损失，也跟着赎回。决定投资者进退的依据，应该是基金管理公司的基本面、投资收益率，以及投资者对后市的判断。

10.2.2　了解投资的"禁忌"

投资理财，当家之道，用钱生钱的事现在更是大行其道。其实，投资基金并不是随随便便购买一两只就一定能赚钱的，那么究竟怎样才能使得钱袋子获得的收益最大化呢？

1. 投资禁忌

最主要的一点就是投资者在投资基金时要讲究策略，注意一些投资"禁忌"，如图 10-17 所示，这样才能获得稳定的收益。

*一忌"盲目投资"

投资者应该对投资的产品有一个深入的了解，然后根据自己的投资目标有针对性地选择基金或投资组合，绝不能凭一时的冲动，盲目投资。

*二忌"不计风险"

投资者一定要明白一个道理：任何投资都有风险（即使是现金也存在灭失、贬值等风险）。所以在大的方面，你要先考虑你对风险的承担能力。

*三忌"甩手不管"

结果可能会因基金市场或单只基金净值出现较大变化，致使形成投资损失。因此，购买基金后，应通过基金网站、理财报刊等渠道及时关注基金的走势和运作情况，以免造成较大的投资损失。

*四忌"集中投资"

俗话说：不要把鸡蛋放在一个篮子里。意思是：如果那样做了，有可能你摔了一跤，整篮子鸡蛋就跟着一起完蛋了。投资适当分散，是避免风险集中的重要办法。

基金投资的
4大禁忌

• 图 10-17 基金投资的四大"禁忌"

2. 定投禁忌

指数基金定投虽因其平均成本、分散风险等特点，受到越来越多投资者的青睐，但是许多投资者因为对其认识不足往往会犯诸多定投禁忌。

（1）定投时间禁忌

● 定投只能长期投资

虽然定投可以降低投资风险，但是定投作为一种长期投资，还需要参考指数基金的后市，如果后市看跌，则应该重新进行规划。

● 扣款日是固定不变的

定投虽采用固定时间扣款，但因为每个月的天数不同，所以扣款日为每月1~28 日；除此之外，如果扣款日为节假日，则会相应地顺延，待到工作日再行扣款。

此外，投资者还可以主动更改扣款日，下面就以支付宝 App 平台为例，介绍更改基金定投扣款日的方法。

步骤 01 进入支付宝 App 应用，点击主界面右下角的"我的"按钮，进入"我的"界面后，再点击"蚂蚁财富"按钮，如图 10-18 所示。

步骤 02 执行上述操作后即可进入相应界面，接下来点击"理财"按钮，进入理财界面，可以看到界面上方有一个"基金"按钮，点击该按钮进入"基金"界面。之后，点击下方的"持有"按钮，便可以选择一只持有的基金，对其进行红利再投资设置，进入基金详情页面后点击下方的"定投"按钮，如图 10-19 所示。

● 图 10-18 点击"蚂蚁财富"按钮

● 图 10-19 点击"定投"按钮

步骤 03 执行上述操作后即可进入"定投管理"界面，点击选中基金的名称，即可进入该基金的"定投详情"界面，再点击界面左下角的"修改"按钮，即可开始修改定投日期，如图 10-20 所示。

步骤 04 执行操作后，便可在弹出的界面下方看到一个星期列表，选中其中的某一天，即可将定投扣款日期调整到这一天，我们将日期选择为每周三，选中"周三"选项，如图 10-21 所示。之后点击"确认修改"按钮，输入密码确认后修改即完成。

• 图 10-20　点击"修改"按钮

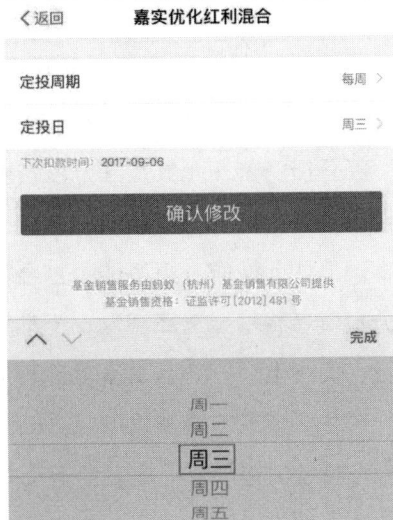

• 图 10-21　选中"周三"选项

● 只能按月定期定额投资

虽然定投多为按月投资，但是不同的基金公司可能会有不同的规定，除了按月定投，有的基金公司还实行按双月和季度投资等方式。因此，对于具体周期，还需参照特定的基金公司的规定。

（2）定投协议禁忌

部分投资者除了对定投时间了解有所欠缺，对定投协议也存在如下 4 个禁忌：

● 漏存误存后定投协议失效

部分投资者由于存款不及时等原因，使账户内资金不足，无法正常扣款。但这并不代表定投协议就此失效，只要投资者尽快补足，便可继续进行定投。

● 定投金额可以直接变更

定投协议签订后，不能在约定期内直接更改定投数额。如需变更则需先办理"撤销定期定额申购"手续，并重新进行申购。

● 基金赎回只能一次赎清

定投的基金赎回份额没有限制，既可以全部赎回，也可以根据需求部分赎回。如果部分赎回，则剩下部分仍将持有。

● 赎回后定投协议自动终止

定投协议并不会因为赎回终止，全部赎回之后，如果投资者的银行卡内有足够资金且满足扣款的条件，那么银行会默认协议仍在进行，并定期进行扣款。

10.2.3　建立基金的投资组合

部分投资者，尤其是部分投资新手，由于自身基金投资经验不足，直接重仓甚至全仓持有某一个基金的份额。虽然这样可能在行情上涨时获得较为可观的利润，但是如此操作，更可能因基金行情快速变化而造成资金的大幅缩水。还有一部分投资者将基金选择视为一个难题，因无法选出多个基金进行组合而单持一只基金，最终也因行情不如预期而出现较大的亏损。

这些投资者的投资之所以会以失败收场，是因为没有构建基金投资组合。虽然仅持有一只基金就一定会出现亏损，但是相比之下以组合的方式进行基金投资，可以有效地降低投资可能存在的风险，这也是构建基金投资组合的意义所在。

1. 基金组合可以降低投资风险

高收益、低风险和高流动性是证券市场上所有投资者追求的目标。通过构建投资组合，投资者虽然不能凭空增加利润或者消除风险，但能够调整投资的收益性、安全性和流动性，将其控制在自己可以接受的范围之内。

基金管理人将资金按一定比例分别投资于不同种类的有价证券或同一种类有价证券的多个品种上，这种分散的投资方式就是基金组合。通过基金组合可以分散基金的投资风险，是证券投资基金成立的意义之一。

仅持有一只基金就意味着一旦该基金出现行情与预期相悖的情况，投入的资金就可能会面临风险，而进行基金组合则是按一定的资金比例分别投资多种基金，所以即使单个基金不如预期，也可能因为其他基金表现良好弥补亏损，甚至于还能获得一定的收益。这就是持有单一基金与构建基金投资组合在风险上的最大区别。

根据基金组合投资，实际上就是将投资风险分摊于多个基金品种，从而达到分散投资风险的目的。虽然以组合的形式进行基金投资，可能会因盈亏的"中和"而无法在短期内获得可观的收益，但是长期坚持下去，收益将会像滚雪球一样，稳定增长，越积越大。

2. 基金组合分散风险的本质

在进行基金投资时，投资者最关注的是资金配置、买入时机和基金品种的选择。基金组合可视为将资金配置和基金品种的选择进行整合之后的产物。因为在基金组合时，必然要对组合中各基金所占的资金比例进行分配，而组合的完成实际上也是基金品种选择的完成。所以，基金组合的构建，直接解决了资金配置和基金品种选择这两大问题。

正是因为在构建基金组合时考虑了资金配置和基金品种的问题，所以根据构建的基金组合进行投资，既降低了资金分配不合理风险，更降低了因对投资对象的误判而造成的选择风险。

所以，基金组合分散风险从本质上来说，是从资金本身和投资对象的选择这两个方面，同时降低投资的潜在风险。

3. 构建基金组合的层次有哪些

不同类别的基金，风险和收益会呈现一定的差异性。基金投资组合可以分为两个层次：一个是在股票、债券和现金等各类资产之间进行比例分配；另一个是债券的组合与股票的组合，即在同一个资产等级中选择几个品种的债券和几个品种的股票以及各自的权重。

为了保障广大投资者的利益，进行基金投资时都必须遵守组合投资的原则，即使是单一市场基金也不能只购买一两项证券。

投资者在进行基金组合的构建时，需要对投资对象的风险和收益有所把握，并在此基础上有层次地进行组合的配置。

4. 根据风险承受能力选择基金组合

要获得稳定的收益，就必须考虑投资风险。不管是哪种基金类型，都不可避免地会存在一些风险。所以，即使采取基金组合投资的方式，也无法消弥这种固有的风险。根据风险承受能力的不同，可将基金投资组合分为 5 类，如图 10-22 所示。投资者可以参照自身情况，选择具体的基金组合。

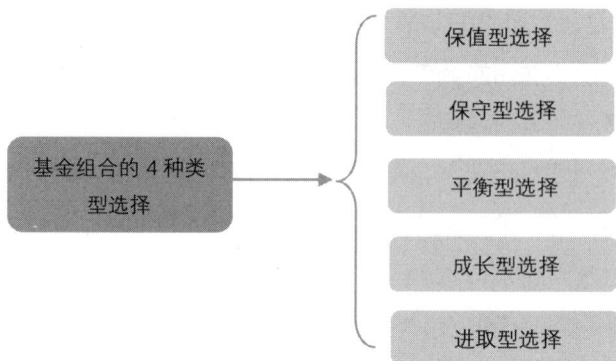

• 图 10-22　基金组合的类型选择

下面就对上述 5 类基金组合选择进行一一讲解。

（1）保值型选择

保值型基金组合选择的相关介绍如图 10-23 所示。

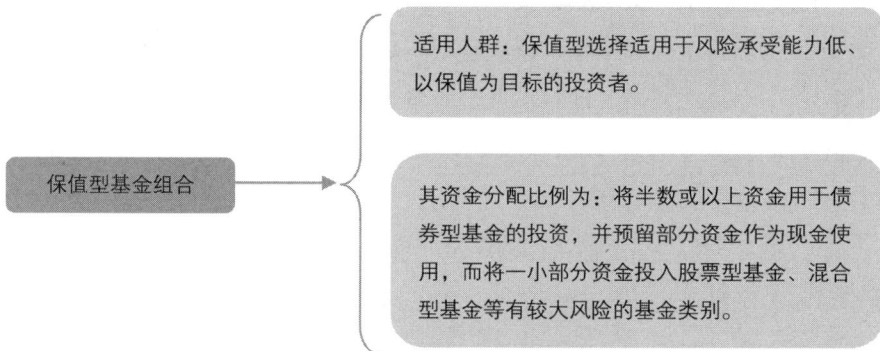

• 图 10-23　保值型基金组合

保值型基金组合选择的示意模型如图 10-24 所示。

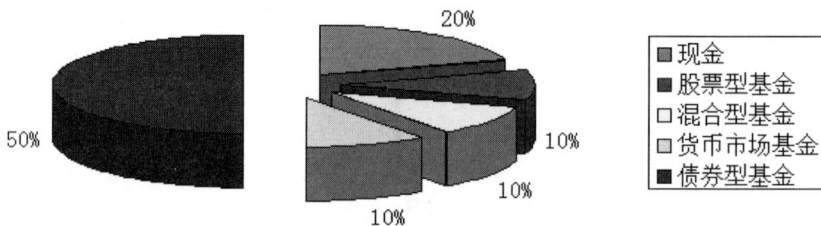

• 图 10-24　保值型基金组合选择的示意模型

（2）保守型选择

保守型基金组合选择的相关介绍如下。

适用人群：保守型选择适用于风险承受能力低、期望投资资金可以小幅增值的投资者。

其资金分配比例为：现金预留 10%，股票型基金占 20% 左右，混合型基金占 10% 左右，货币市场基金占 10%~20%，债券型基金占 40%~50%。

保守型基金组合选择的示意模型如图 10-25 所示。

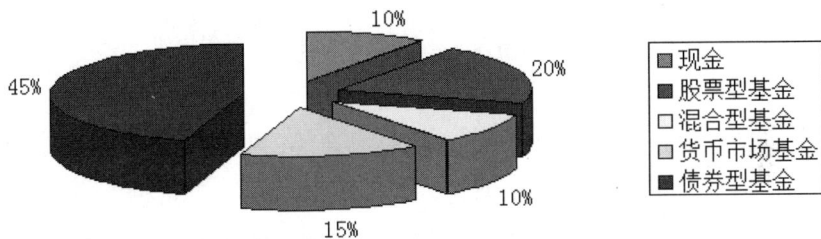

• 图 10-25　保守型基金组合选择的示意模型

（3）平衡型选择

平衡型基金组合选择的相关介绍如下。

适用人群：平衡型选择适用于可承受一定风险、期望投资资金可以较快增长的投资者。

其资金分配比例为：现金预留 0%~10%，股票型基金占 30%~40%，混合型基金占 10%~20%，货币市场基金占 0%，债券型基金占 40%~50%。

平衡型基金组合选择的示意模型如图 10-26 所示。

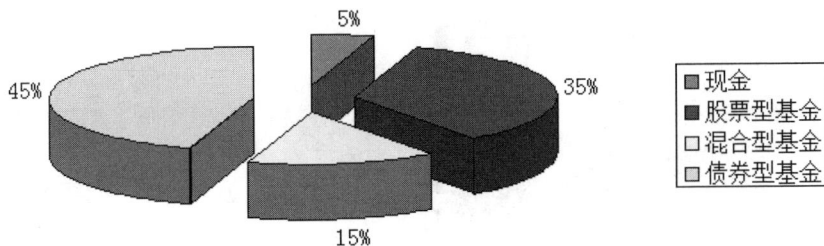

• 图 10-26　平衡型基金组合选择的示意模型

（4）成长型选择

成长型基金组合选择的示意模型如图 10-27 所示。

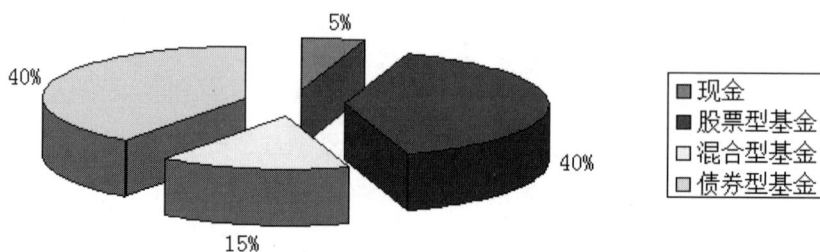

● 图 10-27　成长型基金组合选择的示意模型

成长型基金组合选择的相关介绍如下。

适用人群：成长型选择适用于可承受较高风险、期望投资资金可以快速增长的投资者。

其资金分配比例为：现金预留 0%~10%，股票型基金占 40% 左右，混合型基金占 10%~20%，货币市场基金占 0%，债券型基金占 40% 左右。

（5）进取型选择

进取型基金组合选择的相关介绍如下。

适用人群：进取型选择适用于可承受高风险、期望资金可以显著增长的投资者。

其资金分配比例为：现金预留 0%~10%，股票型基金占 40% 左右，混合型基金占 10%~20%，货币市场基金占 0%，债券型基金占 40% 左右。

选取型基金组合选择的示意模型如图 10-28 所示。

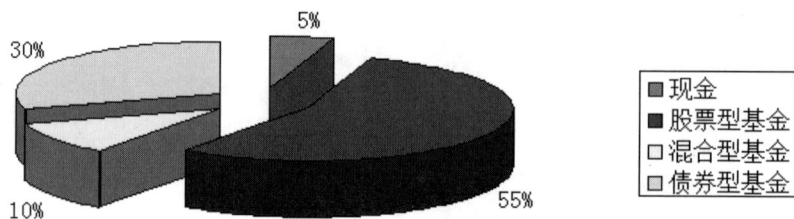

● 图 10-28　进取型基金组合选择的示意模型

不同的投资者能够承受的风险又有所差异，因此，投资者在构建基金投资组合时，需要结合自身情况，兼顾收益和风险。

投资者在充分了解不同类型基金的风险特征后，需要结合自身的风险承受能力构建投资组合，在进行构建组合时应从如下几个方面考虑：

① 认清宏观经济背景，准备风险应对手段。

② 在选择上应注重优质基金。

③ 根据个人情况来选择基金组合。